大教育书馆
ESSENTIAL EDUCATION SERIES

花開的聲音

《幸福教育的样子》续集

杨九俊■著

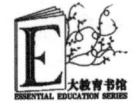

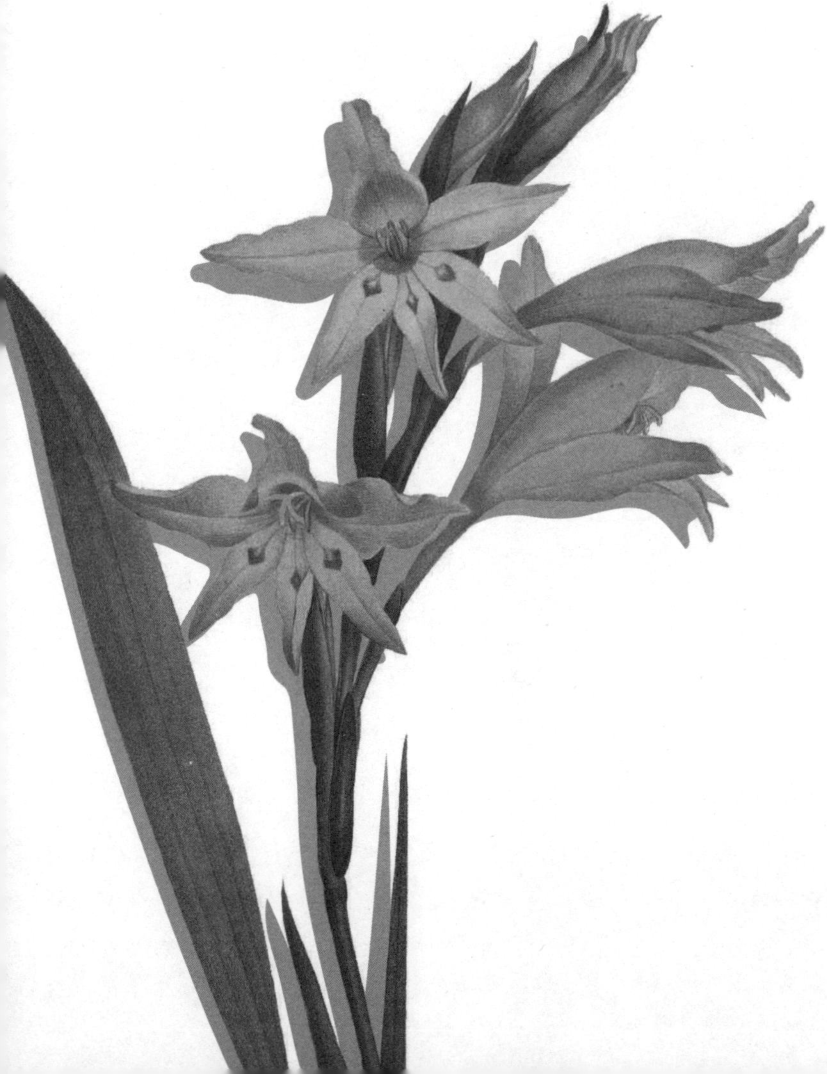

江蘇鳳凰教育出版社
Phoenix Education Publishing, Ltd

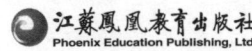

目 录

第一辑　向着明亮那方

天下第一好事，还是读书　／2
回归经典　／5
名师的生命底色　／7
读懂名师　／9
理解儿童　／12
认识你自己　／22
课堂是我们成长的地方　／24
关于"知识与技能"的理解　／26
试说"过程"　／29
学科德育不只在说教中　／32
打开思维之门　／39
登山的启示　／48
有规则的自由
　　——教学创意谈　／49
以美的规律塑造课堂　／55
试说"苏派教学"的成因　／65

第二辑　一树一树的花开

人在中央
　　——南京市琅琊路小学"小主人教育"的实践探索　/ 74
用高尚的价值观照亮校园　/ 82
做最好的自己
　　——苏州市景范中学办学纪实　/ 90
回到教育的起点
　　——有感于"原色教育"　/ 97
"德润文光"唱新篇　/ 101
美丽的项链是怎样串成的
　　——以苏州市太湖国家旅游度假区中心小学课程方案研制
　　　为例　/ 108
学会分享
　　——常州市实验小学教育集团的发展之道　/ 113
有意义·有意思·有意韵
　　——江苏省淮安市实验小学办学印象　/ 117
做亮校本课程　/ 120
花动一山春色
　　——常州市西新桥小学"幸福教育"剪影　/ 124
让我们童心永驻　/ 130
服饰之乡赏"得体"　/ 133
"化新"育红写华章
　　——无锡市育红小学文化巡礼　/ 136
像花儿一样绽放
　　——海安县城南实验小学的"幸福教育"　/ 145
安静的歌者
　　——扬州市梅岭小学学校文化建设纪实　/ 153
"三学一教"意蕴新　/ 161
做自觉教育的践行者　/ 164
画·书·剧　/ 166

生态文明的学校样本
　　——江苏省泗洪中学的学校文化建设　/ 169
成人之美
　　——来自盐城市盐阜中学的教育实践　/ 176
集结号再次吹响
　　——"学讲计划"在徐州　/ 187
"科研意识"的生动阐释　/ 192

第三辑　播撒温暖阳光

让思想照亮人生　/ 198
斯霞的意义　/ 202
立德·立功·立言
　　——记语文教育家顾黄初先生　/ 204
教育科研的范例之作
　　——试评洪宗礼老师的《母语教材研究》　/ 215
性格使然向"自由"
　　——芮火才记略　/ 227
站起来的儿童数学　/ 232
对话之美　/ 239
作者面孔与教育情怀　/ 244
走向"真学习"的"循环——差异教学"　/ 249
红梅花儿开　/ 255
丰厚的思想　通透的实践　/ 258
让职业生命绽放绚丽的光彩　/ 262
缘于登山的启示
　　——浅说"物理真的很美"　/ 266
与儿童一起探索世界
　　——记单道华老师的科学教学　/ 270

后记　/ 276

第一辑

向着明亮那方

天下第一好事,还是读书

中国出版界的元老张元济先生有句名言:"天下第一好事,还是读书。"有人说,这句话好在"天下",好在"第一"。在我看来,这句话还好在人的向上、向善的价值前提,还好在思量、斟酌的郑重态度。

说读书好,也有极庸俗的。集大成者大概数宋皇帝赵恒,他曾写下:"富家不用买良田,书中自有千钟粟。安居不用架高堂,书中自有黄金屋。出门莫恨无人随,书中车马多如簇。娶妻莫恨无良媒,书中自有颜如玉。男儿若遂平生志,六经勤向窗前读。"其影响在今天绵延不绝,由于整个社会的功利化倾向,有时甚至变本加厉。抱有这种目的观的读书,肯定不在张元济先生的"好事"之列。

读书这"好事",又是"天下第一"的"好事","好"在哪里呢?听听前贤的声音大致可知。雨果说:"各种蠢事,在每天阅读好书的影响下,仿佛烤在火上一样,渐渐熔化。"培根说:"读书足以怡情,足以博彩,足以长才。""读书使人充实,讨论使人机智,笔记使人准确。"曾国藩说:"人之气质,由于天生,本难改变,唯读书可改变气质。"北宋黄山谷有言:"士大夫三日不读书,则面目可憎,语言无味。"林语堂说:"读书的主旨在于排脱俗气。"可见,读书之"好"都是指向成为"好人"的。

如果要稍微详细一点说,读书的意义大致是在三个方面。

第一,读书可以学习、更新知识,这是读书最为显在的作用。一个孩童走进学校,很重要的目的是指向知识学习。培根说:"读史使人明智,读诗使人灵秀,数学使人周密,科学使人深刻,伦理学使人庄重,逻辑修辞之学使人善辩。"正是因为有了相关知识，所以人们形成了能力，铸就了性格。当今世界，知识更新的速度极快。根据联合国教科文组织研究，18世纪，知识更新一次的速度是80～90年；19世纪至20世纪初，则是30年；20世纪60～70年代，是5～10年；20世纪80～90年代，则是5年；现在为2～3年。移动互联网思维称为"5F"，指的是碎片化(Fragment)、粉丝(Fans)、焦点(Focus)、快一步(Fast)、第一(First)，这必然催生知识的进一步更新，技术更快地进步。观照教师群体，对知识更新的敏感度是远远不够的。以变化较为缓慢的语文学科来说，我们看到很多老师分析、理解文本所依据的还是上大学所学的一套。如小说，一定是围绕性格、情节、环境三要素展开，有的小说已经没有所谓的"情节"，有的小说也没有典型环境，更并非着意塑造典型性格，于是那些"理论武器"就没有用武之地。文体总是在"辨体"与"破体"的互动中发展的，体式稍有变化，有些老师就感到"找不着北"。可见，为更新知识而进行阅读是多么紧迫。

第二，读书最为重要的是对人的精神滋养。中国传统教育思想的精髓是"学以为己"，孔子当年感慨："古之学者为己，今之学者为人。"儒家强调士大夫之学，"有益于身，有用于世"(陈澧)。"有益身心"是根基，读书首先是为了内心世界的丰沛，精神天地的拓展，然后自然让渡到社会。费尔巴哈说："人就是他吃的东西。"王开岭认为："一方水土一方人，'阅读'就是一方水土。"一个人的阅读史，往往就是他的精神发育史。读书养气，"养吾浩然正气"，于是气质有了改善，气象渐次生成。苏东坡有诗："粗缯大布裹生涯，腹有诗书气自华。"谢冕教授认为："一个人与书结缘，极大可能是注定了与崇高追求和高尚情趣相联系的人。"他们说的都是这方面的道理。

第三，读书还是一种心灵的陪伴。有对联曰："无声听细雨，寂寞闲读书。"也有人分别添二字，使之成为"于无声中听细雨，老来寂寞闲读书"。我的一位同事是一位女性学者，她对暑假的向往，自嘲是"奢侈的向往"，就是别无干扰，在地板上，有几卷想读的书，或坐，或倚，或躺，随意翻阅。一人独坐，寂寞吗？有书相伴就不会寂寞。毕飞宇说："阅读有效保持着日常生活的生动画面。"日常生活是有家人、亲人、朋友相伴的，好书正是我们的至亲好友；日常生活是流动着的，读书可以对话，可以遐想，可以走向"独与精神往来"的极致，于是丰富充实，于是读书本身成了日常生活的一种形态。正是好书相伴，有时半天、一天的时间流淌，我们都没有感觉。我自己也偶尔"闲读书"，到了中午、傍晚，家人吆喝"吃饭"的时候,常常想起张爱玲在《太太万岁》中的题记:"戏的进行也应当像日光的移动,蒙蒙地从房间的这一个角落,照到那一个角落,简直看不见它动,却又是倏忽的。"正是心灵相伴的读书,使一个人的相处有"戏"、成"戏",使阅读成了极惬意、极美好的事情。

本文发表于《教育视界》2015年第7~8合期。

回归经典

金克木先生写过一篇谈读书的文章,题为《书读完了》,说的是陈寅恪先生的一则轶事。陈先生年轻时去见历史学家夏曾佑,夏先生对他说:"你能读外国书,这很好;不像我只能读中国书,都读完了,没书读了。"陈先生大惑不解,但到了晚年,陈先生体会到夏先生言之有理。陈先生对同事说,我确实也感觉到书读完了,不就是那三四十本书嘛!

金克木先生写这篇文章其意甚明,就是要我们建立三四十本书的阅读意识。这三四十本书是一个人安身立命之所在,用今天的话来说,它们一定是经典之作。何为经典?众说纷纭。按照比较通行的解释,经典是经得住时间考验、历久弥新的作品。之所以能够历久弥新,原因在其具有熟悉的陌生感,一方面它会给人带来审美的惊异感,另一方面它表现的是人类社会的普遍精神,人们总是能在那里找到心灵相契的东西,总能找到自己。陈寅恪先生所言三四十本书,应当是经典中的经典。

还有些学者更是提出要有一本"大书"的意识,这本书总在案头,需要反复阅读,读透读破,并最终成为一个人重要的思想资源。当然,这样的书可能不止一本,比如毛泽东读书,《共产党宣言》读过150多遍,《资治通鉴》评注了7次,李达的《哲学大纲》读过12遍,《红楼梦》《水浒传》读过多少遍则不知其数。我问过几位在中学做教师的朋友,他们总是能列举出自己视为看家宝的一二书目。我之所以问他们,是因为在与他们的交往中,我充分感受到他们的"腹有诗书气自华"。木心谈读书,他说自己《旧约》不敢说,《新约》至少读过100遍。他说如同生活中有一个常常给你带来启迪的人,你一辈子与他交谈总不会少于几百次吧!我们常常有这样的感觉,某本书我们已经读过了,有的不止一遍,但听高人说起读这本书的体会,我们才发现这本书的奥妙所在。当然,其中有学识、阅历、契机等因素,而杨义先生的观点我以为很到位。杨义认为:我们在工作、生活中,要思考问题,要形成自己的精神关注点,这样我们在阅读中就常常会与作者相遇、对话,有时就会在阅读中体验到"他乡遇故知"之感。鉴于此,具有反思精神就显得十分重要了。

"三四十本书"也好,"一本大书"也好,其实都不能有偏执的理解。读书要有放有收,经典的阅读多多益善,而非经典的阅读也要有所涉猎,这与"三四十本""一本"并不矛盾。"三四十本""一本"是安身立命之所在,是对一个人最具价值、最为优选的经典中的经典,"开卷有益"是从"精神家园"走出去的旅行,很多好东西又被带回来了,于是"三四十本""一本"变得更厚实、更通透。对于不同的阅读者,"三四十本""一本"是不一样的,对于同一个阅读者,"三四十本"也会有所变化,"一本"也可能变成几本。

"人民教育家培养工程"一贯提倡多读书、读好书,各位校长与老师也尝试回归经典,从中汲取安身立命的力量。在为他们鼓掌的同时,从他们前行的身姿中,我们可以乐观地展望,他们一定会因为经典的阅读,走得更坚实,走得更远。

本文是配合江苏省人民教育家培养工程二期小学(幼儿园)校(园)长一组读书文章所写的卷首语,发表于《江苏教育》2014年第12期。

名师的生命底色

在有关人的心理结构、人格特征与职业成就的关系方面,研究人员越来越发现非智力的态度系统起着重要的作用。一个人在工作过程中经常表现出来的、比较稳定的态度特征,会使他的人格、情感染上一层特殊的色彩。健康的职业形象应当具有积极的倾向,无论什么职业,积极的心理倾向都应当是表露出来的积极向上的生活态度。

《论语》中记载子夏问诗的一个片段:

子夏问曰:"'巧笑倩兮,美目盼兮,素以为绚兮。'何谓也?"子曰:"绘事后素。"

曰:"礼后乎?"子曰:"起予者商也!始可与言诗已矣。"

子夏问老师:"'有酒窝的脸笑得美呀,黑白分明的眼睛转得媚呀,洁白的底子上画着花卉呀!'这几句诗什么意思呢?"孔子回答说:"先有白色底子,然后画花。"子夏说:"那么,是不是礼乐的产生在仁义以后呢?"孔子很高兴:"卜商呀,你真是能启发我的人。现在可以和你讨论《诗经》了。"积极向上的生活态度,就是"素以为绚"的"素",就是仁义、礼乐的"仁义",是最基本的也是最重要的东西,是人的生命底色,所有的"绚""绘"都可以此为基础的。

作为一个社会人,特别是如果这些人负有影响他人行走的使命,那么拥有积极向上的生活态度具有十分重要的意义。俄罗斯伟大的文学批评家别林斯基评价普希金的政治抒情诗,曾说:"普希金的诗篇字里行间洋溢着生活的微笑,正是如此,俄罗斯的青年从中受到鼓舞。"当时,俄罗斯一片白色恐怖。一批锦衣玉食的贵族子弟为了苦难深重的俄罗斯人民,奋起反抗沙皇统治,史称"十二月党人起义"。这些俄罗斯的青年才俊义无反顾,前仆后继,在别林斯基看来,普希金的政治抒情诗洋溢着"生活的微笑",起到了不可替代的作用。

做一名教师,积极向上的生活态度,一方面能使教师的职业生涯充满阳光,另一方面也能提高工作的效率,更好地教育学生。乌申斯基把教师个人的人格与态度对学生的影响称为"范例作用",他说:"教师个人的范例,对于青年人的心灵,是任何东西都不能代替的最有用的阳光。"人们经常说,教师当是"人师",人师者,首先是成为大写的"人",成为以积极向上的生活态度感染、引领青少年向上行走的长者。

积极向上的生活态度成为一个人的生命底色后,当面对挫折,甚至生命中的黑暗时光时,他依然"向着明亮那方"。陀思妥耶夫斯基被判死罪,他的忧虑是:"我只担心一件事,我怕我配不上自己所受的苦难。""十二月党人"起义失败,那些贵族青年被流放到西伯利亚,他们的心声是:"如果不能做一个公民,那就做一个囚徒吧!"确立积极向上的生活态度,也是"不计前嫌"的。罗曼·罗兰在《约翰·克利斯朵夫》的扉页上,题写这样一段话,可以理解为是写给所有有志于向上行走的人的,他说:"真正的光明绝不是永没有黑暗的时间,只是永不被黑暗所掩蔽罢了;真正的英雄绝不是永没有卑下的情操,只是永不被卑下的情操所屈服罢了。"

如果说,积极向上的生活态度是所有健康的职业形象的共性特点,在教育工作者身上,它往往表现为对教育理想的追求。理想,像旌旗,像火炬,无论艳阳高照,还是夜色沉沉,都能引领、照亮人们的前程。斯霞、李吉林等教育家级的名师,心中有这样的信念:"我来到这个世界,为了看太阳。"他们在教育情境中的言谈举止都洋溢着"生活的微笑",他们也曾被排斥,被批判,有过生命中"黑暗的时间",但他们的生命底色是积极向上的,他们总是思考着把学生带到一个更美的地方,期盼着"冉冉出新人";把学校带到一个更美好的地方,"让学校到处流淌着奶和蜜"。教育理想在他们也是温暖心房的明灯,照亮他们的心灵,照亮他们的人生,照亮他们影响所及的孩子们、老师们、家长们。其实,也在照亮名师成长路上的后来人。

读懂名师

观摩借鉴是教师专业成长的一条重要途径,如果教研活动有名师授课,听课者蜂拥而至;如果有名师收徒,希望程门立雪者众多。但很多事实表明,有些老师追随名师多年,并无多大长进;有些老师到处追着名师听课,未见真有心得。其中一个重要的原因,是这些老师尚未读懂名师,观摩借鉴未曾得其要领。

一、在公共知识层面读懂

一堂好的课,在一定意义上得益于教学方法的恰当选择和有效组合。看名师的课,要领悟名师在"十八般武艺"中使用的是哪一种,或主要使用哪一种,又兼用了什么。教师的教学技艺,是公共知识层面教学模式、教学方式个性化的实践。回过来看,这些教学模式、教学方式都有操作流程的规范要求。不管什么样的教学模式、教学方法,它都应体现教育的基本规律。比如是否做到让学生的学习始终充满挑战欲望;是否有合适的安静时间,使每个学生都有学习的机会;是否具有教学的针对性,等等。所有的教学模式、教学方式,都有"技术"要求,如自主学习,如果理解为放羊式的"让学生自己学";合作学习,如果理解为就是两人面对或几人团坐在一起学,那么不仅止于皮相,而且包含诸多误解。如果回到公共知识层面,理解这些教学模式、方式的意蕴,理解其技术规范,结合自己的教学,"拘于小节"地改进教学过程中每一个要素,可能会不断有所收获。

二、在价值意蕴层面读懂

　　课堂教学知识打开的逻辑是显在的,但它的情感逻辑、价值意蕴同样应该得到关注。周小燕教授要求歌唱演员声断情不断,在呼吸、转换之间尚且"情不断",发声时自当声情并茂。奚美娟谈话剧演员、影视演员的表演有一条动作线索,还有一条情感线索,动作线索可能时断时续,情感线索却应贯穿始终。教学亦是,而且教学的情感目标也主要是在知识学习的目标实现时达成的,这就需要我们关注教学过程中的情感线索,关注教学细节中的价值意蕴。几年前的一个暑期,我用一个多月时间读完约翰·罗斯金五卷本的《现代画家》,罗斯金反复告诉读者,对于那些名画家,主要不是关注他们是怎样画的,而是要关注他们为什么这样画。对名师的观摩借鉴亦是如此。透过做什么、怎样做,揣摩、理解为什么这样做,才能领略真谛。比如斯霞老师帮青年教师准备公开课,青年教师要擦去黑板上板书的生字,斯老师忙摆手,老人要走到最后排,看看坐在最后排的孩子是不是能看清黑板上的字。一个细节尽可彰显斯霞老师的儿童立场。我多次介绍甘地的一个例子:上火车时,甘地的一只草鞋掉下火车,火车晃荡着已经启动,甘地立即脱下另一只草鞋扔下去,他让捡到的人得到一双草鞋,在这里他把自己丢失草鞋的情境转化成他人获得的情境。一些名师能够在动态生成的课堂上,把意料之外的情境向有利于学生成长的情境转化,亦是同理。在这些地方,当我们明白那些教学机智,不只是课堂里的一个事件,而是执教者一种素质;当我们把教学机智的追求定位在教师素质的提升上,才是读懂后的必然。还是回到美术界。今年是黄宾虹先生诞辰150周年,在很多纪念文章中,不少学者都谈到黄宾虹先生作品的"内美",有论者借傅雷先生的评价说事,作为好友,傅雷先生认为黄宾虹的画"艰涩""不能令人一见爱悦是矣"。这正是宾虹先生画的特色,他的画就像经过历练仍葆有内在气质的大家闺秀,那种越看越耐看的美,不由得让人一再倾心,是"嶙峋中见出壮美,平淡中辨得隽永"。这种"内美"包含了敬畏自然、出世入世、齐扬之论、中庸和谐等等。黄宾虹生前并不得意,他浑厚华滋、臻于化境的艺术创作,在逝世后多年才获得较高评价。20世纪80年代,黄宾虹开始被重新认识,且声誉昌隆。研究黄宾虹的笔墨技术成了彼时青年画人的时髦。有关黄宾虹的学术研究著作一本接着一本出版,青年画人们孜孜不倦地研究着"五笔""七墨"以及"太极图"的秘诀;孜孜不倦地研究着"铺水"与

"水渍"之间的微妙作用;孜孜不倦地研究着究竟如何才是真正的"宿墨";甚至孜孜不倦地研究着黄宾虹的"白内障"与其画风变革的内在联系。仿佛只要患上了黄氏同样的眼疾,使用黄氏同样的秃笔,蘸上黄氏同样的宿墨,画着黄氏同样的太极图般的墨渍圈圈,就能一招直入如来境。当黄氏原本浑沌古厚的下意识动作被分解成菜谱般的步骤说明时,大概离宾虹先生的艺术真谛已经很远。无论从鉴定角度还是画学角度,针对画家的个案研究,如果不从笔性与气息上着手,而是单纯片面地从技法上去研究,无疑是误入歧途,就好比研究吴昌硕不去从他的金石用笔上着手,而是去研究他在墨里掺了多少比例的白芨水一样荒唐。(赵寒成:《黄宾虹的"内美"》,载《文汇报》,2015年5月7日)这样的"棒喝",对于我们走近名师,同样有警醒作用。

三、在教学风格层面读懂

　　名师大都是风格卓异的优秀教师。教学风格是他们对学科本质独特的理解和表达,公共知识在他们的课堂教学上得到创造性的运用。读懂名师,不能只是追着听课,现在名师的书和文章都很多,至少要把他们的代表作翻翻,大致知道他是怎么说的,再去印证他是怎么做的。比如薛法根老师倡导语文组块教学,很多老师欣赏薛法根的课,但并不知道何为组块教学,当然读不懂,或者并不全懂,似懂非懂。薛法根在文章里告诉读者:在认知心理学中,有意识地将许多零散的信息单元整合成一个有更大意义的信息单位,并贮存在大脑中的心理活动被称为"组块",而贮存在大脑中的信息单位被称为"相似块",也称为"图式"。语文学习过程是个体心理"相似块"重组、整合的运动过程,语文学习的每一个阶段,都离不开"组块"的心理活动。于是,他把教学重心从语文的思想内容转移到学生语文能力发展上,将零散的教学内容整合,设计成有序的实践板块,引导儿童通过选择性学习和自主性建构,获得言语智能的充分发展和语文素养的提升。薛法根老师的探索非常契合语文综合化的课程特点,是抵达学科本质的一种努力,我观摩薛法根老师的课时,肯定其能力为重,在综合性的基础上,又借高中语文课标组组长王宁教授提出的"任务群"概念加以评说。语文学习的任务从来都不是单一的,自觉地建立"任务群"的意识,通过"组块"教学,可以兼容并包地达成或超越教学目标。在场的同志都说如此评论组块教学,有豁然开朗之感。观课,要学会从看热闹走向看门道,识其庐山真面目,自然会领略到美妙的风景。

理解儿童

教育是人学,教育是儿童学。基于儿童立场的教育,要以理解儿童为前提。

一、儿童(人)的特点

儿童首先是"人"。儿童身上既有反映我们人类本身的"类"特点,也有反映个体在儿童期所特有的"类"特点。

1. 思维能力

儿童作为人,具有思维的能力。有思想、能思考,是人类重要的特质。我曾经给《江苏教育研究》杂志写过一篇卷首语,强调人的思想特质。文中讲到古时候有一个神话:上帝叫普罗米修斯和另外一个神将宇宙间各种资源配置给所有生物。普罗米修斯可能是忙别的事情去了,另外一个神在干这个活,比如说,要到水里去的动物就给它一个游泳的本领;要到北方寒冷的地方过冬的就给它皮毛;有的比较强大,就让它们在地面上奔跑;而有的比较弱,就可以在天空飞翔,等等。可是,等普罗米修斯回来的时候发现:可供配置的资源都没有了,还有一个动物什么东西都没有得到,这就是人。这个时候普罗米修斯就为人类做了一件惊天动地的事情,就是到上帝那里去为人类盗来了火和技术。这个神话的文化隐喻是:人类有思想,人类有创造力。正像我们经常引用的帕斯卡尔的名言"人是有思想的苇草",人本身是很脆弱的,就像一根芦苇、一根苇草一样,但是,人为什么这么高贵呢?为什么能成为万物之尊呢？就是因为人有思想，"思想"是人的最重要的特质。笛卡儿有句名言："我思故我在。"大概的意思是讲：因为他自己认为自己都不存在，他整天在想，回过来看看，结果他发现自己还在思考问题，所以他发现"我"还是存在的，"我思故我在"。人的思维还有一个非常重要的特点，这就是马克思讲的一句话：人使自己的生命活动本身变成自己意志和自己意识的对象。人可以使自己的生命活动本身变成自己意志和自己意识的对象，人以"自己"为对象，人可以反过身来、回过身来再认识自己，所以，也有学者讲，"反身性"是人的根本特性。（张楚廷：《教育哲学》，教育科学出版社，2006年版，第27页）

2. 双重生命

许多专家认为，人具有"双重生命"的重要特点。一般的动物只有一种生命，而人除了和其他动物一样，具有作为"种"所存在的生命，还有人作为一种"类"存在的生命。人既有自然的生命，同时又有文化的生命。只有从人的双重生命观出发，我们才能真正把握人的本性，正确理解人之为人的本质。当然，对人的双重生命，本能的、超本能的，生物性的、文化性的，自在的、自为的，种生命、类生命和双重生命……还可以有更多的概括，比如，高清海教授讲，人是生命的存在，又从不满足于生命的存在。可以从我们平常所熟悉的个体生命与社会生命、物质生命与精神生命、自然生命与文化生命、自在生命与价值生命、本能生命与智慧生命等的区别中去理解。（高清海："人"的双重生命观：种生命与类生命》，载《江海学刊》，2001年第1期）

3. 心理预置

按照进化论的特点，人生下来的时候并不是一无所有，他已经有"心理预置"，没有人能够完全"从头"开始，人的诞生同时进入了文化的"外在装置"，这种文化装置是由人类的祖先积累并传给后代的。鉴于此，有人讲"人的一岁也可能是一百亿岁"。整个人类的进化痕迹多多少少会在出生的孩子那里体现。

4. 幼态持续

人类还有一个很重要的特点，那就是生物学家们所说的"幼态持续"。（郑也夫：《阅读生物学札记》，中国青年出版社，2004年版）生物进化论认为，人在母胎里相对成熟的孕育应当是21个月，而不是9个月。9个月时脑量只有25%～30%，四五岁时的脑量才接近成人水平，人需要20年才能完全成熟。所以，我们讲的"童年"这个概念，在世界上通用的是指"18岁以下"。在长期进化的过程中，形成了

"十月怀胎"这种现象。也许有人要问,为什么不等个体成熟了再离开母胎,再生下来呢?答案是不可能的。因为个体一旦成熟了,想再离开母胎就离不开了,就没有办法出来了,别的地方都长大了。所以,虽然个体不成熟就离开母胎会有很多风险,但是这个不成熟性形成了人类一个非常重要的特点。人们考察动物成熟期,发现越聪明的成熟期越长。以灵长类动物的成熟期为例,狐猴为 2.5 年;恒河猴为 7.5 年;大猩猩为 10 年;而人的成熟期长达 20 年。根据国外一些学者的观点,"幼态持续"非常有利于保持童年的特征,保持好奇心和行为的灵活性。成熟期的延长,使得人类形成了适应进化的战略,可以让脑长得更大,以便进行行为的学习。还有的学者强调,"幼态持续"就是一种信念,即人类的健康生存有赖于儿童期的部分行为保持到成熟期和老年期,这类行为有欢笑、惊奇、信任、开放态度和好奇心等。杜威则认为,从教育人来说,儿童未成熟状态的很大优点,就是使我们能解放儿童,无须走过去的老路。假如人生下来就成熟,那么预先设定的东西就起决定性的作用。所以,教育的任务在于使儿童从复演过去和重蹈覆辙中解放出来,而不是引导他们去重演以往的事情。

5. 儿童的原始特质

台湾学者黄武雄教授认为儿童有三个原始特质:第一个是自然能力,包括他对世界的认识,那种整体的、直觉的认识世界的能力,常常使成人感到很惊奇,这是他自然的能力;第二个是体验的勇气,他不会走路,他一遍一遍地摔跤又一遍一遍地爬起来,他要探索,他要行走;第三个是没有偏见,国王和乞丐在孩子那里是被一视同仁的。(黄武雄:《童年与解放》,首都师范大学出版社,2009 年版)《新约全书》里面有这样一个故事:小孩子想进天堂,把门的神不让。耶稣听到以后很生气,耶稣说:"我实在告诉你们,凡要承受天国的,若不像小孩子,断不能进去。"为什么像小孩子的能进去呢? 因为他没有偏见,因为他很纯真。儿童的特质是儿童宝贵的财富。

6. 儿童世界的丰富性

有一首很著名的诗《其实有一百》:"儿童/是由一百种组成的/儿童有/一百种语言/一百双手/一百个念头/一百种思考、游戏、谈话的方式……"这是意大利著名幼儿教育创始人马拉古奇所写的。诗中说:"还有一百种倾听、惊奇和爱的方式/有一百种欢乐,去歌唱,去理解/一百个世界,去探索,去发现/一百个世界,去发明/一百个世界,去梦想……"然后,马拉古奇在这首诗的第三部分强调了他讲的这个"一百"是指多,非常多,"这一百是一百个一百的一百"。儿童,就像一个丰富的矿藏一样,你永远发现不了他全部的奥秘。这些形成了儿童(人)的一些基本的特点。

二、儿童发展与教育的关系

理解儿童就是为了更好地去对孩子进行教育。为此,我们要正确理解儿童发展与教育的关系。

1. 人可以教育

儿童是可以也是应该接受教育的。亚里士多德在谈到人的特点时,他认为,人的主要特质是"天生的可教养的动物";人的相对特质是"心体合一,心令而体从";人的永久特质是"如上帝之长生不死";人的临时特质是"各人的个性。"亚里士多德首先强调人是可以教育的。康德也讲过一句非常著名的话:"人只有通过教育才能成为人。"([德]康德:《康德著作全集(第9卷)》,李秋零译,中国人民大学出版社,2010年版)也许有人要问,人本来就是人了,为什么只有通过教育才能成为人呢?其实,康德这句话中后面的这个"人"是作为具有文化生命的"人",而且"只有通过教育",这个"教育"是指只有通过接受过教育的人对他进行教育,人才能成为人。所以,教育对人的发展,对人成为一个有文化的人是极为重要的。康德又说:"在人性中有许多胚芽。而现在,把自然禀赋均衡地发展出来,把人性从其胚芽展开,使得人达到其规定,这是我们的事情。"([德]康德:《康德著作全集(第9卷)》,李秋零译,中国人民大学出版社,2010年版)我们是教育工作者,我们是成人,我们要引导孩子去继承文化传统,并且去创造发展文化传统,这种胚芽意识在教育中是经常提到的。

2. 尊重自然,引导自由

教育与人有什么关系呢?在理解儿童与教育的关系时,我们要强调尊重自然、引导自由。古今有不少教育家对此作出了精辟的论述。杜威有句名言,"教育即生长"。([美]约翰·杜威:《民主主义与教育》,王承绪译,人民教育出版社,2001年版)"教育即生长"应该有两层意思:第一个是说孩子的生长,第二个是说文化的生长。(刘晓东:《儿童教育新论》,江苏教育出版社,2008年版)"教育即生长",孩子接受教育,他能生长了、发展了;而人类的文明、文化,在孩子生长的过程中,也在发展,得到生长。儿童主体与文化,它是一个双向互动、共生共荣的关系。从这个意义上来讲,"教育即生长"是非常有道理的。皮亚杰曾这样说过:"儿童发展的缓慢速度也许有利于最后更大的发展。"([瑞士]皮亚杰:《皮亚杰发生认识论文选》,左任侠、李其维译,华东师范大学出版社,1991年版)教育不要急于求成,要尊重自然。鲁迅先生也主张教育要顺乎自然,不能"逆天行事",(鲁迅:《我们现在怎样做父亲》,载《新青年》,第六卷第六号,1919年)用揠苗助长的方法去培养孩子,就是"逆天行事"。我们强调尊重自由,但是这种自由并不是不受约束,这种自由是有条件的。康德说的一句话对理解这个问题非常有作用:"一棵孤零零地长在旷野的树,长得歪曲并且枝杈四伸。"([德]康德:《康德著作全集(第9卷)》,李秋零译,中国人民大学出版社,2010年版)这是说有些家庭条件特别好的孩子(包括王子),家里随便他做什么,无所不为,这些孩子是不行的,因为他会"枝杈四伸"。但是常规的、接受学校教育的孩子,在社会上行走的孩子,如同"一棵长在森林中央的树,则由于它旁边的树都违拗它,却长得笔直,并寻获自己上方的空气和阳光"。([德]康德:《康德著作全集(第9卷)》,李秋零译,中国人民大学出版社,2010年版)所以,康德认为,人作为道德主体,按照自己为自己确立的道德律令,按照"应当"去行动,才是真正的自由。在康德看来,"教育最大的问题之一就是:人们怎样才能把服从于法则的强制与运用自己自由的能力结合起来"。([德]康德:《康德著作全集(第9卷)》,李秋零译,中国人民大学出版社,2010年版)有的时候,施加给一定的强制,可以把他引向自己的自由。按照康德的观点,关键是在这个过程中,只要孩子不是妨碍别人的自由,要让他自始至终感受到自己是自由的。

3. 关注"关键期"

所谓"关键期",是指个体发育中的某个时期,动物对某种类型的环境影响特别敏感,而且该种类型的环境影响会对这一时期发展的方向及进程发挥更大作用。这是指主体在这样一个阶段对接受某种刺激很敏感,而这种刺激过了这样一个阶段或者超过了主体所能承受的接受能力都是不行的。心理学家们早就注意到了这一点。心理学家皮亚杰曾将儿童发展具体划分为四个阶段:感觉运动智慧阶段(2岁前)、前运算智慧阶段(2~7岁)、具体运算智慧阶段(7~10岁)、形式运算智慧阶段(11~12岁)。皮亚杰指出,伴随着智慧发展,人还有道德发展。儿童的道德发展分为:"无律——他律——自律"的不同阶段。([瑞士]皮亚杰:《发生认识论原理》,商务印书馆,1997年版)维果茨基也说过:"对于一切教育,教育过程最富有实质意义的,还是那些正处于成熟期而在施行教学时刻尚未完成成熟的过程。"([苏]

维果茨基:《维果茨基教育论著选》,余震球译,人民教育出版社,1994年版)就是强调在"关键期",当个体没有完全成熟的时候,要在适当的时间进行适当的教育。现在一些学者,又在"关键期"的基础上提出了"敏感期"的概念,认为语言学习和技能(比如器乐学习、运动技能的获得等)的发展都可能存在"敏感期",在"敏感期"内,大脑可以非常容易获得这些技能,而错过了"敏感期",尽管可以获得这些技能,但是相对比较困难。(王亚鹏、董奇:《神经科学研究对教育的启示》,载《教育研究》,2010年第11期)这些研究对教育具有重要的启示作用。

4. 重视游戏的价值

鲁迅说:"游戏是儿童最正当的行为,玩具是儿童的天使。"陈鹤琴先生说:"游戏是儿童的生命。"有的学者认为,儿童文化就是游戏文化。理解儿童与教育的关系时,要重视游戏的价值。皮亚杰曾有一个非常精彩的比喻:"儿童的心理是在两架不同织布机上编织出来的,而这两架织布机好像是上下层安放着的。儿童头几年最主要的工作是在下面一层完成的。这种工作是儿童自己做的……这就是主观性、欲望、游戏和幻想层。"后几年就转到上面这一层。而儿童在发展的时候,两架织布机同时运动。他一方面是玩,就是幻想的、主观的、游戏的;另一方面,他能摆脱下面的织布机工作的环境,跳到有意识地发展的层面上去。意识是从无意识这里生长起来的,游戏还能带来很多的愉悦与快乐。重视游戏的价值,关注游戏对儿童的发展、对教育方式的变革的促进作用,是具有重要意义的。游戏包含的自由、合作、想象力、创造性等精神意蕴,这是在任何阶段的教育中都应该坚持的。教育过程中有机构成的游戏方式,对于"形象再现""加深理解""优化节奏"等都具有积极的意义。在教学方式的选择上,应当提倡具有游戏精神的对话教学,"对话教学的本质就是能够让对话参与者不完全受理智的控制,身不由己地参与到互动中,引导他们超越任何预期的目标,而获得一种意想不到的洞察力"。(张光陆、张华:《解释学视域下的对话教学:特征与价值》,载《教育发展研究》,2011年第12期)丰子恺先生曾经写参与游戏的儿童,小便只解了一半,又返身回来继续游戏,等游戏结束才去解完小便。游戏对孩子产生的磁场作用,也是我们在教育中应当积极借鉴的。

三、走进儿童的世界

要想理解儿童,就必须走进儿童的世界。具体讲,要体现在以下几个方面。

1. 尊重本能

首先要强调的就是自然生长的规律。违背了这个规律,就是鲁迅先生讲的"逆天行事",是行不通的,儿童本身会受到伤害。尊重本能,一是要保留儿童的好奇心。如果一个人一辈子都对世界保持好奇心,那么,他就一定具有创造力。二是要让孩子保持"童真"。人要有"赤子之心",这是可以保证人"进入天堂"的。三是要充分保护并培养孩子的想象力。想象力是创造性的重要组成部分。波德莱尔说:"天才就是随手被抓回来的童年。"(转引自:《中国人民大学报刊资料选汇》,外国文学研究,1986年第12期)一个人工作后还能保持童年的天性,那他就可能是一个天才。马克思曾就"人愿不愿意回到童年"这个问题作出过精辟论述。他说:"一个人不能再变成儿童,否则就变得稚气了。但是,儿童的天真不使他感到愉快吗?他自己不该努力在一个更高的阶段上把自己真实再现出来吗?"([德]马克思:《政治经济学批判》导言,《马克思恩格斯选集(第二卷)》,人民出版社,1972年版)这段话的经典性,不仅仅是出自马克思之口,更重要的是道破了事物发展规律性的东西。

尊重本能的内涵,包括遵循身心发展的各种规律,第一要增强关键期的意识。"好雨知时节,当春乃发生。"为什么称得上好雨呢?因为是在适当的时候下的雨。第二要强化身心整体性发展的意识,促进身心协调发展。第三要重视个体发展的独特性,每一个孩子都是不一样的。有专家讲,如果让你重生,把整个太阳系都填满了也不可能有相同的你,也就是说绝无产生两个相同的人的可能性,所以说世界上没有两片相同的叶子,世界的多样性、生物的多样性、人的多样性、人的发展的多样性是一个客观存在。第四要强调个体的生长性,激发主体生长的力量。

2. 儿童立场

走进儿童的世界,就要坚持儿童的立场。首先是要立足儿童的视角。曾有一个朋友祖孙四代去看世博会,回来的时候这位朋友问他的孙子世博会什么最好玩,孙子想了想说,排队最好玩。成人最畏惧最头痛的就是排队,而为什么孩子说排队最好玩呢?原来他认为全家老老小小这么多人都陪着他排队,他感觉自己就像是王子。可见,成人和孩子思考问题的角度不一样。报纸也登过一个比较经典的例子,一个记者带着女儿到商场逛,走着走着,女儿哭起来了,记者就觉得很奇怪。这时,女儿的鞋带松了,她就帮女儿系鞋带,当她抬起头的时候明白了女儿为什么哭,因为在女儿的高度,只能看到大人们来来往往,匆匆忙忙的双腿,是一片"腿的森林",孩子体会不到逛街有什么乐趣,所以,女儿哭着要回家。著名的思想家康德对于大人们只从自己的角度去考虑儿童的问题作出了批评,他举出两个例子来说明大人们的"自以为是"。第一个是婴儿的摇篮,大人们习惯于看到婴儿哭闹就去摇动孩子的摇篮,康德认为这是错误的,因为在孩子的世界中,可能摇动摇篮就等同于大人们在平稳的船舱中突然遇到剧烈的晃动一样,只会使孩子们更加恐惧更加慌张,即使孩子们暂时停止了哭闹,那也可能是孩子们"晕船"了。与此类似的另一个例子是婴儿的牵引带,大人们使用牵引带的目的,表面上是为了使孩子们不那么容易跌倒,而康德认为更多的是大人们为了方便自己管理孩子,孩子们正确的生长是一开始爬行,进而凭借自己一次次尝试着去走路,一次次跌倒,最后真正学会走路,而家长们忽略了其中的过程,根本没有从孩子们的角度出发去考虑问题,这样可能影响孩子的正常发育和健康成长。这种表面上是为孩子,其实完全是成人的视角、成人立场的例子,在生活中是屡见不鲜的。

坚持儿童立场,还要有真正关爱儿童的情怀。毕飞宇以小说《推拿》荣获了茅盾文学奖。在谈创作感受时,他说:"小说创作理解力比想象力重要。"在进一步的阐释中,毕飞宇说:"想象力的背后是才华,理解力的背后是情怀。"我想,至少在以盲人推拿师为主角的《推拿》一书中,理解力确实比想象力重要。从事教育工作,自然需要理解力,需要有情怀支撑的理解力。著名英国自由教育学派教育家尼尔曾经讲过这样的故事:"我正在漆门,罗伯特在往门上扔泥巴,如果他是在这儿生活过一段时间,我会批评他;如果他是刚刚从一个严格的学校转来,我会和他一起往门上扔泥巴。毕竟罗伯特的解放比学校的门重要。"([英]尼尔:《谈谈萨默希尔学校》,中国海洋大学出版社,1994年版)尼尔的儿童立场,正是源于理解儿童的情怀。

3. 关注完整

教育要关注儿童作为一个完整的人的生长。第一,要关注生命的整体性。以摧残身心为代价的教育是应当坚决摈弃的。首先是身心健康协调发展。其次是物质的人和精神的人的双重生命观都要得到体现,人之为人在于其文化生命的成长。再次,人才人才,要先成人后成才。最后是要关注个体生命发展的可持续性,要在终身教育的视野里考虑问题。第二,情感、道德与认知教育必须保证完整性。康德说过"道德必须先行,神学紧随其后,这就是宗教";皮亚杰说过"儿童道德以智慧发展为基础,并受智慧水平所制约";布卢姆的目标分类学认为情感目标与认知目标大致相应,高情感对应高认知,低情感对应低认知。三维目标的内在一致性符合这样的规律。第三,关注儿童个性的充分发展。世界是多样性的,人是多样性的,人的潜能是多样性的,人的发展也是多样性的。"全面发展"不是平均发展,不是一刀切。儿童发展完整性包括了他的个性得到充分的发展。

4. 润泽课堂

走进儿童世界,很重要的途径是在课堂教学当中实现。为此,我们必须构建"润泽的课堂"。润泽课堂,首先是要有让人呼吸舒畅的湿润感。联想集团的总裁在谈企业管理文化的时候,讲到一个很重要的观点:我们最重要的就是让企业不干燥。不干燥是什么?就是要有一个湿润的感觉。如果企业太干燥了就会有员工跳楼,发生那些跳楼事件的企业,一定是其内部的气氛非常干燥,人际关系非常紧张,员工的受压迫感、危机感非常严重。所以润泽的课堂首先是湿润的。其次润泽课堂是温暖的,它是有温度的。这个温度就是爱的感觉。西方有一部电影叫《十诫》,里面有个小孩子叫巴特,问他的姑妈:"上帝在哪里?"她的姑妈一把搂过小巴特,问他:"小巴特,你现在有什么感觉?"小巴特说:"姑妈,我现在感到暖和了。"姑妈说:"上帝就在这个当中。"上帝能够给人带来温暖。我们在教学中给儿童带来心灵的温暖,我们的工作就有了一些神圣的感觉。第三,润泽课堂使师生心灵情感融为一体。《教学的勇气——漫步教师心灵》里曾描述了一个理想的课堂的境界,作者称之为"天职图景"。什么叫"天职图景"?就是内部的深沉的愉悦与外部深沉的渴望交融在一起。你的课如同心灵的音乐一样,你自己都被打动了,就是这样一种"深沉的愉悦"。而孩子们是一种深沉的渴望,期望而且相信在课堂上会学到更多的东西,会有精神的愉悦和幸福的感受。我借用人家写京剧名角的诗来描绘这种课堂的境界——"快乐不是在节日里,而是在你和我的眼神里。知识不是在书本里,而在你和我的距离里……"我相信很多优秀的老师会有这样的体验和感受。

5. 人格引领

要想走进儿童的世界,还要强调教师的人格引领。走进儿童的世界不仅仅是讲道理。即使是很重要的道理也可以是什么都不讲。教育最有力量的就是不着痕迹。杜威说:"我以为教师总是真正上帝的代言人,真正天国的引路人。"([美]杜威:《学校与社会明日之学校》,赵祥麟等译,人民教育出版社,1994年版)这种人格对孩子的引领是极其重要的。诺贝尔奖获得者黑塞的一篇文章叫《获得教养的途径》,他讲很多文化经典是人们获得教养的途径。我经常借这句话强调老师也应该成为一本教科书,成为孩子获得教养的途径。从人格引领这个角度讲,他应该是道德的楷模;他应该有一种人生的积极态度,不断地向上向前,去感染学生,去影响学生;应该以一种创造性的教学去体现对职业的态度,去激活孩子的创造性思维;应该体现一种以爱为核心的专业情意,以尊重公正为核心的专业伦理。这样的一种人格引领,孩子终身都忘不了。大家回忆名师的文章,回忆自己老师的文章,哪怕是回忆一般老师的文章,绝对不仅仅是这个老师的知识高深到什么程度,而首先是这个老师的道德,这个老师的为人师表,他在孩子的心中早就树立起一座丰碑。

6. 文化熏陶

人们对"文化"的理解可能各不相同。我认为:其一,文化是无所不在的空气,无时无处不弥漫在校园里,弥漫在当下人活动的情境里,不管在校外还是在家里。南京大学老校长匡亚明是著名的教育家,他经常对南京大学的老师讲:"空气流动就是风,什么是南大的校风,什么是南大的学风,什么是南大的教风,它就是像空气一样在流动。"其二,文化是共同默认的解释。这是指"做什么、怎样做",都能潜意识、无意识地就那样去做。国外有一个专家在谈企业文化的时候,他讲,企业文化有三个层面:第一层面是你看得见的那些组织制度,第二层面是制度背后的价值观,第三层面是价值观背后的共同默认的解释。文化熏陶终究要转化为文化自觉。其三,文化是终身相伴的味道。作为一个学校,其学生能够终身具有这种"味道"。2011年7月17日,是杨绛老人的百岁生日,苏州十中(原"振华女子中学")的柳袁照校长写了篇纪念文章,叫《我们的杨绛》,文中讲道:杨绛是振华女中的学生,也是振华女中的校长。杨绛就讲:振华女中的学生有一种味道,走出学校,老了,还是有这种味道。在我看,这就是文化。

强调文化对儿童的熏陶,主要在这三个方面:第一是对价值观的认可。我们老师、孩子要认同学校的核心价值观。第二是文化构建的参与性。作为一种文化构建,要让孩子能够参与进来,而不是一个旁观者,应该是一草一木总关情。第三要强调儿童文化与成人文化的互动性。"要用成人文化来引导规范,又要用儿童文化来刺激、丰富成人文化。"(杨宁:《儿童是人类之父——从进化心理学看人类个体童年期的本质》,载《华南师范大学学报(社会科学版)》,2003年第10期)这样,我们理解了儿童,儿童就能得到更好的发展。其实,我们自己也就得到了更好的发展。

本文发表于《江苏教育研究》2012年第3期。

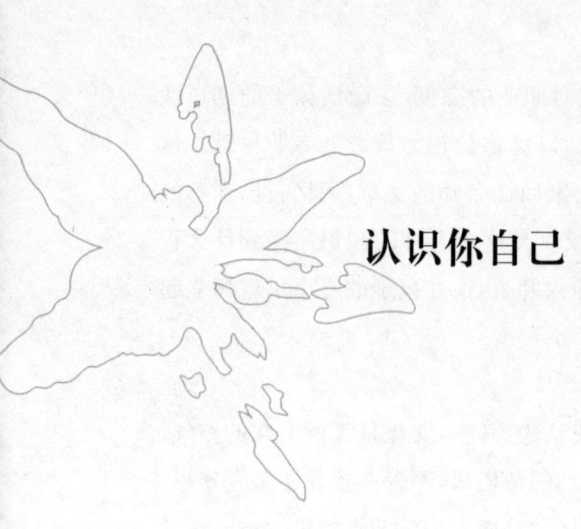

认识你自己

希腊德尔斐神庙有一句著名的箴言:"认识你自己。"苏格拉底等哲学家将其作为自己哲学原则的宣言。有人说,"认识你自己"在西方思想史中,犹如中国人贴对联,上联、下联贴好了,中间贴的那个横批,"认识你自己"就是西方思想史的"主题思想"。我曾在和校长们讨论时多次说过这个意思:学校的文化建设、特色建设,关键就是"认识你自己"。

"认识你自己",首先要的是认识学校的文化传统。学校的文化传统落脚在"传统",生命力在当下,在未来。"它不具有有形的实体,不可抚摸,仿佛无所在;但它却无所不在,既在一切传统文化之中,也在一切现实文化之中,而且还在你我的灵魂之中"。(庞朴:《传统文化与文化传统》,载《中国社会科学季刊》,1993年第4期)这些文化的精髓往往体现抵达本质、规律的创造,它们在不断变化的情境中总是具有生命活力,具有适应性、创造性。许多百年学校都有深厚的文化积淀,校长的第一功课就应当是向前贤致敬,与传统对话,在承传中发展、创新。"一方水土一方人",即使新成立的学校,也可以从区域文化中汲取营养,探寻文化之根,使学校的特色建设、文化建设具有一定程度的内在特点。

"认识你自己",就要认识自己和学校利益相关者的性格特征。性格即人,学校的文化建设、特色建设是学校"利益相关者"个体、群体的性格使然。作为一校之长,首先对自我要有冷静、深刻的观照、审视、反思;其次要对学校"利益相关者"的群体性格有所了解,以至相当熟悉。这里的"认识"需要在整体风格中有所把握,一定的整体风格就形成了学校作为组织机构的行为特点,有助于形成共同体建设必须具有的认同感;这里的"认识"需要指向所有的个体,需要尊重所有个体的自主性和思想的自由,只有所有的个体都是主体,组织机构才能具有活力、充满生机,才能构成真正意义上的共同体;这里的"认识",不是一个静止的概念,"认识自己"包括对自己不足的清醒认识,包括发展过程中的反思精神,"认识自己"很重要的就是不断反思、不断提升的过程,是一个性格不断完善的过程。正是不断反思,人才能逐步走向内心的完整、伟大,才具有成长、发展的力量。

"认识你自己",要致力于做自己内心认可的事情。人们常说,人贵有自知之明。在我看来,人的自知之明,最主要的并不是对自己缺点和不足的认识,而是对内在的自我的发现。最内在的自我常常是隐秘的,或者是被遮蔽的。我们发乎内心地想做什么,想追求什么,我们不一定是有清醒认识的。在这个功利化的社会里,浮云遮目,雾霾混沌,许多人都迷失了方向,某些行动甚至越过底线。在这种情况下讨论文化建设、特色建设,只能视作另一种功利化的追求,是没有意义的。有人说,识时务者为俊杰,不识时务者为圣贤。我们许多校长、教育工作者,都是有理想情怀的,都是有超越功利的神圣追求的。我们要回归我们的本心,"静夜思"培养什么样的人、怎样培养人这样的根本问题,坚守自己的教育价值观,真正把培养一代新人作为文化建设、特色建设的本真所归,发乎内心,坚守本性,为孩子们的健康成长鞠躬尽瘁。

有哲人说:"一切文化都是人心的产物。"([美]怀特:《文化科学——人与文明的研究》,曹锦清等译,浙江人民出版社,1988年版,第82页)依我之见,这首先是在强调文化建设要源自心灵,在于灵魂。"认识你自己"就是要我们长有一双能看透灵魂的眼睛,不断指向自己内在的精神世界。在本质意义上认识自我、发现自我、反省自我、提升自我,从内心的自我出发,做内心认可的事情,做让自己精神愉悦的事情,因而也就能在学校文化建设、特色建设中培养时代的新人,实现真正的自我。

本文发表于《教育视界》2015年第3期。

课堂是我们成长的地方

随着新课程的深入推进,教师的专业素养越来越受到重视,很多老师就此问计于我,我最基本的观点是:课堂是我们成长的地方!

课堂是我们成长的地方。首先是因为做教师的主要工作是教学,从新手到熟手,从适应型到专家型,必然伴随着水一样流走的一节一节的课,每节课都能成为我们前行路上的砖石,我们自然会拾级而上;其次,新课程因为"新鲜",常常让人感到"陌生",它使许多老师产生了种种不适应,他们游刃有余甚至纵横驰骋许多年的"舒适地带"不见了,需要超越"舒适地带",需要与新课程共同成长;第三,"教学相长",这是在课堂生活、教学情境中得以反复验证的常青"理论"。课堂情境是师生共同展现的重要的生活状态,一个包孕着发展、有利于生长的课堂空间,其实也是我们应当选择的一种生活方式。

课堂是我们成长的地方。从"应然"到"必然",有很多的路要走。首先还是要提高认识。从教师这个角色被赋予的内涵来说,敬畏课堂,热爱课堂,研究课堂,反思课堂,提升课堂,是与大使命、大责任紧密相连的。在现有的教学体制下,课堂是几乎所有孩子成长最重要的场所,只有与孩子相伴而行,共同发展,让课堂同时也成为我们生存的意义空间,我们才可能对得起教师这个职业的要求;当我们把教师职业这碗饭吃得喷香的时候,孩子们才能享受到生活的芬芳,我们也才可能对得起教育这个事业的称号。痴迷于此,乐于奉献,我们的生活才会沐浴圣洁的光辉。从人生的一般意义上说,恰如朱光潜先生在《慢慢走,欣赏啊!》一文中所说,人生就是一部作品,每日里的生活都是一种创作。让课堂成为我们成长的地方,在孩子们茁壮成长的同时,我们其实也在写就人生美满的生活史。如是,我们的人生才会如阿尔卑斯山谷两旁极美的风景,让人目不暇接,让我们永远地回首流连。

课堂是我们成长的地方。要做到这一点,我们要在每一节课上下功夫,"草色遥看近却无",执着追求,用心至诚,时光会记载我们的成长。当然也需要方法、"技术"。其中最重要的就是用研究的眼光审视课堂,就是把教学当学问做,既教且研。如梁启超先生当年所说,做教师一方面可以教学生,一方面可以做学问,能够享受两种人生的趣味。根据台湾学者詹栋梁的观点,教师的研究有三个视角:第一是"前科学"的视角,这时的实践和研究主要是一种经验层面;第二是"教育科学"的视角,指能够用教育理论解释自己的教育实践,能够用教育实践丰富教育理论,甚至还能进行整体的系统的研究;第三是"超科学的视角",即在某种意义上超越了通常的教育科学理论,能够在教育范围之外,从哲学层面,从文化体系的另一个角度审视教育理论和实践,往往给人别开生面、别有洞天甚至豁然开朗的感受。我想,这个观点对于我们是有启发和激励意义的。

课堂是我们成长的地方。许多老师的成功案例可为佐证。我经常为之欣喜,并非常乐意当一回"二传手",将朱光潜先生文章的意思转赠给老师们,并与大家共勉:面对丰满华丽、生机盎然的课堂,让我们——"慢慢走,欣赏啊!"

本文发表于《江苏教育研究》2008年第5期。

关于"知识与技能"的理解

一、什么是知识(技能)

从中小学教师接受的信息看,有关"知识与技能"的诠释主要来源于以下学者的观点。

代表人物	知识(技能)类型		
加涅	言语信息	智慧技能	认知策略
安德森	陈述性知识	程序性知识 (能相对自动化)	程序性知识 (受意识控制)
梅耶	语义知识	程序性知识	策略性知识
波兰尼	明确知识	缄默知识	

从此表可以看出,陈述性知识与明确的、显性的知识是吻合的,程序性知识与缄默的、隐性的知识是吻合的。在"知识与技能"这个表述中,"知识"是狭义的,更多的是指陈述性知识,但在新课程一般的话语体系中,"知识"是广义的,包括了程序性知识,基本上涵盖了"技能"。

二、知识的特征是什么

现代主义认为知识具有客观性、确定性、普遍性、中立性等特征,后现代主义认为知识还应具有主观性、不确定性、个体性、价值性等特征。这些关于知识特征的描述融合成新课程的知识观。新课程又更具针对性地强调了学习者对于建构知识的意义。"课程知识不是一种外在于个体或强加于个体的被管理、被灌输的'客观'的东西,而是一种可探询、可分析、可切磋的动态的探究活动,一种借助反思性实践来建构人生意义的活动过程。"(钟启泉等:《义无反顾奏响改革进行曲》,载《中国教育报》,2006年12月15日)

三、怎样促进学生对知识的有效学习

通过分析新课程大量案例,我们对知识的学习方式会有一些新的领悟:知识如果能够作为思维的内容,知识的意义就产生了;知识如果能与学生的生活经验联系起来,知识就被激活了;新知与旧知的连接打通了,知识就被理解了;如果学习情境是学生与知识相遇、对话的情境,学生的主体性就能在对知识的理解和创造中得到张扬。有些学者对知识学习有效性从结果形态的角度做过一些归纳。比如,概念化,在学习的情境中接受或建构知识,能够借助于书面文字的表达在头脑中建立科学的概念;结构化,知识不是一个个零乱的知识点,而是被有机整合进知识体系;条件化,不仅理解了知识,而且知道在什么情景下应用知识;自动化,即最基本的知识达到熟练掌握的程度,能够在运用该知识时达到自动化程度;策略化,不仅获得知识,而且掌握了学习知识的方法和策略。(张庆林、杨东主编:《高效率教学》,人民教育出版社,2002年版)这些对于我们进行知识的有效教学具有一定的借鉴意义。

四、怎样根据学科课程特点理解知识(技能)

在语文、思想政治、历史等学科的课程标准中,"知识与技能"这一维度表述为"知识与能力",这里就凸现了不同学科课程知识的形态与特点是不一样的。"技能",是个人掌握的动作方式,这种动作性对于人文学科显然是不适宜的。能力是一种个性心理特征,西方心理学还有显见的实际能力与隐性的潜在能力的区分,这些用以讨论人文学科的问题可以避免不少误解。研究者们认为,科学知识具有客观性、明确性、普遍性、中立性,人文知识则具有情境性、缄默性、个体性、价值性。这当然只是相对而言,但对于把握科学知识与人文知识的区别还是必要的。比如数学课程,人们对于由性质、法则、公式、公理、定理等组成的定理和原理(陈述性知识),对于按照一定程序与步骤进行运算、处理数据、推理、作图、绘制图表等数学技能(程序性知识),可以大致用普遍的、明确的、中立的语言表述;但语文课程中的"知识与能力"就复杂得多,语文课程标准没有"课程内容"这一板块,"知识"也没有严密的逻辑体系。心理学家早已注意到,人们学习母语是先习得,然后再去接触那些明确的知识,大量的不能言传只能意会的知识,对于一个人语文能力和语文素养的形成更加重要。显然,用同样要求和方法对待科学课程与人文课程的知识学习是不行的。科学课程可以以有意义的接受式教学为主,语文课程可能应当更多地采用体验式教学,引导学生在语文实践活动中建构知识、培养能力、形成素养。这里还只是泛而言之,具体的学科、具体的内容板块知识的形态都可能是不一样的,知识的特征也是有区别的,知识教学的目标和要求也应当学科化、具体化。

本文是为撰写《新课程三维目标:理解与落实》(发表于《教育研究》2008年第9期)所写的笔记。

试说"过程"

教学过程是一个容量很大的概念,我们这里所说的主要指课堂状态下教学的内在展开。"过程与方法",在某种意义上,方法决定过程,所以,选择"过程"来讨论,更为方便些。过程应当具有什么特点呢?

一、共性化学习与个性化学习相统一

在班级授课制的组织形态下,全班同学肯定会有共性的学习过程,但学习是非常具有个性化色彩的,知识对于每一个个体来说,都有其特别的意义。因此,怎样让学生学会有个性的学习,怎样让共性化的学习与个性化的学习相沟联、相协调、相统一,这是需要认真考虑的。人们经常谈论素质教育如何难以落实,依笔者的观点,课堂教学的素质教育就是面向全体与面向每一个鲜活的个体相结合,坚持共同基础与促进学生充分发展相结合。在教学实践中,可以有意识地关照三个方面:第一,让所有学生都参与到学习过程中,防止部分学生被边缘化;第二,注意不同层次学生的学习,让知识基础上处于同一层次的学生得到"面"上的照顾;第三,帮助一些特殊学生制定个别化的学习方案,使他们在原有基础上都得到较好的发展。

二、个体学习与合作学习相统一

课堂教学"多向互动",应当提倡合作文化。这里包含理念形态上合作主体的相互尊重、合作者的责任感和合作精神;组织形态上师生合作(师个合作、师组合作)、生生合作(组个合作、组组合作);结果形态上成果的形成与共享。但个体学习是基础,没有高质量的个体学习,就没有高质量的合作学习;合作学习是提升,高质量的合作学习使个体学习的困惑得以消解,问题得以解决。在某种意义上,课堂教学就是个体学习与合作学习相互促进、螺旋上升的过程。

三、三维目标整体运行

许多老师不假思索地将"三维"作为教学目标的模板,每次备课对应填进相关内容;有的学者不加区别地认为在教学中主要应该抓"三维"中的"知识与技能";曾有老师问我,"情感态度与价值观"每节课要讲多长时间。这些割裂三维目标,肢解教学过程的说法和做法都是欠妥的。三维目标是一个整体,"三维"都很重要,"三维目标"应该整体地贯穿教学全过程。(1)不同维度具有互为渗透性。在三维目标这个价值体系中,每个要素都是互相呼应、互相联系的。比如"知识与技能",对知识的选择就有一个价值观问题,知识的教学就是学习方式的问题。"过程与方法"装载的可能就是"知识与技能",它本身也应该经得起道德的追问。"情感态度与价值观"应当是学科课程自然生长出来的,很多现场生成的资源伴随"过程与方法"而来。因此,对三维目标的理解,需要建立融通的观点,在整体上、本质上准确把握。(2)不同维度具有相互支撑性。大致说来,在科学课程中,"知识与技能"是显见的、看得见、摸得着、抓得住,可以作为教学过程的主线;一些人文课程,可能是按照价值体系结构教学内容,常常会基于学生的生活经验、生活逻辑,生活逻辑也可能成为教学过程的主线。但不管采用什么样的主线,它都融合了"三维"的整体要求,在具体教学过程中,又必然会相互支持。比如,"情感态度与价值观"在不少人看来,是动力系统,是一种手段。其实,情感教育本身是重要的教育目标,既是手段的作用,也是手段与目的的统一。布卢姆在《教育目标分类学》中说:"认知连续体低层次目标的对应面,在情感统一体的较低层次;情感连续体较高层次的目标,其对应面在认知连续体的较高层次上。"这已经把二者互为手段、互为目标的关系说得非常清楚。深刻的情感体验肯定会促进学生在更高层次上进行思维;学生对知识的透彻理解也必然会促使学生对情感的体验更上层楼。

四、预设与生成相统一

动态生成是新课程教学过程的重要特征。这里要明确的是:(1)建立"二次生成"的观点,让教学设计成为生成性预设。把课内课外的教学活动作为一个整体看,备课应当是第一次生成,这次生成执教者是主体;上课,是第二次生成,这次生成更多地以学生为主体。生成性预设期盼课堂内可以预见的精彩,也更有助于创造未曾预约的精彩。(2)教学设计要留有空间,引导课堂在"多向互动"中"动态生成",包括意料之外、情理之中的课堂事件。"留有空间"的方法很多,比如设计多个方案,体现教学思路的弹性;问题具有多向性、开放性,引导学生思维发散;有意设置"空白",含不尽之意于言外,留待学生创造。(3)面对意外事件作出有效调控。不管老师怎样殚精竭虑,都无法穷尽课堂动态生成的所有可能性。教者应当相机而为,根据教学情境的实际情况进行调控,而不是死死抱住设定的某个具体目标不放。

五、课内学习与课外学习相衔接

课堂学习始于课外,结于课外。课堂教学往往是从解决学生学习中产生的矛盾与困惑入手的。课后的温习与拓展、迁移与巩固,是课堂学习的自然延伸。以课前预习说,叶圣陶先生就认为,学生"运用自己的心力,尝试去了解"课文,正与"养成读书习惯的目标相应和",所以是"训练阅读的最重要的阶段"。高质量的预习,可以成为课内学习的一种铺垫、一种预设、一种自练,显然会大大提高教学的起点。再如针对具体课文教学向课外阅读,老师就可以有意识地引导学生在课外用主题相通、相似的文章进行类同式阅读,用主题或形式相反、相对的文章进行对比式阅读,用精读学来的方法选择文本进行迁移式阅读;还可以让学生的阅读向四面八方打开。这时,传统的课堂就被突破了,过程就更有意义了。

本文是为撰写《新课程三维目标:理解与落实》(发表于《教育研究》2008年第9期)所写的笔记。

学科德育不只在说教中

三年级某老师在一节口语课上,先指导学生做插花,然后让他们介绍自己的插花。每当一组同学介绍完,她总要问:"你们的插花象征着什么?"一个学生说:"我们的插花中,这朵大的牡丹花是祖国大陆,这朵小的菊花是宝岛台湾,我们祝愿祖国早日统一。"另一个学生说:"我们选的满天星象征着祖国经济建设欣欣向荣、蒸蒸日上。"……

这是笔者在小学听课时观察到的一个片段。下课后,我们和执教的老师进行讨论,她的引导是否走向了牵强附会的方向。这位老师一脸疑惑:"我这是在落实情感、态度和价值观啊!"联想到许多次在中小学听课,总看到有些老师在一节课结束前几分钟来一点政治说教,刷一点德育的色彩,他们的理由也是"新课程要体现情感、态度和价值观啊"。应该说,有了学科德育的意识,认识到情感、态度和价值观要有具体体现,这是一种进步。但是,我们还应明白,学科德育不是外在的附加的任务,我们应认清情感、态度和价值观究竟在哪里。

一、教师应当成为学生获得教养的途径

诺贝尔文学奖获得者赫尔曼·黑塞曾经提出,通过阅读,走进"世界文学的辉煌殿堂",这是人们获得教养的途径。我想,教师为人师表,其理想、情感、意志及其

世界观、人生观完全内化在人格结构中,应该成为学生获得教养的又一条途径。教育本质上就具有这样的要求。第斯多惠说:"谁要是还没有发展培养自己的情感,他就不能发展和培养好别人的情感。"卢梭也说:"在敢于担当培养一个人的任务之前,自己就必须造就成一个人,自己就必须是一个值得推崇的模范。"南通启秀中学的李庚南老师年近七旬,还在做班主任,还在给学生上课,家长们都希望把孩子送到她的门下,就是因为她已经成为"值得推崇的模范"。

  教师成为学生获得教养的途径,是超越学科、超越课堂的,但又是通过具体的学科教学、一节节的课以及学校的其他教育活动体现出来的。在我看来,在具体的学科教学过程中,教师成为学生获得教养的途径主要体现在三方面:一是教师对学生的爱。范梅南说:"教育的智慧是一种以儿童为指向的多方面的、复杂的关心品质,这是人的崇高使命……爱和关心是教育科学的条件。"(范梅南:《教学机智——教育智慧的意蕴》,教育科学出版社,2001年版,第12页)爱是教育的灵魂,真正的爱应如泰戈尔诗句所描绘的:"让我的爱/像阳光一样包围着你/而又给你/光辉灿烂的自由。"二是教师在教育教学过程中表现出来的乐观向上的生活态度。别林斯基说过,普希金的政治抒情诗充满诗意的全部奥秘,在于他的诗篇里洋溢着一种对生活的微笑,他又找到了一种最好的表现形式。于是,俄罗斯的青年从他的政治抒情诗里看到了希望,受到了鼓舞。我以为,理想的教育就是教育者在教育教学过程中洋溢出自己对"生活的微笑",这种乐观向上、豁达明朗的性格元素,对引导孩子的精神发育、健康成长是十分重要的。三是教师的专业伦理。专业伦理是一个专业的行为准则,它规定着我们这样做而不是那样做,长期遵守,规定成为习惯,习惯成为自然,就成为一种内在的品质。在教师专业伦理中,我想应该包括:尊重每一个学生,尊重在各种情境中的学生,这是最为重要的;公正、公平地对待每一个学生,杜绝任何歧视的行为;自律,在道德素养上没有"硬伤",经得起"推敲"。这样的老师会使学生产生信赖感,教师的形象会对教育产生积极的影响。

二、把握课程的价值取向

  相对于直接的德育课程来说,学科德育主要是隐性的,这是由课程的价值观决定的,是由课程结构和内容所包蕴的。从这个方面理解,我们应当强调:

  (1)把握新课程的核心价值观。新课程的核心价值观以每个学生的发展为本。根据马克思主义关于人的学说,人的全面发展和个性的自由发展应是教育培养目标的主要内容,尽管现实还没有为这种发展的充分性创造足够的条件,但其历史必然性应当激励、鼓舞我们为之奋斗。从教育视角看,人的全面发展,就是学生作为一个完整的人所具有的品质和才能的充分发展。这种全面发展的人在道德、知识、审美、体质、能力等方面都是健全的。个性的自由发展,则是以全面发展为基础的,个体的人所具有的特质、特长、兴趣、爱好等的自由发展。以学生发展为本,应当基于这样的认识去思考,去把握,这是教育的根基,自然也是德育的根基。

(2) 全面落实课程方案。课程方案是由培养目标决定的,是从课程角度体现培养什么样的人,怎样培养人。如果课程方案不能完整地执行,就意味着培养目标不能全面实现,在这种情况下去讨论德育问题,显然是丢了西瓜去捡芝麻。

(3) 通过新旧课程的比较,把握具体学科课程的价值。以语文课程为例,旧课程科学主义泛滥,独尊工具性,造成严重的人文缺失,新课程则强调工具性与人文性的统一;旧课程从知识体系出发,围绕知识点组织教学,新课程则从学生的发展需要出发,强调语文学习的实践性,不刻意追求语文知识的系统和完整;旧课程是接受性学习的一统天下,新课程提倡自主、合作、探究性学习,主张学习方式从单一走向多元;旧课程是封闭的教材体系,强调教师的忠实执行,新课程倡导综合,走向生活,主张结合语言实践自主开发学习资源,鼓励教师"用教材教"而不是简单地"教教材"。

三、理解知识与道德的关系

具体学科的德育并不仅仅指向那些政治的、说教的内容,更重要的在于知识的学习。

知识的最高价值是真、善、美的统一。"知识的目的在于求真,求客观事物所投射的真实,求人生切合真实世界,求知识切合价值,从而获得对客观真实事物的正确认识。而真恰恰是道德判断的前提。知识的效用在于扬善,即利用知识改造社会,改造人生,实现自然宇宙、生命个体、人伦社会、天地精神之和谐。知识的这一效用使知识具备了人性、人道性质。知识的理想在于追求'开物成务'的美学境界,即把握客观,化解矛盾,实现人类理想。"(陈微:《"知识道德"新论》,载《社会科学》,2000年第5期)无论是教科书呈现的知识形态,还是学生汲取知识的意义和建构知识的活动,都是有必要,也有可能体现这些思想的。

个体的、缄默的知识是与价值观相联系的。"建构主义理论认为知识是建构的,也是个体化的,只要承认知识的建构性也就承认了知识具有个体性,建构的知识都是存在的。"(李定仁、段兆兵:《校本课程开发:重建知识伦理》,载《教育研究》,2004年第8期)人们在形成缄默知识、个体知识的过程中,是有更多的过滤性、选择性的。在课程设计和教学的过程中,应当尊重学生的兴趣和个性,为学生自己知识的建构和个体化知识的发展创造条件。

学科知识具有独特的人文价值。培根曾对此作过精辟阐述:"史鉴使人明智,诗歌使人巧慧,数学使人精细,博物使人深沉,伦理学使人庄重,逻辑与修辞使人善辩。"([英]培根:《培根论说文集》,商务印书馆,1983年版,第180页)只要按照学科课程的特点教学,情感、态度和价值观,学科特有的人文价值,自然就会包容在其中了。

学科知识为学生道德成长提供了理性基础。"道德、认知、情感、意志、行为建立在对人、物、事及其关系认识的基础上,我们正是在对事物认识的基础上才形成相应的态度和情感。"正是通过课程知识的学习,学生认识到大千世界,了解人与自然、人与社会、人与自我的关系,才可能真正形成自己的价值观、世界观,也才能培养正确的道德情感和态度。(周晓静、朱小蔓:《知识与道德教育》,载《全球教育展望》,2006年第6期)

四、吃透教科书的人文内容

对德育内容,我们强调隐性的,并不是排斥显性的。教科书中存在的显性德育内容,应该高度重视,充分利用。这关键在于是否"吃透"。一位老师教《在马克思墓前的讲话》,在课要结束时,老师"礼节性"地问道:"还有什么问题吗?"一名学生怯生生地站起来,说道:"本文的中心论点是'这个人的逝世,对于欧美战斗的无产阶级,对于历史科学,都是不可估量的损失'。但在阐说马克思的贡献时,为什么要先说革命理论,后说革命实践呢?"老师还真被问住了。其实,教学时,我们不仅在理解内容、梳理结构、推敲词句时体现德育,还应看到,在这篇论说文中,恩格斯在阐说马克思的杰出贡献的同时,还饱含深情地描摹、塑造了马克思的光辉形象。正是从这个角度入手,我们才能理解为什么本文的总纲讲"这个人的逝世,对于欧美战斗的无产阶级,对于历史科学,都是不可估量的损失",而在阐说过程中却先说他理论上的贡献,再说其实践上的贡献。

笔者在中小学从事语文教学时,曾引用杜甫的《春夜喜雨》,提出学科德育的三重境界,现在概述一下。(杨九俊:《语文教学艺术论》,江苏教育出版社,1994年版,第67页)

第一重境界:春风化雨。如果说教科书的德育材料是一片片积雨云,教师刻苦钻研,融会贯通地理解,就是阵阵春风,那么吃透教材、设计教学的过程就是春风化雨的过程。这种"化"首先要体现准确性,比如本文开头所举的案例,如果引导学生讨论:我们插的花漂亮不漂亮?为什么?在插花的过程中,有什么体会可以和大家交流?那就是比较准确地体现情感、态度和价值观了。这种"化"还要体现深刻性,这往往需要我们在通透的意义上去理解教材。这种"化"也要体现情感性,情化自己,情入课堂,激发共鸣。

第二重境界:润物无声。霍松林先生在评析《春夜喜雨》时指出,春天的雨未必都能叫人"喜",它也可能由雨而雪,雨中夹雪,也可能伴随狂风,下成暴雨,这样的雨尽管下在春天,也只能损物而不是"润物"。杜诗赞美的春雨是伴随和风细细地滋润万物的。学科德育亦然,我们需要的是:第一,形式的自然。没有画蛇添足的笨拙,也无油水分离的隔膜,而是水乳交融,如同白糖水,看不见糖,但喝起来是甜的;外在颜色变化不明显,但内在浓度增加了。第二,分寸的适度。俄国画家勃留洛夫一次给学生修改习作,只是点了几笔,那幅画就生动起来。站在旁边的一名学生赞叹道:"看,只不过稍微点几笔,一切都改变了。"勃留洛夫便说:"艺术就是从这'稍微'两个字开始的。"列夫·托尔斯泰把这句话称作"关于艺术的一句意味深长的箴言"。所谓"增之一分则长,减之一分则短"。学科德育也是如此。第三,氛围的和谐。师生间构成融洽的情感关系,课堂里弥漫着和谐的教学氛围,是催发霏霏春雨的最佳气候。否则,风也不和,雨也难下,自然也就不会有无声的滋润。

第三重境界:花团锦簇。杜甫《春夜喜雨》的尾联"晓看红湿处,花重锦官城",描绘的是合理想象的情景:如此"喜雨"下了一夜,万物都得到润泽,发芽滋长起来,那些花儿也带雨开放,红艳欲滴,等到第二天的清晨去看看吧,整个锦官城(成都)杂花生树,一片"红湿",一朵朵红艳艳、沉甸甸,汇成花的海洋。那么,田里的禾苗呢?山上的树林呢?其他的一切呢?就都可想而知了。在进行学科德育时,也应有这种情不自禁的想象。

五、关注"过程与方法"

从"过程与方法"的意义上看待情感、态度、价值观,我想至少有三个方面应予以重视。教学方式、内容的选择应当考虑"人在哪里"。有的老师备课只考虑教材和老师自己,很少考虑学生;有的老师备课也备到学生,但只是模糊的概念。我们经常说"面向全体学生",这不应该成为一句口号,而应该落实到每个鲜活的、具体的学生身上。备课的"学生观"要考虑三个方面:一是课程标准规定的全体学生应当达到的要求,二是不同层次学生的差异性要求,三是特殊学生的特殊要求。老师还应考虑从学生身心发展规律出发,从学科课程特有的学习规律出发,从知识板块与学习方式最佳匹配的关系出发,从教学条件、环境提供的可能性出发,系统考虑应当选择什么样的教学方式,怎样引导学生选择较为合理的学习方式。这样,我们才具有建构道德课堂的可能性。

我们要提倡教学过程的审美性。第一,教师要注重"美学形象"的塑造。如果把教学过程看作是一次审美活动,那么教师就应具有多重身份。比如,教师是审美主体,他要发现教学内容的美、教学对象的美;教师又是审美客体,应当呈现教学劳动的形态美;教师还应是审美中介,通过教学方法、教学技巧,引导学生进入审美境界。教师应该成为一个美的化身、美的使者。第二,重视教学过程中的情感熏陶。在审美过程中,学生会有多重收获,其中最主要的是情感的熏陶,恰如蔡元培先生所说:"美育者,应用美学之理论于教育,以陶养感情为目的者也。"(蔡元培:《蔡元培教育文选》,人民教育出版社,1980年版,第195页)这种情感熏陶不仅有助于育德,对于育智也具有积极作用。布卢姆等人的研究表明,在认知水平与情感水平方面,彼此的关联性是非常明显的。在通常情况下,认知连续体低层次目标的对应面,在情感统一体的较低层次;情感连续体较高层次上的目标,其对应面在认知连续体的较高层次。情与理相辅相成,互为促进,因此必须在整体意义上加以关照。第三,让教学更具创造性。审美性的教学是达到艺术境界的教学。"创造是艺术的生命",教学艺术的创造,在本质上是规律性与教学个性的统一,在内容上是创造性教法与创造性学法的统一,在形态上是新颖性与美感性的统一。师风可学,创造地教,不仅提高教学效率,而且对学生创造精神、创造能力的培养而言,其意义也是极其深远的。

加强与生活世界的联系。打通间接知识与直接知识的联系,打通书本与生活的联系,打通课堂与社会的联系,情感、态度和价值观自然就包蕴其中。苏霍姆林斯基特别重视学生来自生活的直接体验的获得,并称之为"蓝天下的学校"。新课程实施以后,很多老师在课堂教学上注重调动学生的生活体验,努力让学生借助"经验"建构知识。笔者在近年来力主"课堂向四面八方打开",自然也包含教学向生活世界打开,实现新知与已知、间接与直接、课内与课外的融通。这些都有情感、态度、价值观的元素。当然,在这个方面,画蛇添足、穿靴戴帽,则是切忌的、需要杜绝的。

本文发表于《中国德育》2011年第11期。

打开思维之门

评价课堂教学的效率,一个重要的指标是看学生有效思维的时间长度。追求有效教学,关键是看能否打开学生的思维之门,能否在教学过程中建构积极主动的思维文化。

一、关注思维主体:谁在思考

1. 学生在思考吗

这似乎是不成问题的问题,但确确实实是个大问题。从对课堂教学的观察看,学生普遍存在的状况是:

不敢想——缺乏激活思维的氛围。许多课堂静寂得可怕,一些老师的课堂少有人举手,为什么?长期存在的师道尊严使学生噤若寒蝉,由于缺乏心理安全,学生只能"少说为佳"。

不用想——媒体展现取代思维的过程。一些老师为用媒体而用媒体,把手段混同于目的。有时,学生思维刚要打开,画面、音响出现了,于是思考的空间被填满了。

不能想——老师的理解包办了思维的结果。在一些课堂上,也有你来我往、"师生互动"的讨论,但实质上,思维主体还仅仅是老师,学生只是揣测老师所思所想,只是"协助"老师完成预设的答案。如果回答不对路,就会被认为答错。

因此,打开思维之门,首先还是要真正树立以学生为主体的观念,让学生成为学习的主人、思维的主人。

2. 全体学生都在思考吗

根据笔者对课堂教学的观察,在一些老师的课堂上,经常出现部分学生被边缘化的现象。小学语文有一篇题为《大自然是一本无字字典》的课文,写的是父子二人通过对大自然的观察和感受,体会到"骄阳似火"的内涵,领悟到"大自然真是一本无字字典"。一位老师在教学过程中形成这样的片段:

师:我们大家也有盛夏外出活动的经历,请同学们联系自己的生活经验,用"骄阳似火"说一句话。

生:暑假的一天,我去书店买书。走出家门不远,就已经汗流浃背了,真是骄阳似火啊!

师:说得好,不仅用活了"骄阳似火",而且还会用"汗流浃背"。

生:一个夏天的中午,我乘公共汽车到乡下外婆家去,下车后我看到火辣辣的太阳晒得路边的小草都没精打采了,真是骄阳似火啊!

师:真不简单,"骄阳似火",这时的太阳是火辣辣的,说路边的小草还用了一种修辞手法——拟人。

在师生"热烈"而不乏精彩的交流过程中,我观察到班上的一部分同学,特别是后排的男生在各行其是,坐在我前面的两个小家伙还在"咬耳朵"。我侧耳细听:

生1:昨天晚上看了什么电视啊?

生2:《天龙八部》。你呢?

生1:我妈昨晚盯着不让我看电视。《天龙八部》好玩吧?

生2:特好玩!(伴随武打动作的模拟)

后来,我又几次听过这篇课文的教学课,老师都大致安排了类似的讨论与交流。这个教学环节包含了把间接知识与直接知识、书本学习与生活经验打通的思想,有可取之处;但如果相当一部分学生并未进入学习的状态,怎么会有高效率的教学呢?好在我也看到一位老师的另一种处理。他要求学生打开笔记本,联系自己的生活经验,用"骄阳似火"写两到三句话。学生同桌之间交流后,老师组织全班讨论。这样的课堂,所有的学生都参与了,所有的学生都思考了。两种不同的教法,在于教学视点有着本质的区别,前一种老师只关注教的过程,后一种则是以学定教,让全体学生都参与学习和思考的过程,是值得推崇的。

3. 不同群体学生的差异能够得到照顾吗

学生是有差异的,有个体的差异,也有群体的差异。教学时如果能够照顾到不同层次的学生,存在差异的群体就会得到面上的关照,教学效率会因此有大面积提高。于漪老师就非常注重这一点,她认为教学要认清学生的差异,使程度好、中、差的,思维敏捷和迟钝的,都能开动脑筋,有所进步。教学《哥白尼》时,她有意识地设计四个阶梯式的要求,启迪不同层次学生的思维。第一步要求学生找出表现哥白尼学说对人类思想发生深刻影响的关键词语。学习困难的学生也能迅速找到"天翻地覆"。第二步要求学生迅速改变词序不改变本意说说"天翻地覆"。学习一般的同学都能说出"地覆天翻""翻天覆地"。第三步要求学生说明怎样"天翻地覆"。中等程度的学生能够抓住"天动"改为"地动"的要点,用完整的句子回答。第四步要求学生组句,用这个关键词语说明哥白尼学说对人类思想发生怎样的深刻影响。学习较好的学生稍加思索后能够解答。譬如有的说:"哥白尼的学说不只在科学史上引起空前的革命,而且对人类思想的影响也是极深刻的,深刻到把人类的认识天翻地覆地倒转过来。"(于漪:《追求综合效应》,湖北教育出版社,2001年版,第58页)四个阶梯,由易到难,不同群体的学生都有用武之地,而且这种整体性的问题对全体学生学习的促进都有综合效应。

4. 一些特殊学生会得到特别的关照吗

每个老师都会遇到一些特殊学生:特别优秀的和基础特别薄弱的;在不同的智能领域各擅胜场。在大部分的情况下,这些学生被"一视同仁",无法得到较好的发展;但如果老师有了这方面的意识,把面向全体真正落实到关注每一个鲜活的个体,这些孩子的思维之门就可能充分打开,完全敞开。北京二十二中英年早逝的孙维刚老师屡屡创造过这样的奇迹。二十二中是北京东城区一所普通中学,在小升初考试的时候,考不上重点中学的孩子就到了这样的学校。孙维刚老师创造了一个教育神话:教六年数学,做六年班主任,班上一半的孩子考上北大清华。孙维刚有很多值得学习的地方,其中很重要的一条就是让所有的孩子都得到健康的成长、充分的发展。有一年春节,学习成绩很好的蔡冰冰同学向孙老师反映,上课找不到感觉,有点无所适从。孙老师知道这个孩子基础很好,跟全班同学一起学不带劲。于是,就与蔡冰冰约定,上课可以走神,去尝试分析例题,尝试证明些定理、公式,去思考老师会提什么问题,会定义什么概念,下一句要说什么。过了一段时间,孙老师问蔡冰冰:"知道老师为什么要你这样做吗?"蔡冰冰说:"我知道,孙老师是想让我的思维跑到同学们的前面去。"可想而知,个性化的学习方案对这个孩子中学六年的学习生活,以至终身发展具有多么重要的意义。

二、关注思维内容:思维之门为谁而开

1. 表里之间:把握课程特质,理解学习内容

很多老师都注意到,基于问题的学习是提高教学有效性的重要方法。但在教学第一线,问题的指向和质量都存在一些问题。有的老师提出的问题游离在学科课程之外,于是,"荒了自己的地","种了"抑或"糟蹋了""别人的田"。有的老师对课程特质缺乏认识,常常违背学科课程的基本精神。比如语文课,如果只关注词语排列组合的技巧,或者只关注表现的内容,把学语文变成学故事,都是不得要领,误人子弟。因此,思维之门要为理解学习内容、达成学习目标而打开。这里的"内容"一定要体现课程特质。以语文课程的阅读教学来说,学习内容不仅指文章内容,也指表达方式,包括学什么、怎样学、为什么写这些和这样写。一些优秀的老师在教学实践中都致力于此,比如支玉恒老师教学《太阳》,第一步,要求学生认真阅读后,说说课文写什么,并把内容写在黑板上;第二步,理顺序,让学生将内容编号,渗透言之有序的训练;第三步,找"班长",引导学生找出"远""大""热""关系密切"等词语,渗透总分层次的训练;第四步,找"排长""连长",引导学生再次概括,从课题入手,明确不同层次间的关系,贯通文章结构的纵横联系;第五步,回归整体,回望全篇,引导学生从整体上系统把握文章要点,有层次、有条理地表达。于永正老师称支老师关于《太阳》的教学是"小学阅读教学的新突破"。这个突破在哪里?就在于学生主动探究,在于语言训练与思维训练水乳交融,在于对内容的理解与对表达方式的理解互为深化。

2. 练思之间:注入思维含量,杜绝机械操练

学生学习总要做作业,总要和练习打交道。有的老师就是认为让学生做101遍比100遍要好,于是题海泛滥,学生苦不堪言,结果也适得其反。提高练习效益的一个重要方法,就是注入思维含量,做到练思结合。笔者特别推崇孙维刚老师的四个"一":一题多解,思维发散;多解归一,寻求共性;多题归一,形成规律;举一反三,应用迁移。他非常讲求题目的精彩,强调不是套题,不是对定义、定理、方法条文进行复述性的题目,尽可能让解题思路充满省略,具有综合性,有灵活性用武的

广阔天地。他的教学"让不聪明的学生变聪明,让聪明的学生更聪明",与充满思维容量的练习是有密切关联的。

3. "统""个"之间:留有选择空间,倡导独立思考

统一性是传统思维教学的一大弊端。教学的内容整齐划一,学习的方法强求同一,思考的答案标准统一,于是,学校成了工厂,教室成了车间,教学过程成了流水线,学生成了标准件。新课程在对传统教学深刻反思的基础上,提出让学生有个性地学习,这就需要学校和教师为学生留有选择性学习的空间,让学生的思维内容在有适当统一性的同时,也能迸发出缤纷的五彩,闪现个性的光芒。笔者曾多次讲述《最佳路径》这个故事,劝慰我们的校长、老师"想开一些",后来苏教版小语教材的主编们把这篇短文收入了课本。但在当下,关键不在孩子,而在成人能不能为孩子的成长设计真正的最佳路径。这里,我再次引述这个故事,希望我们能从中接受深刻的启迪。

世界著名建筑大师格罗培斯设计的迪士尼乐园,经过3年的精心施工,马上就要对外开放了,然而各景点之间的路该怎样联接还没有具体的方案。施工部打电话给正在法国参加庆典的格罗培斯大师,请他赶快定稿,以便按计划竣工和开放。

格罗培斯是美国哈佛大学建筑学院的院长、现代主义大师和景观建筑方面的专家,他从事建筑研究40多年,攻克过无数个建筑方面的难题,在世界各地留下了70多处精美的杰作。然而建筑学中最微不足道的一点——路径设计却让他大伤脑筋。对迪士尼乐园各景点之间的道路安排,他已修改了50多次,没有一次是让他满意的。接到催促电话,他心里更加焦躁。巴黎的庆典一结束,他就让司机驾车带他去了地中海海滨。他想清醒一下,争取在回国前把方案定下来。

汽车在法国南部的乡间公路上奔驰,这儿是法国著名的葡萄产区,漫山遍野到处是当地农民的葡萄园。一路上他看到无数的葡萄园主把葡萄摘下来提到路边,向过往车辆和行人吆喝,然而很少有停下来的。

当他们的车子进入一个小山谷时,发现那儿停着许多车子。原来这儿是一个无人葡萄园,你只要在路旁的箱子里投入5法郎就可以摘一篮葡萄上路。据说这是一位老太太的葡萄园,她因年迈无力料理而想出这个办法,起初她还担心这种办法能否卖出葡萄,谁知在这绵延百里的葡萄产区,总是她的葡萄最先卖完。她这种给人自由、任其选择的做法使大师深受启发,他下车摘了一篮葡萄,就让司机调转车头,立即返回了巴黎。

回到住地,他给施工部发了封电报:撒上草种,提前开放。

施工部按要求在乐园撒下草种。没多久,小草长出来了,整个乐园的空地被绿草所覆盖。在迪士尼乐园提前开放的半年里,草地被踩出许多小道,这些踩出的小道有窄有宽,优雅自然。第二年,格罗培斯让人按这些踩出的痕迹铺设了人行道,1971年在伦敦国际园林建筑艺术研讨会上,迪斯尼乐园的路径设计被评为世界最佳设计。

格罗培斯从法国老太太的做法中受到启发,他以游客为创造主体,从而设计出最佳路径。教育亦如此理,应当让学生有选择性学习的空间。从思维教学的角度说,我们也欣喜地看到,不少老师设计的问题具有思维的多向性,提出的学习要求具有选择性,甚至也有老师不布置家庭作业,比如孙维刚老师从1987年起就不留数学家庭作业。其中很多的意蕴是值得我们咀嚼与回味的。

三、关注思维质量:学生思考得怎样

1. 用什么方式思考

科学、得体地运用思维方式,是确保思维质量的关键因素。从应用角度看,应该考虑的是:

(1)对应性。随着年龄的变化,不同学段的学生思维特点也在变化,思维能力的培养则有不同的重点。总体上看,有一个从具体到抽象、从形象思维到逻辑思维的发展过程。在理性思维成熟的过程中,形象思维也应向更高级发展。不同学科负载着不同的思维教学任务,比如数学是"思维的体操",要求学生在归纳类比、空间想象、抽象概括、演绎证明等思维过程中不断培养理性思维能力。艺术课程要求学生在获得充分感受和体验的基础上尝试艺术创造,特别需要加强想象力、创造力的培养。学习方式在某种意义上也是思维方式,体验性学习与感悟、想象等形象思维的方式联系得更多,探究性学习与分析、判断、论证等逻辑思维的联系更加密切。人类的一部历史也是一部思维发展史,科学技术的进步不断导致思维方式的变迁,不同时代对思维方式都会有新的要求。比如辩证思维方式是基于能量守恒和转化定律、细胞学及生物进化论这三大科学发现的,爱因斯坦等人提出的相对论、量子理论带来了相对性思维方式,系统科学的发展"生产"了系统思维,等等。面对工业化、城镇化、全球化、市场化、信息化的滚滚浪潮,当今时代更加呼吁加强创新思维、整体思维、超前思维的教育,我国对创新教育已经进行了广泛而深刻的讨论。考虑到这些对应因素,思维方式运用的针对性、适切性就能较好地得到体现。

(2) 综合性。思维能力的培养不是孤立的,它与一般能力和学科特殊能力的培养应当综合考虑。比如思维与观察。恩格斯说鹰的眼比人的眼看得远得多,但人的眼比鹰的眼在事物里看到的东西多得多。这就是因为人的观察是一种渗透了理性思维的感性活动。再如思维与记忆。一切记忆方式的生理基础都是大脑神经的暂时联系,而理解则可在新旧知识之间建立和巩固联系。从学科特殊能力看,比如语文的听说读写,无一不与思维联系在一起;地理、数学等学科的空间想象力本身就是这些学科特殊能力要求的有机组成。看到思维方式训练与应用的综合性特点,思维教学的空间就广阔了许多。

(3) 整合性。这里包括,一种思维方式内部的整合,比如归纳与演绎,有的同志把它们看作是刀刃的两面,在某种意义上,逻辑思维的训练就是归纳与演绎二者有机整合形成的概括模式的"框架训练";多种思维方式的有机整合,比如逻辑思维与形象思维,在创造性思维那里,就会必然地整合在一起,尽管创造性思维更多地运用到形象思维、直觉思维、灵感思维,但人们关注到瓦特发明蒸汽机是在类比基础上进行推导的,张衡"发现"星星运行规律也包含逻辑思维活动,等等;智力因素与非智力因素的整合,思维力是智力的核心,智力因素与非智力因素总体上是相辅相成、相互促进的。

2. 思维品质怎样

思维品质是指个体思维活动中智慧特征的表现。主要包括:

(1) 思维的深刻性,指在思维过程中能够去粗取精、去伪存真、由此及彼,把握事物的本质和内部联系,认识事物的规律性,预见事物的发展过程。比如在语文教学中,这种思维的深刻性主要体现在对语文理解和对主题概括的深刻性上,对语文知识体系和语言技巧规律把握的系统性上。再如,在数学、物理、化学等学科的学习过程中,善于发现、归纳、研究对象的特点,从中抽象更普遍的规律,用以指导新的学习,解决新的问题。这种渗透哲理意识的学习,也体现了思维的深刻性。

(2) 思维的灵活性,指思维活动能依据客观情况的变化而变化,表现在思维能从过去经验中巩固下来的解决问题的方法和方式束缚下解放出来,广辟蹊径,择善而从。从思维过程看,包括思维起点的多样性、思维过程的变通性和思维迁移的自觉性。

(3) 思维的独创性,指"主体对知识经验或思维材料高度概括后而系统地迁移,形成新颖的组合分析,找出新异的层次和交结点"。(朱智贤、林崇德:《思维发展心理学》,北京师范大学出版社,2002年版,第589页)其特点包括独立性、发散性、新颖性等。比如,北京的宁鸿彬老师教学《太阳的光辉》时说,太阳里有黑点,但不影响太阳的灿烂光辉;我们党也有缺点错误,但把它揭露出来,也无损党的光辉伟大。一个学生站起来说:"我认为这样比喻不恰当。因为太阳的黑点永远也抹不掉,而我们党的错误是可以改正的。"宁老师认为,尽管这个学生对太阳黑子运动和比喻这种修辞手段理解还有偏差,但这种独立思考的精神是非常可贵的。因而对这名学生给予了充分肯定。如果分析一下这名学生的思维过程,就会发现其中包含了独立性、发散性、新颖性等特点。

(4) 思维的批判性,指思维活动中通过自我监控进行自我反省的品质、特点,起主要作用的是"自变性因子"。培养思维的批判性,一方面要鼓励学生敢于否定教材,否定老师,另一方面要引导学生学会否定自己,追求更科学、更完美、更新颖的认识。

(5) 思维的敏捷性,指以思维的正确性为前提,在"处理问题和解决问题的过程中,能够适应迫切的情况来积极地思维、周密地考虑、正确地判断和迅速地做出结论"。(朱智贤、林崇德:《思维发展心理学》,北京师范大学出版社,2002年版,第594页)在某种意义上,这也是前面四种思维品质的速度指标。

3. 学生会提出问题吗

"思源于疑",好的学习不仅要解决问题,还要生成问题。提出问题比解决问题更重要,其间蕴含了创造力因子。从当前的课堂教学看,培养学生的问题意识,要注意到如下方面:

(1) 让学生享有思想的自由。在这里,不仅要强调教学民主,还要认真研究学生提问、答问时出现障碍的心理因素,从而在内心深处理解学生、保护学生、支持学生。比如,学生的回答可能是迟缓的,但"有时反应的迟缓是与思考的深入紧密相联的"。学生的回答可能是错误的,"这或许说明是由于这个儿童的反省思维比其他学生或比他的老师要处于更深的程度,当要求迅速回答时,不能表现出优势";([美]杜威:《我们怎样思维·经验与教育》,人民教育出版社,2005年版,第46页)学生的表述可能比较乱,也许正说明这个儿童文思泉涌,来不及合适地表达。真正做到对学生深入了解,会使我们的正确信念获得有力的支撑。

（2）创设问题情境。好的学习情境不应是把学生的已知具体、直观地表现出来，而是隐含着与学生已知的差异，包孕着内在的矛盾。学生进入这样的情境就会受到一种暗示，思维就会被激活，心智就会启动，去寻找可能的解决办法，于是就会进入杜威描述的"思维五步"的第二步："使感觉到的（由直觉经验得到的）疑难或困惑理智化，成为有待解决的难题和必须寻找答案的问题"。（[美]杜威:《我们怎样思维·经验与教育》，人民教育出版社，2005年版，第94页）

（3）生成思考的连续性。怎样使教学不都成为句号，而是会产生新的问号，关键在于思维真正打开，形成思考的连续性。这种连续性可能是知识已经产生迁移的动能，学生触类旁通，浮想联翩；可能是新的相关情境得以呈现，新的暗示引发新的问题；可能是思维的篱笆已经拆除，学生不再徘徊在逼仄的思维通道而有了广阔的思维空间；可能是直觉、灵感等思维方式已经掌握，灵光一闪，思维联通，呈现一片新的天地。思维教学的重要任务，就是把握众多积极的可能性，将可能转化为辉煌的事实，真正打开学生的思维之门！

本文发表于《江苏教育研究》2008年第1期。

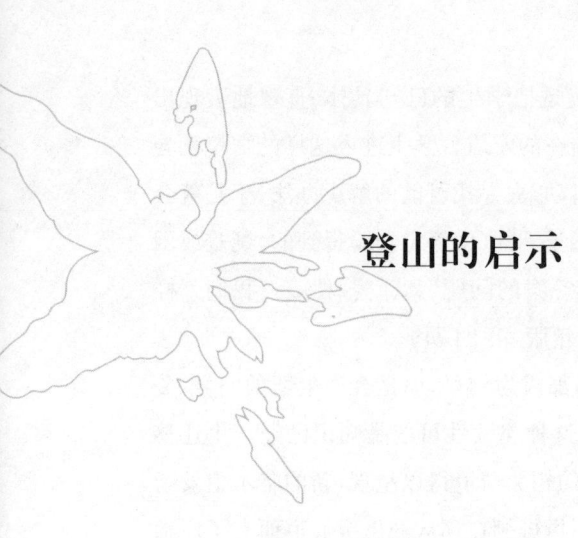

登山的启示

学习如登山。怎样学习？不如从登山的路径选择说起。

登山的路径选择一般有三种。第一种，山上本无所谓路，走的人多了就有了路，而且，"条条大路通罗马"，路多得是，自己选择一条上去即成。其乐趣不仅仅是"无限风光在险峰"，而且是途中常常"如行山阴道上，目不暇接，美不胜收"，是许许多多个体化的体验，过程性的享受。第二种，是选最好走的路，大家一窝蜂地挤在"预设"的水泥石板路上。这样登山，尚有过程，但个体化的体验就很少了。第三种，是省事省时省力，坐缆车乘索道"呼啦啦"直奔重要景点而去。这样"登山"，不仅没有个体化的体验，连过程也被省略了。在坐缆车之前，你还会接到"请勿""切勿"的忠告，坐在如密封罐头似的缆车里，不得乱说乱动，连思想也被禁锢了。

三种登山路径的选择，基本上代表了三种教育思想、教学方式。第一种，强调选择性、自主性、个体化学习。第二种，使人联想到工业化以后的教育模式，将所有学生努力纳入一个模子里，整齐划一齐步走。第三种，只要结果不要过程，于是就有了"满堂灌"，就需要死记硬背；记住答案，考试对得上就成。

登山者选择怎样的路径，对于人生并无大碍，但迁移到学习中就事关重大了。如果一味地排斥选择，放弃选择，学生主动的、充分的、自由的发展，良好个性的养成，创造力的培养都只能是一句空话。长此以往，孩子、教育、国家还有什么希望？想到这些，常常不胜惶恐。说出来，希望同仁们予以关注，也借此舒散内心的郁闷。

本文发表于《江苏教育研究》2005年第11期。

有规则的自由
——教学创意谈

创意,指创造性的想法、意念,通过产品、行为表现出来,具有别出心裁、独具一格的美感。在教学思路的设计和教学行为的显现中,教学创意则一定会显现教学艺术的意味。迈入教学艺术的境地,其教学也就实现了有规则的自由。本文仅以笔者多年从教的语文学科为例,对这个问题加以讨论。

一、教学创意以遵循教育规律为前提

教学中,有些规律非常重要,这里仅列出其中的几个方面。

1. 关于注意力的培养

关于注意力的问题,苏霍姆林斯基的认识可谓独步教坛,他说:"小孩子的注意力是一种很淘气的'生物'。我觉得它像一只极易受惊的小鸟,当你想接近它的时候,那你只好把它抓在手里或关在笼子里。可是当它变成被关起来的'囚徒'以后,你就别想听到它歌唱了。"他认为:"要把握住儿童的注意力,只有一条途径,这就是要形成、确立并且保持儿童的这一种内心状态——即情绪高涨、智力振奋的状态,使儿童体验到自己在追求真理、进行脑力活动的自豪感。"儿童的注意力有什么心理特点?怎样使用注意力这根"很细的丝线""拴住"儿童?苏氏此言包含了应当遵循的教育规律。真能如斯言,无疑有助于激发学生的内在动力,将学生引向主体地位。试想,如果教者不能准确把握教育规律(仅就注意力而言,学生被强制成为"囚徒"的现象太普遍了),所谓"创造"最多是断线风筝,炫人眼目地飘荡一阵也就无影无踪了。

2. 由浅入深的规律

学习应当由浅入深。比如《林海》一课语言生动优美,作者巧妙地使用了一些修辞手法。霍懋征老师在课前就找几个学生调查,发现学生对课文中第一次出现的拟人手法"每条岭都是那么温柔,虽然下自山脚,上至岭顶,长满了珍贵的林木,可是谁也不孤峰突起,盛气凌人"不易理解,而对后面出现的"兴安岭多么会打扮自己呀:青松作衫,白桦为裙,还穿着绣花鞋"却一下子就能说出这是把兴安岭当作人来写的。于是,霍老师就从这个比较容易理解的地方突破,然后再让学生弄懂前边课文中拟人的写法,按照这个设计进行教学,效果很好。

3. 关于学科特质的把握

语文很重要的一个特质,就是语言与思维是"一张皮",语文课,如果只关注词语排列组合的技巧,或者只关注表现的内容,把学语文变成学故事,都是不得要领,误人子弟。因此,思维之门要为理解学习内容、达成学习目标而打开。这里的"内容"一定要体现课程特质。以语文课程的阅读教学来说,学习内容不仅指文章内容,也指表达方式,包括学什么、怎样学、为什么写这些和怎样写。一些优秀的老师在教学实践中都致力于此,比如前面列举支玉恒老师教学《太阳》的例子,就体现了这样的特点。孙双金的"情智语文",薛法根的"组块教学",也都体现了他们对学科独到的理解和把握。

二、教学创意是基于教育规律的生动创造

苏霍姆林斯基曾指出,教学创造性就是使"科学与实践相结合","把科学的原理变成我们的创造性劳动的活的经验"。是以适应教学的主客观条件的制约为前提,能动地利用这些条件;是以遵循教育的基本规律为前提,灵活地运用这些规律。除此之外,追求创意还要注意到:

1. 教学创意指向教与学的统一

这里至少包括:

(1) 有创意的教与有创意的学互动。一位老师教学《桂林山水》,她提的一个问题是"漓江的水绿得像什么?"原来预料学生会回答"绿得像无瑕的翡翠",但是,

学生的回答却出乎意料：

师：漓江的水绿得像什么？

生：绿得像青梅酒。

师：老师不喝酒，见得也少，青梅酒真是绿的吗？

生：是的。我爸爸常常喝酒，我亲眼见过他喝的青梅酒碧绿碧绿的。

师：大家知道，多喝酒会醉，那么望着这青梅酒一样的漓江水会怎样？

生：望着漓江水绿得像青梅酒，人会心醉。

生：望着漓江的绿水，就像喝着青梅酒，叫人醉而忘返。

对于学生"出格"的回答，这位老师如果"保守"一下，可以让学生照着书上的内容说。但是，她相信学生，真心实意地倾听他们的回答，也相信自己随机调控的教学技艺，并且成功地引导学生利用生活经验，展开合理想象，作出令人叫绝的艺术处理。

（2）有创意的教将学生引向思维的纵深。思维的深处，往往使学生获得思维的美感和情感，使学生享受不断发现的喜悦。

以方纪的《三峡之秋》说，课文写三峡之秋由晨而午而昏而夜的一天间的种种景致，在教学时根据课文特点，我们可以设计如下一组问题：

① 从课文的哪些词可以明确地看出时间的变化？（"早晨""中午""黄昏""夜"，这是些明确表明时间发展的词）

② 从哪些特定的景可以看出时间的变化？（"日光""灯光""月光"，这是些带有特定的时间性的词，找出这些词就能梳理出内在的时间线索）

③ 从哪些景的前后变化可以看出时间的变化？（这是三峡之秋景物的特点：同一景物在不同时间里也有其变化。仅以中午和黄昏这不同时间的三峡之秋说：形，前者"巨"，后者"小"；色，前者"金光"，后者"青光"；声，前者"呼啸"，后者"平静"；行，前者"奔腾"，后者"缓流"；气氛，前者"热烈"，后者"幽静"）

这里的问题链由浅入深，由表及里，环环相扣，衔接自然。

从笔者的教学实践看，同学们以衔接点为"路标"，学路清晰，每推进一层大家就产生了一重"发现"的喜悦，推进到第三层时，课堂里情绪热烈，气氛活跃，形成了教学高潮,"掌握写景的时间特色"这一教学重点也得到了较好的落实。

(3) 有创意的教对学生的学起到多重示范作用。教学创意首先就是思维方式的示范,因为创意就是创新思维的火花,有时还与某些思维方式、思维模式相联系。比如,让学生体会文本的陌生感,不仅体会作者的别具一格,更重要的是陌生感的语言形成了思维的内在张力,可以从语言入手体悟作者的思维方式。教学创意对学生而言还是一种创新精神的示范。教者在教学中体现的创造的热情,洋溢的成功的喜悦,都可以与学生共享,成为他们有创意的学的催化剂。

2. 教学创意力求新与美的统一

新颖别致是教学创意的鲜明标志。在这里,审美成为学生获得真理和发展智力的有效方式,"天然"地应该具有美感。这里包括:

(1) 形象美。比如,于永正老师教学《梅兰芳学艺》,选一个读懂课文的女孩汇报自己对关键词语"盯着""注视"的理解。小女孩站在讲台前的凳子上,于老师左手轻扶着她的后背,右手高擎起话筒做鸽子飞翔状,背诵语文中的句子"他常常紧盯着空中飞翔的鸽子"。小女孩漂亮的大眼睛随着于老师的话筒滴溜溜地转。于老师说,这就叫"紧盯"。接着于老师将话筒放低,做鱼儿在水中游的样子,小女孩瞪大眼睛,十分专注地看着,于老师说,这就叫"注视"。这个小女孩和于老师一起表演,把抽象的内容形象化,把词语教活了。这个活动既符合小学生喜爱表演活动的特点,又是十分"语文化"的,相信一定会使学生历久难忘。再如,有个老师教学叶圣陶先生的《瀑布》,教学"山路忽然一转,啊!望见了瀑布的全身"这一句群时,先让学生转过身去,看着后面读课文,待读到"山路忽然一转"时,再转过身来,与此同时教师忽然在大屏幕上展开一幅色彩鲜艳的黄果树瀑布图。全班同学如临其境,惊喜之情油然而生:"啊!望见了瀑布的全身!"作者在山路忽然一转看到瀑布的惊讶,与学生诵读时忽然看到彩图的惊喜,巧妙地融合在一起,形成了情感共鸣,令人拍案叫绝。

(2) 情感美。比如于漪老师教学《茶花赋》,抓住课文中画家的一番话,引导学生回忆:"在我们学过的诗词中,有哪些是描绘、赞美祖国大好山河的?"然后和学生共同吟诵:

"如果画雄伟奇丽的庐山呢?"学生齐声背诵:"横看成岭侧成峰,远近高低各不同。不识庐山真面目,只缘身在此山中。"

"如果画庐山瀑布呢?"——"日照香炉生紫烟,遥看瀑布挂前川。飞流直下三千尺,疑是银河落九天。"学生满怀豪情地朗诵着,怡然自乐。

"如果画杭州的西子湖呢?"——"水光潋滟晴方好,山色空蒙雨亦奇。欲把西湖比西子,淡妆浓抹总相宜。"

……

正当师生共同沉醉于对祖国山河满腔热情满腔爱的气氛之中时,于老师话锋一转,画龙点睛地说:"然而,祖国幅员辽阔,山河之壮丽,你纵然以蓝天作纸,海水作墨,也终难尽善尽美地把她描绘出来。你看,还有那孕育中华古老文明的黄河,一泻千里滔滔波浪的长江……正如画家说的,'你就是调尽五颜六色,又怎能画得出祖国的面貌?'……"

这里,插入的部分好像与课文的讲读无关,但又处处着意于课文,使学生的情感体验更见丰厚和深沉。

3. 教学创意体现共性与个性的统一

有人说,什么叫教育科学?什么叫教学艺术?从"我们的"与"我的"比较可以看出,"我们的"即大家共有的,就是规律、科学,"我的"就是艺术,就是个性。教学创意,本身是教学艺术的追求,有助于形成教者的教学个性和教学风格。

"风格就是人。"笔者曾在一所学校听两位老师教《卖火柴的小女孩》,有一位老师普通话特别好,教学常常是情思激荡,文本正好对路,而另一位老师普通话水平不高,难以靠"外观"表现激情。但听课后大家都认为后者的教学更具创意,因为他本身是睿智深刻型,教学采用了由果溯因法,从"微笑地死了"往前逐层逆推,步步叩问,梳理出贯穿文章的因果链条,使学生对文章的认识很有深度。这里列出那位老师教学中形成的板书,从中可见创意的闪光。

```
现实  ⇔  渴望  ⇔  幻想  ⇔  ┐
冷极了    温暖      火炉    │
很饿      食物      烤鹅    ├ 结果
无乐趣    乐趣      圣诞树  │ 微笑·死
无人同情  疼爱      奶奶    │
悲惨      幸福      飞走了  ┘
```

还应当提倡的是,教者在形成风格后要不断追求对自己的突破。据说梅兰芳先生当年在莫斯科表演《洛神赋》,有一位酷爱中国京剧艺术的苏联老太太连看九场,她发现梅先生的表演有一定程式,又不受程式束缚,每次都有新的变化,就请梅先生释其缘由,梅先生尚未开腔,斯坦尼斯拉夫斯基在一旁代为作答,说梅先生的表演是"有规则的自由活动"。难能可贵的是,梅先生的"自由"不仅是在实践京剧表演的"规则"中获得,也是在突破自己的表演程式的不断实践中获得,给我们带来的启示是深刻的、丰富的。

本文发表于《江苏教育研究》2011年第5期。

以美的规律塑造课堂

人们经常说,教学是一门科学,也是一门艺术,教学艺术展示的就是美。听有些老师的课,感到很舒服,甚至回味无穷,是什么原因呢?是这些老师的教学已经成为艺术,已经具有美的魅力!很多优秀的老师,都有意识、无意识地以美的规律塑造课堂,让孩子们在美的天地里茁壮成长。我们应该自觉地关注这个问题,倡导按照美的规律塑造课堂。

一、什么是美的规律

关于美的规律,马克思曾经提出过。在我国,美学家讨论审美和美的规律,都要引用到马克思年轻时候写的一部书——《1844年经济学哲学手稿》,马克思这个手稿不是讨论美学问题的,但是他提到审美规律,提到美学的问题。美学界很多讨论,都是从这样一个理论原点出发的。马克思这部著作中,关于美,关于审美,学术界有很多说法,因为"我注六经"和"六经注我"的现象是并存的。什么是美的规律呢?根据我的理解,按照马克思的意思,大概有这样几条。

1. 美的规律是与自由的创造联系在一起的

马克思强调创造美的劳动不应该是异化的,不应该有非常难受的功利目的。比如一定要强迫你把今天这节课上好,还能期望你这节课去创造美吗?比如说,你老是考虑马上要有考试,考试的结果影响到奖金,这时的教学还能有美的感受吗?

有的孩子的学习不是为理想,不是为明天,甚至不是为自己,有位朋友家的孩子,快要中考了,在家对他的父母发火:"你们要注意啊,我不是为我自己学的,纯粹是你们要面子,要我考高分的。"这样的孩子,他的学习中还能有很多美吗?所以,美的规律第一条,就是这种劳动不是异化的,它包含着一种自由的创造,如果没有这种自由创造的空间,美是不会生长的。

  2. 美的规律一定要和内在的精神需求联系在一起

  内心认可、内在追求这样的工作和生活,往往更能形成幸福感,更能感受美,创造美。比如有的老师非常喜欢做老师,离开课堂他就难受,他对课堂的投入会生成教学美。孩子的学习,如果成了他主动的、积极的、内在的精神需求,他和美的规律自然会靠得更近一些。

  3. 美的规律与物质、精神的统一相联系

  在文学创作中,主体有精神需求,又找到一个合适的意象,这个时候,美就产生了。这样的例子很多,比如大家很熟悉的李清照的一首词,叫《醉花阴》:"薄雾浓云愁永昼,瑞脑销金兽。佳节又重阳,玉枕纱厨,半夜凉初透。东篱把酒黄昏后,有暗香盈袖。莫道不消魂,帘卷西风,人比黄花瘦。"这最后三句是非常有名的。当李清照把这首词写好了寄给她的丈夫赵明诚的时候,赵明诚感到这首词很好玩,非常有味道,于是他不辞劳苦,连夜写了50首《醉花阴》,并把李清照的这首也放进去,然后"匿名"处理把51首拿去给别人看,让别人评价哪一首最好。他的朋友看来看去,认为只有一首写得最好,这一首恰好就是李清照的。这里面有很多问题,第一是真情实感的问题,因为他是玩文字的,他太太那是一种思念,是精神内在的体验的表达。赵明诚是玩文字,他故意想看看自己的词作有没有达到太太的水平,这个时候他已经不是一种自由的创造,已经是一种异化的劳动。李清照呢,她是一种自由的创作,她有一种精神的需求,同时她的精神找到了最能表达她情感的意象。比如最后,看到菊花时顾影自怜,人与菊花融为一体了,把这种感情写到了极致。教学时根据学生、教材的特点,找到最好的教学方式,内容与形式有机结合,自然会生成美的课堂。

二、课堂教学的美学追求

  根据新课程的基本思想,参照我看到的一些老师的课堂,我想特别强调(并不排斥其他的,只是强调)这样几点。

1. 开放

最近一些年,我到处呼吁:让课堂向四面八方打开!因为我们看到很多僵化、封闭的课堂。直接的动因,其实是我前些年看了一本书,叫《七个人的背叛》,写七个年轻的散文家,在散文的田地里,左冲右突,在探索散文创作的新天地,在发出自己的声音。我非常欣赏他们的语言与情感表达方式,都是有特点的。他们有的语言砸在地上也会留下一些痕迹。这本书的主编,其中有一位是著名的文学批评家南帆先生,他为这本书写了序言,题目就叫《散文向四面八方打开》。他说的意思是,散文是一个最自由的文体,可以说,很多文章都可以归入散文,但我们看到的散文,似乎有很多的束缚,创造很少,散文仍然是封闭的,其实你打开了去创作,它仍然是散文。

看到这个题目,我心中一动,好像这个话我也说过的,他说的是散文,我过去讲阅读肯定也说过这句话,否则我不会这么熟悉。有的老师知道我过去写过一本书,20世纪90年代初期出版的《语文教学艺术论》,我写的这本书,在讨论阅读怎样开放时,最后一句话是:"这个时候,阅读就向四面八方打开了。"可以说,"散文向四面八方打开",正契合我的心意。于是,我就到处呼吁"课堂向四面八方打开"。课堂向四面八方打开,它非常强调两个因素。一是责任感,因为自由了,就需要责任感。二是创造力,打开了,就需要创造力,才能成为好的课堂。怎么打开呢?从哪些方面打开呢?我想至少有这几点:

第一,教学主体的打开。过去有的课堂只有一个主体,老师是课堂的独裁者。有时这个主体还是异化的,并不是主体,主体在教材的编写者那里,有的教材的编者也不是主体,主体在大纲的编写者那里。课堂向四面八方打开,首先是教学主体的打开。这个教学主体有老师,有学生,有家长,有编者。在这个打开的主体当中,我们看到:主体是共在的;学生是多主体中的核心主体,尽管有主体间性,但学生仍然是最重要的;学生这样一个主体,也要防止简单化理解。相对于主人而言,还有三种角色:一是"仆人",只是学习的奴仆,被动接受而已。二是"客人",走进课堂只是访客,没有多少责任感。三是"游人",上课只是旅游、玩玩而已。这三者都是不可取的。

第二,教学目标的开放。过去的教学目标,主要是知识和技能。现在所强调的教学目标大家都知道,是一个人全面发展的目标。当然,不要轻易地把三维目标作为教学目标,在我们所讨论的目标的层次上,可以说五个。一是教育目的、教育方针,是所有的教育都指向的;二是培养目标,是某一个阶段的学生要达到的一个目标,比如基础教育的培养目标;三是课程目标,我们可以把三维目标称为课程目标;四是学科课程目标,比如语文学科的课程目标;五是具体的教学目标。如果把三维目标简单地作为教学目标,在逻辑层面上也是没有办法说清楚的。这就如同把"教学民主"作为教学方法一样,"教学民主"是一种教育思想,它到处体现出来,但你不能说我这一节课用的方法叫"教学民主",没有这个方法。

第三,教学关系的打开。我们过去的教学关系是讲授与接受的关系。现在课堂上的关系围绕两个字——"应对"。有一本书叫《静悄悄的革命》,有兴趣的老师可以看看,是日本学者佐藤学写的,他说在课堂上的整个关系叫"应对的关系",老师与学生、学生与学生互相都是在"应对"的,如果构不成"应对",课堂就有问题了。这种"应对"的关系就需要互动、对话、合作。这样就打破了僵持的关系。

第四,教学资源的打开。教学的核心资源是教材,我们过去的观念是教教材,现在我们大家说用教材教,这与过去相比,就把教材打开了。那么向哪些方面打开呢?在我看来,它包括了这样几个方面:一是连贯地教,在整个的教学链条上,在一节一节的课上,去讨论这节课怎么教,在教学的系统性上来讨论这节课怎么教。二是整体地教,体现教材的整体功能。三是选择地教,不是所有的都教,要有所教有所不教。四是具体地教,要教得很实在,特别重视课后的练习和思考,因为它们体现了编者对怎么使用教材的想法。五是创造地教。这叫"用教材教",比过去的"教教材"更为打开。

第五,方式、方法的打开。对教学方式、学习方式人们讨论得很多,其实从旧课程走向新课程最重要的一句话是:从单一走向多元。过去的教学方式是单一的,走到今天应该是多元的,这就是把它打开了。

第六,教学空间的打开。比如课堂内外、间接经验与直接经验、学习与生活等,如我们强调处处皆语文,生活的天地有多大,语文的天地就有多大。特别要重视的是网络,它带来了超媒体,带来了阅读的简化,网络的阅读不需要冥思苦想,不需要紧皱眉头。它使我们经常碰到的一个词叫"浏览",有了广阔的用武之地。但是网络的天地,我们在使用时仅仅是把它作为工具。网络中有没有学习语文的主体?我们和它的关系是不是就是"我和他的关系"?能不能变成"我和你的关系""我和我的关系"?网络世界最鲜明地说明了什么叫"主体间性"。网络上每个人都是"个体的共在",都形成一种主体间性,要关注它给我们带来哪些思考、机遇、挑战。

第七,教学规范的打开。"规范"和"规律"不一样,"规律"是客观的,不管怎么样,你都不能回避。"规范"是主观的,你不能把它变成僵死的。有时有些规范是限制自由的。比如,我们规定上课要用多媒体。用意是好的,但如果说有用没用都要用就不好了。我以前一位同事,在某个中心小学听课,刚刚上课时,学校的保险丝爆了,停电了,校长、主任冲出去了,不是指导老师怎么在没有多媒体的情况下上课,而是赶紧跑到街上的小店里去买保险丝,老师就认为这个课一定要多媒体才能上。10多分钟后,多媒体打开了,屏幕上两道数学题,用粉笔抄一下三分钟可以解决。比如,要让学生动起来,有些老师就理解为学生肢体做运动,所以有事没事就让学生鼓掌。我的一个同事在一个小学听课,他数了一下,从上课到下课,这个班上鼓了50次掌。面对这种现象,我只想说四个字:成何体统?包括小组合作,有的课堂上老师一讲小组合作,后面老师就笑了,因为小组合作就意味着出洋相。这是什么?这一种规范,是倡导的一种方式,它成为一种制约,你一定要做,这就有问题了。所以要把它打开。我听过某国家课改实验区初中的一节课,一上课老师就让学生小组合作,我数了一下,有17个孩子,整节课没有看黑板,没有看老师,完全在想象中上这节课。所以,规范的打开是很重要的,规范的东西不是规律,不等于是好的东西,要不断地突破这些规范,反对形式主义,把我们的课向前推进。

第八,教学评价的打开。比如关注学生有没有参与学习、会不会提问题,等等,相对于仅仅关注解题的对错,关注分数的高低,就是打开了。

向四面八方打开不仅仅是这八个方面,而是至少有这些方面,总体上,我们在强调一个开放的课堂,强调一种不断打开的意识。

2. 润泽

润泽,这个意思,我们大家都能体会,这个词流行起来,可能是佐藤学《静悄悄的革命》中讲课堂教学时用到。

何为润泽?我想是强调四个东西:

第一,得体。这个课,给你的感觉非常得体、恰如其分、熨帖。情绪、节奏、形式都非常得体,不是太冷也不是太热。太热的课,如果一直热,那也是不行的,表演的成分一定很多;太冷的课也不行,学生没有激活,学习效率也肯定低下。

第二,柔和。这种气息、气味都是非常柔和的,佐藤学用了一句话:"滋润肌肤的气息。"这种柔和的呼吸能够滋润到学生的肌肤,如春风拂面,这也是与得体相连的。这样一种柔和,是靠老师与学生共同创造的。

第三,有效的应对。因为课堂是靠应对组织起来的,是以教与学、学与学各个方面的应对为中心组织的。这种应对是不是有效?如果没有效,课堂上就无法聆听孩子内心的声音。我们课堂上,孩子发言,你要注意,有很多的讲话都是异化的,现在的孩子聪明得很,察言观色,讨你好,知道你想要他说什么,他就说什么。这种应对的有效性是非常重要的。佐藤学打了个比方,就像垒球、棒球的投手与接球的人,如果你的球投得好,孩子经过努力能接到,他非常兴奋,但是有的老师投出去的球,都是臭球,有的老师上课就是让孩子跟在他后面捡球,他的球到处乱投,孩子跟在后面捡几次,就感到没有意思,就不干了。我想,这里面包含了很多的道理。

第四,真诚。这种润泽的氛围一定包含着真诚,有了真诚就有了自由的思想,就有了思想生长的空间。

润泽的课堂,学生的思想有自由生长的空间。2001年6月份,孙双金应邀到常熟上示范课。有一个叫黄菲菲的孩子,在孙双金教《我的战友邱少云》的时候,提了三个问题,如果课堂不是润泽的,她绝对不会想到这么多问题。这孩子提了哪三个问题呢?第一,课文中说"我们趴在地上,纹丝不动,咳嗽一声或者蜷下腿,都可能被敌人发现",后面又说:"我忽然闻到一股浓重的棉布焦味,扭转头一看……"前面说"纹丝不动",后面又说"扭转头一看"这不是前后矛盾吗?孙老师就鼓励孩子,说她从上下文的联系中发现了问题,非常有意义,孙老师就叫别的孩子去回答,但别的孩子回答的,黄菲菲都不满意,终于有一个男孩子想出了一个主意,他说这个时候敌人扔了一个燃烧弹,燃烧弹烧起来了,扭头敌人就看不到了,所以不要紧。黄菲菲在孙老师的鼓励下又提了第二个问题。她说燃烧弹烧着以后,为什么只烧邱少云,不烧"我"和其他战士呢?孙老师又大大地鼓励她,他用了一个词叫"由衷赞叹",其他孩子尝试回答,终于有一个孩子想出一个主意,邱少云在下风,"我"和其他战士都在上风,也算言之成理,能够自圆其说了。黄菲菲又提了第三个问题,黄昏时候漫山遍野响起了激动人心的口号:"为邱少云同志报仇!"其他人是怎么知道邱少云同志牺牲的?如果不是一个润泽的课堂,怎么会有思想自由生长的空间呢?

这里要注意的是,在润泽的课堂里,老师的调控,如果不是应对有效,如果不是充分的教育民主,是无法生长出这么绚丽的思维花朵的。

要学生思想自由,又要求引导学生时能够有意向地应对,不仅是单向、双向,而且是多向的,要想着打开,再打开,学生的思维打开了,应对才能到达高潮,思想才能真正地生长。比如,小学一年级一篇课文《小松树和大松树》,很多老师教学的时候就打不开思路,他们的思维就是要学生最后一定要回答小松树最后怎么不好意思、怎么惭愧、怎么检讨。哪怕是教材的预设,都应该去打开,小树在山上高,大树在山下低,这里面有很多的关系,如果引导孩子打开,它完全可以生成一种辩证思维的萌芽。再如,郁达夫《故都的秋》写:"南国之秋之于北国之秋,如同黄酒之于白干,稀饭之于馍馍,鲈鱼之于大蟹……"老师就问:为什么南国之秋之于北国之秋,正像是黄酒之于白干?这样的问题学生非常难以应对。他完全可以说因为郁达夫不喜欢喝黄酒只喜欢喝白干,因为郁达夫不喜欢吃稀饭喜欢吃馍馍。因为郁达夫是基于个人经验,选择了这些意象,你让学生怎么回答呢?稍微改造一下这个问题,思维就能打开,应对就非常丰富,就能生成很多思想。比如,我们问,还可以用什么来对比呢?学生就可以联系自己的生活经验创造性地表达,而不是去找不可能找到的一个标准答案。

所以,润泽的课堂要得体、柔和,要有效应对,要真诚,让自由的思想能够生成。

3. 美感

这种美感有很多方面,这里说三个方面。

第一,适切之美。就是恰当,就是合适。这种适切包含哪些呢?比如形式和内容是相配的,生成和调控是合适的,师生关系是融洽的,等等。

第二,融通之美。理解课文,要学会将不同部分、要素、层次融为一体。任何的细节、局部,都是整体当中有血有肉的一部分,如果离开整体,它就失去生气、生机。

融通,要着眼于作品的整体基调去理解。比如,余华有一本小说,叫《十八岁的远行》,如果想不到十八岁的年龄特点,讲什么一定带点夸张的口吻,你很难读出这本小说的味道。比如,鲁迅不写后院有两棵枣树,却说有一棵是枣树,另一棵还是枣树。不进入到整体,进入到鲁迅的内心世界,你怎么会读得懂呢?如果是你的学生写这样的文章,你也许就帮他改成"两棵枣树"了。

融通,要着眼于作品的具体情境去理解。有次听一位老师教《番茄太阳》,有一句话写那个小孩子,"银铃般的笑声追着人们"。老师抓住"追"在揣摩,就是立足融通,这个"追"在别的课文中就不好用,用了可能还不恰当。但是这个孩子一家在菜市口,菜市口人来人往,所以银铃般的笑声"追"着人们,这非常有味道,这个词就用得很美、很生动。当然,我们还可以发挥,作者以后还可以从困境中走出来,我们也可以理解为,这个孩子银铃般的笑声一直追了作者一生。但首先应立足于这个词产生的土壤,她如果不是在菜市口,是在房间,在会场,你怎么让银铃般的笑声"追"呢?

融通,要关注部分与整体联系的有机性。大家都知道有一个故事叫"荆轲刺秦王",燕太子以为荆轲真有什么本领,他要什么就给他什么,一天,荆轲在喝酒的时候,非常欣赏一个妃子的手,妃子跳舞的时候,手漂亮到了极致,于是燕太子为了拉拢荆轲,就命人把这个妃子的手切下来献给了荆轲,还有什么美感呢?因为离开了这个人,离开了整体,剩下的只是恐怖了。而这样的"恐怖"在教学现场,人们还见得少吗?

所以,融通之美,是说一篇课文,不同要素、层次能够贯通,在教学的时候特别要立足于在融通的基础上把握部分;教学过程当中的不同环境,也应该融通、连贯;新旧知识建立联系,也是融通,我们说的理解也就是这个意思。所以融通是整体的美。

第三,韵致之美。要有韵致、气味。韵致之美首先强调课堂教学要形成一个情境。有了情境才好讨论韵致。我们经常在教学时围绕四个东西。一是意义,我们传统的教学就知道让孩子去了解意义,就是主题、中心思想。这当然是需要的,但是不理解也不要紧,一定要把目标指定在理解中心思想,语文是学不好的。二是意思,就是基本内容。三是意蕴,涵泳在当中,需要反复揣摩体悟的,常常是令我们回味再三的。四是意味,文学之美甚至会有种味道。连人的品格都会有种味道。比如,季羡林先生在回忆一些前辈学者的时候,他说有两位古色古香的士大夫,他说的一位是马寅初,一位是梁漱溟,季先生认为这两位有传统文化的味道,知识分子的味道。我们文章写得好,也会有一种味道。意义、意思、意蕴、意味,都是包含在一篇文章里的,从某种角度说,学习一篇文章,是在理解意思的基础上去体会意蕴和意味。如果教学的时候稍微注意把握一下,就可能品尝到文章的意蕴、意味。比如我们刚刚说的《醉花阴》,"东篱把酒黄昏后",如果粗粗地教过去,不仅体会不到作者的情感,还可能产生误读。比如像有的学者认为这里表现李清照"好酒""好色"。"好酒",你看,她写的很多词里都有酒,当时她才31岁,31岁的少妇,有事没事就在家喝酒,于是说她"好酒"。但是你看看,稍微把玩一下,她是"把酒",把玩着酒杯,她如果说"干",那可能是好酒,她是在把玩,是满腹惆怅,满腹思念,并没有喝,想不到喝,把玩就是借酒杯浇愁,而不是借酒浇愁。

有的时候讲得太多,可能就没有这种韵致,我们有的老师一定要把情感态度价值观作为课堂最后五分钟的内容，以至于一段时间因为画蛇添足般的说教太多了，学生听课非常怕听最后五分钟，就是像李清照这样伟大的词人，写"寻寻觅觅冷冷清清，凄凄惨惨戚戚"，在叶嘉莹这样的词评家看来，已经说多了，"寻寻觅觅冷冷清清"，结果已经出来了，就不要再说"凄凄惨惨戚戚"了，"怎一个愁字了得"，把话说那么白干什么呢？说多了，韵致就没了。

三、怎样以美的规律来塑造课堂

1. 明确自己的美学定位

一个教师在课堂上的美学定位是三重角色。第一是审美主体。你本身就是审美主体，你要发现文本的、学生的、自身的和生活的美。第二是审美客体。老师本身就是一个审美客体，在孩子眼中是审美客体。第三，老师还是一个审美中介。老师要将课文、生活的美，通过教学技巧和方法，和学生的生活经验联系起来。

2. 培育发现美的眼光

就像罗丹说的，美是到处都有的，缺少的是发现美的眼光。同样一部作品，不同的老师，美学世界是不一样的，这不是一个见仁见智的问题，而是能力高下的问题，审美能力是非常重要的。

3. 让课堂弥漫一种温暖的气息

让教学行为带有一种情感温度，润泽的课堂才会产生。这种情感的温度不仅仅指爱学生，这个温暖首先强调一种博爱，一种情怀，面向所有鲜活的个体，走进课堂时不是一个班的学生在等我，而是一个一个的张小军、李小明在等我，我知道他们大概有什么样的情感和知识需求。

其实教学从根本上还是一个情感态度价值观的问题。所以杜威说，知识是情感的汪洋中的一杯水。我们讲美从某种意义上说就是讲情。恰如王国维所说，美学即情学。

4. 寻求一种美的形式

形式，是一种观念。比如用不用多媒体，用得好肯定体现现代教育观念。形式在某个角度上看，也是一种内容。你选取了某种形式，在一定程度上就带给学生这种学习方式、方法。教学过程的优化，就在于寻找合适的方式，或者实现方式的有效组合。

5. 追求教学风格

要有自己的教学个性,有自己的声音。一位老师做报告,讲的一个笑话非常有意思。说有一个人,和一只鹦鹉一起坐飞机,这个人已经不怎么会说话了,鹦鹉说什么,他就说什么,空姐走到他面前问他喝什么,鹦鹉说,要啤酒不要可乐,他也跟着说要啤酒不要可乐,空姐笑盈盈地倒了两杯啤酒;空姐后来又问,鹦鹉说我要矿泉水不要啤酒,他也跟着鹦鹉说;第三次,空姐就想你这次总要讲人话吧,就凑近了问他,先生,你究竟想要什么,鹦鹉听到了,一下跳过来,说我要可乐不要矿泉水,他也跟在后面重复。空姐生气了,就打开窗户,把他和鹦鹉都推出去了。然后,鹦鹉笑他,你看看,现在你出洋相了,我有翅膀,你没有。纯粹模仿别人,没有自己的声音,那是非常悲哀的。美在哪里?很重要的就在创造中,在教学个性中,在卓尔不凡的教学个性当中。

本文系作者在江苏省名校名师小学语文主题观摩研讨活动上的报告,曾发表于《七彩语文·老师版》创刊号。

试说"苏派教学"的成因

要以流派名之,其特征是风格的相似性、结构的群体性和影响的广泛性。所谓"苏派教学",我想,如同讨论文章的体式,是以"大体则有,定体则无"为原则,是以宽泛、模糊为基础的。提出"苏派教学"表明人们已经注意到江苏地区有了相对一致的风格色彩,其中的一些代表人物走出江苏,人们也能感觉到他们课堂上的江苏痕迹、江苏味道,我想,这基本上是一门新学问,应该属于教育地理学、文化地理学范畴,好在有不少同志已经开始了探索,我这里只是尝试归纳"苏派"的成因。

一、时代精神的影响

尽管讨论艺术、风格、流派,会非常看重个体性格的特点,但人总是生活在一定的时代里,时代因素对于一个人的成长、一个流派的发展是至关重要的。现在讨论"苏派教学",主要是在新时期,特别是以新世纪基础教育课程改革为大背景,在课改启动时,我经常借用美国一位开国元勋在民族运动风起云涌时说过的一句名言:"现在的时代就是黄金时代。"新时期就是我们的黄金时代。在这个时代里,人民群众充分迸发出活力,创造了体现时代本质、反映历史规律、昭示前进方向的时代精神,而这种时代精神又深刻地影响着我们,强有力地引导着我们,在基础教育教学一线,卓然大家者都可以看作时代精神的代表。我们所说的时代精神,至少包括以下三个方面。

1. 实事求是

中国改革发展的历程,就是思想解放的过程,教育改革发展的过程,也是伴随着一次次教育思想大讨论的过程。思想解放的重要理论成果,就是构建了社会主义核心价值体系,现在这个体系在一些场合被误解了。我们应当认识到,社会主义核心价值体系的精髓就是一切从实际出发,实事求是。什么叫实事求是?就是从实际出发,就是遵循事物发展的客观规律。新时期以来的一次次教育思想大讨论,基础教育课程改革的思想启蒙,多年来人们对于素质教育理论与实践的双重探索,现在倡导教育家办学,都是旨在接近教育规律,真正意义上做到实事求是。许多基础教育教学领域的优秀老师都深受这种时代精神的影响,不断探索真理,逐步抵达本质。杜威说:"教育本质上是无止境的圆形或螺旋形的东西,教育是一种包括科学在内的活动,正是在教育过程中,提出了更多的问题以便进一步研究,这些问题又反映到教育过程中去,进一步改变教育的过程,因此又要求更多的思想,更多的科学,循环往复以至无穷。"(赵祥麟、王承绪编译:《杜威教育论著选》,华东师范大学出版社,1981年版,第285页)因此,我们看到很多的老师一直坚持"在路上"。

2. 改革创新

改革创新是事物发展的动力,也是改革开放以来中国取得令人瞩目的伟大成就的重要经验。教育事业的发展也是如此。新时期以来,中国教育事业的发展就是一部改革创新的历史,以中央一些关于教育的主要文献来说,1985年《中共中央关于教育体制改革的决定》,1993年《中国教育改革和发展纲要》,1999年《中共中央国务院关于深化教育改革全面推进素质教育的决定》,其基本精神都是坚持改革创新。新近颁布的《国家中长期教育改革和发展规划纲要(2010~2020年)》,更是把"改革创新"作为工作方针的重要组成部分。从基础教育教学领域看,课程改革就是推进课程教学领域的改革创新。课改出人,课改出论,课改出派。正是坚持改革创新,我们基础教育战线才涌现出那么多杰出的领军人物,才有一批批佼佼者构建自己的教学法和原创性理论,才形成了一个个各领风骚的教学流派。

3. 以人为本

思想解放运动,其实也是对人重新发现、重新认识的过程。党的十六大把"以人为本"写进报告,可以认为对于"人"的思想解放在理论上具有里程碑意义。教育是培育人的事业,所有的思考和实践的原点都是培养什么样的人、怎样培养人。素质教育从江苏等地草根式生长起来,逐步成为国家教育政策。基础教育课程改革把"以每个学生的发展为本"作为核心价值观。《规划纲要》把"育人为本"列入工作方针。广大优秀教师在这方面显然是先行者、弄潮儿。他们早就擎起大爱的旗帜,坚持以儿童发展为本。斯霞老师的"童心母爱"温暖了许多孩子,也引领着许多年轻老师的职业生涯。李吉林认为,"我是长大了的儿童"。在翻看去年和今年两期《苏派教学》专刊时,我总感到与其说这些老师在阐述教学思想,还不如说到处是童心照亮课堂。

二、教育理论的催生

新时期以来,特别是基础教育课程改革推进以来,教育思想大普及,许多年长的老师更是较早地注意学习、汲取,不断提高自己的理论素养。可以说,教育科学、教育理论对苏派教学起着催生的作用。从宽泛的意义上说,其实这也是时代精神的影响,这里只是为了论说的方便,单独加以阐说。我以为,老师们对理论营养的汲取主要来自三个方面。

1. 对"古"的进行反思

"古"者,传统也。每个人都有一个民族的根,在某种意义上说,人都是从历史深处走来。庞朴先生认为:"传统文化产生于过去,带有过去时代的烙印,传统文化创成于本民族祖先,带有自己民族的色彩。文化的时代性和民族性,在传统文化身上表现得最为鲜明。""对后人来说,就有一个对传统文化进行分析批判的任务,明辨其时代风貌,确认其历史地位,接受或拒绝其余风遗响。"(庞朴:《传统文化与文化传统》,载《中国社会科学季刊》,1993年第4期)江苏有的学者在我国传统教学思想的研究方面取得了不凡的成绩,很多老师在自己的实践中,都能以反思的精神对传统的教学思想进行扬弃,这些都使某些教学法的推进、流派的形成具备了一定的民族理论基础。还应看到,由于中国的学术在很长时期是以综合的面貌呈现的,因而老师们重回古典不仅仅指向教学,比如李吉林老师情境教育的重要理论源头之一就是古代文论的"意境说"。孙双金等人对诸子的研读也是基于教育、超越教育的。

2. 对"洋"的积极借鉴

"洋"者,外国也。新课改以来,有人批判盛行的教育理论是"欧风美雨"。我以为,"欧风美雨"并没有什么不好。从中国历史看,越是开放的时代,也越是强盛的时代。本次课程改革坚持"国际视野、本土立场",自然少不了"欧风美雨",许多国际上的教育思潮、教育理论都是在这次课改中为广大老师所知晓所熟识。正如有的同志在进行国际比较的时候说,我们现在的课改,终于可以与欧美发达国家在一个话语平台上进行比较、展开研讨了。参加有关论坛,深有体会的一点,就是我们许多校长、老师与国外的专家能进行真正意义上的对话了。我们可能有过消化不良,但消化不良未必是吃的东西不好。我们应该相信广大老师,他们是有能力对国外教育理论采用"拿来主义"进行鉴别、借鉴的。事实上,看看"新生代"的文章,就会大大增强我们的自信心。笔者特别感到自豪的是,江苏的老师在研究国外先进教育思想、教学思想方面做了许多工作,且不说一些大学学者对国外课程理论的译介研究和其他学科老师们在汲取外国经验时所做的努力,这里仅以我相对熟悉的语文学科来说,洪宗礼先生主持的语文教材研究就对中国百年以来的语文教材和40多个国家、地区的语文教材及语文课程标准、教学大纲进行了比较研究,先后编出16卷846万字的理论著作。不要说基础教育界,就是放到整个学术界,我想也无人比肩。这些研究对语文教育、语文教材的编写具有积极的影响和深远的意义。就以洪宗礼老师本人来说,他是一位语文教改实践者,也是国标本初中语文教材(苏教版)的主编,这10多年一以贯之的研究可以说为他和他的团队的实践积聚了许多的能量。"有这碗酒垫底",加上他那我戏称为近乎走火入魔的执着与坚持,取得卓越成就应当是水到渠成的事情。

3. 对"土"的认真总结

这里的"土"是指时间和空间上都属于我们自己。用现在比较流行的词汇,可以"草根"名之。在长期的实践中,许多老师形成了自己的思想,这些"草根式"的理论是我们理论营养的重要宝藏。它们较少时代和语言的隔膜,显得更为实用;它们非常鲜活,显得更为亲切。而且,在传统与现代、本土与国际、理论与实践的结合方面,又有率先垂范的作用。这些年来,许多老师的研究都在这方面着力许多。可以说,每一个初成流派的,都有了比较系统的理论提炼。我们也正在组织编写《江苏著名特级教师思想录》,皇皇13卷,六七百万字。这些经验、理论的总结、传播、交流,对繁花似锦的"苏派"的形成,起到了催生和鼓舞的作用。

三、风土文化的滋养

众所周知,"百里不同风","一方水土养一方人"。马克思在给国民下定义时,认为国民即是土地、环境、种族等特定自然基础上,具有相同的历史传统、语言、性格等因素,并在历史、社会的发展过程中生成的大众群体。可见,具体地域的风土文化,对于共同性格的形成是有重要影响的。我想,"苏派"的提法也是基于这一点。

1. 季风型风土的孕育

日本学者和辻哲郎写的《风土》一书,曾经是日本知识分子的必读之作。他把风土划分为季风型、沙漠型、牧场型三种。按照他的分析,长江下游属于比较特殊的季风型地域。在他看来,季风地区的风土特征是潮湿,是又湿又热。"潮湿"带来湿润、丰沃,但湿气又是难以忍受、难以防御的,这种"潮湿"孕育了季风地带的人忍受和顺从的特性。这就形成了忍辱负重的共同性格。这种性格体现在持久的意志和感情的抑制,表现出对传统的执着和强烈的历史观。和辻哲郎对相对特殊的季风型风土进行分析时,认为这里的中国人似乎有一种无动于衷的性格,但"他们明显保持着一种紧迫感,在忍耐的深处蕴藏着一股斗志","从好的一面来看,这种不动声色就是一种从容不迫的态度"。([日]和辻哲郎:《风土》,陈力卫译,商务印书馆,2006年版,第108,112页)当然,由于季风型地带季节转换特征非常明显,在我们看来,忍耐是与某种期盼相联系的。顺着这位日本学者的思想,我理解:在商品经济大潮涌动时,许多北方作家下海了,江苏却很少有作家往"海"里跳。"江雨霏霏江草齐,六朝如梦鸟空啼。"顾炎武的《日知录》说:"江南之士,轻靡奢侈,梁陈诸帝之遗风也。"但明末清初,以江阴、苏州、扬州地区为代表,又是抵抗异族最激烈、最惨烈的地方。如果把"苏派"放在季风型风土背景下,也许有人会提出不同意见,但我相信,也一定会有许多同志会心一笑。

2. 水的滋润

江苏是个多水的省份,"仁者乐山,智者乐水",不少研究者都关注到水、水文化对"苏派教学"的影响。狄尔泰在《诗人的想象力》中曾经设问:"以创造性这一相同形式反映出来的人类本性中的共性是如何同其变异性、其历史本质相结合的呢?"我以为,这种变异性"因地"的缘由在江苏最重要的还是水,季风带来的是水,江苏的江、湖、河有的是水。这种水的滋润给人的性格、给艺术(包括教学艺术)带来的影响最主要是在三个方面。第一,是内蕴。不管以什么形态存在,哪怕是哗哗流淌,水总是以某种形式屯积的,静水深流则是水的内蕴的极致。内蕴会成为沉稳、从容不迫的性格形成的元素。第二,是灵动。这是大家最容易辨识的,无论是涓涓溪流,还是滚滚长江东流去,都会给人带来灵动美。"苏派"一些领军人物的教学也都容易让人归纳出灵动的特征。第三,是水气。人们的印象中、想象中的"江南女子",一定会与"水"有关联,这就是"水气",就是水灵灵的、水葱一样的女子。林庚先生曾写过一篇短文《谈水分》,他在文章中谈到写文章水分太多,指空话滥调太多因而淡而无味。但水分也不能没有,水是生命的海洋,水分给人新鲜感受,能使潜在的感情的因素浮现出来。这些话对于讨论教学艺术也非常合适。我在江苏的优秀老师的课堂上经常感受到丰盈感。我想就是水分、水气给人新鲜的感觉、生命的感觉。

3. 富足而生精致

讨论江苏的"地利",我总是想起繁体字的"蘇",这也是江苏的风土。江苏水网纵横,把平原隔成一个个小块,需要较为精致的生产方式。"苏常熟,天下足。"江苏雨水丰沛,土地肥沃,是鱼米之乡,一派生机盎然,人们衣食无忧,丰衣足食,于是有更多的读书人,有更精致的艺术,更讲究的生活方式。据考,从顺治丙戌(1646)至光绪甲辰(1904)两百多年间,江苏共出状元等(包括状元、榜眼、探花、传胪、会元)184 人,浙江 137 人,两省相加是直隶、顺天、河南三省相加的 35 人的近 10 倍。其背后,首先是鱼米之乡的经济优势,于是就有条件使得其中的一批批人"一心只读圣贤书"。再看看苏州、扬州的园林,南京的云锦,苏州的刺绣,名满天下的淮扬菜,还有昆曲、评弹等等,还有江苏当代作家笔下那么多袅袅婷婷的女性形象,怎一个精致了得? 在"苏派教学"中,精致是很多老师的共同特征。以"南通二李"来说,李吉林的情境教学就相当精致,李庾南被誉为"梅派",也包含了细腻婉曲的成分。听于永正老师的课,常常会为他大气中蕴含的精致、精致中透出的大气拍案叫绝。

四、和谐人脉的浸润

要成就一番事业,天时、地利、人和缺一不可。而人和是最不可控的变量。"苏派教学"蔚为大观,很重要的是,这个变量变成了常量。

1. 教育行政部门的政策支持

江苏各级教育行政部门,包括教研部门的同志,对"苏派教学""苏派名师"都是鼎力相助、全力支持的。李吉林老师的江苏省情境教育研究所,洪宗礼老师的江苏省母语课程教材研究所,都是省教育厅批准成立的,这在全国恐怕是极少见的。江苏教育界的许多领导是苏派名师的后盾,更是可以进行深入交流的朋友。当年吴天石先生对斯霞老师的支持,时任副省长的王珉同志对李吉林老师的关心,前任教育部副部长、副省长的王湛同志和历届教育厅领导对名师们的关怀,都给人温暖的回忆。笔者曾不止一次看到,王湛同志参加江苏名师的一些活动,不要代拟稿,都是亲自研究,亲手执笔,发表了非常有见地的讲话。江苏省一些课标教材,是民间自主开发的,教育厅、教研部门毫无保留地予以支持,而现在的人民教育家培养工程,出版"苏派教学"书系,也都是切实有力的措施。从教学改革大环境看,课程改革启动时,省教育厅就组织力量,对江苏课程教学改革多年来的探索进行了全面总结,并在"江苏特色"方面做了深入的研究和全面的考量,这自然对"苏派"的形成起到了重要的引领和激励作用。

2. 新老左右融洽的友爱氛围

有位长期生活在中国的国外学者,研究多年后终于悟到,西方人与人的关系可用"网络"一词概括,在中国则最好用"氛围"来概括。此论极当!江苏基础教育界,就有这样一个很好的氛围。每次聚会,新老之间,同仁之间,亲密无间,其乐融融。在一个流派内部也是相互支持、携手并进。笔者接触过一些江苏名师所在的学校领导,他们提出来的问题都是怎样把名师的作用发挥得更好。我想,一个团结友爱的氛围,一支合作分享的团队,一块浸润肥沃的土壤,就是"苏派教学"最好的成长的地方。

3. 苏派名师无私奉献的人格光辉

教学流派都是围绕领军人物形成的,和谐人脉的核心也是这些领军人物。我们心怀崇敬地看到,许多功勋卓著的名师,他们有的年过七十,还活跃在讲台上,有的还在做班主任,有的还在思考下一步研究的重要课题,有的还在手把手地带徒传后。正是他们无私奉献的人格光辉,照亮了追随者前行的路。以我对他们的了解,他们最让人感动的是对自己创立的教学法、教学艺术、教学风格仍在继续探索,以至于我面对他们新的思想时常会发出一种追问:他们思想的晚期会是一种什么景象?萨义德说,时间"是持续的象征"。阿多诺又曾期待一种晚期风格"断裂的景象"。([美]爱德华·W.萨义德:《论晚期风格——反本质的音乐与文学》,阎嘉译,生活·读书·新知三联书店,2009年版,第2,3页)我想,不管如何,那都是一片绚烂的景象。他们的努力,一方面是在继续丰富"苏派教学",另一方面是在催发"新生代""新新生代"。我们也十分欣喜地看到"中生代""新生代"在咏唱汪峰的《飞得更高》:"我知道我要的幸福/就在那更高的天空/⋯⋯翅膀卷起风暴,心生呼啸/飞得更高!"正是大家不断向上向前,和谐的人脉关系才有了最核心的元素、最感人的力量。

本文发表于《江苏教育》2012年第7~8合期。

第二辑

一树一树的花开

人在中央
——南京市琅琊路小学"小主人教育"的实践探索

坐落在民国使馆区的琅琊路小学,青瓦灰砖,绿树成荫。这种古朴典雅在琅小的校徽上以小白楼建筑为标志,成为背景,处在前景中央的则是栩栩如生的小主人塑像。戚韵东校长解释说,琅小校徽的构图是古韵与时尚的结合,更是人校一体、"人在中央"核心理念的形象表达。

一、"快乐做主人"——"新人"目标在温暖的心房中央

琅琊路小学开展小主人教育实验已经30个年头,从酝酿到实践,从探索到深化,一以贯之的都是对"新人"的期盼和执着,这正是教育改革本质意蕴之所在。任何真正的教育变革,都是源于培养时代新人的理想情怀,都是源于对现实生活中人的塑造存在缺陷的深刻反思,都是源于逐步真切的对新人目标的觉察和发现。30年来,琅小人一直在"追梦",一直在孜孜以求。于是,我们看到逐步清晰的"小主人"图像。

1. "小主人"是享有应有权利和义务的"人"

素质教育就是"人"的教育,"小主人教育"是琅小校本化的素质教育。在素质教育的话语情境中,其"人"应当有共同的品质:(1)儿童。儿童自有其天性,按照康德的观点,教育就是要让儿童顺其天性而又能符合社会规范,儿童呈现活泼泼的生命状态是其成为"主人"的核心元素。(2)责任感。这意味着一个人对自己在群体中所担任的角色有明确的认知,对按照这种角色要求应该如何行动有明确的预期,

对自己行动的结果给别人造成的影响有明确的体察,康德说儿童既是充分自由的又是符合社会规范的,就需要责任感的培养。(3)全面发展。"人"的素质全面发展指身心和谐、文理兼通、感性理性平衡。(4)创新意识。"新人"之"新"很重要的是在"创新",创新是人的自我发展,是自身力量的开发,恰如国际21世纪委员会《教育——财富蕴藏其中》所说:"扩大了的教育新概念应该使每一个人都发现、发挥和加强自己的创造潜力,也应有助于挖掘出隐藏在我们每个人身上的财富。"(5)合作精神。学生将来要能适应社会生活,从事各种可能的职业活动,很重要的取决于他们的合作倾向、社会认知和社会技能。这些精神琅小人显然了然于胸,而且他们以"儿童公约"的形式表达了这样的思想,以"儿童公约"(儿童篇)说:什么是儿童?我们是自己的保护者;我们有自己的权益;我们有多彩的生活;我们是(小小)思想者;我们是学习的主人;我们尊重他人的权利。"公约"阐说了"小主人"的基本内涵,也明确了儿童、教师、家长及社会共同努力的方向和共同遵守的规则。

2. "小主人教育"就是"快乐做主人"

琅小的"小主人教育"首先提出"三个小主人",学做集体的小主人、学习的小主人、生活的小主人;继而举起"快乐做主人"的旗帜。应该说,"快乐做主人"的生气贯注更有内涵,也更有影响力。"快乐做主人"直抵教育的本质。用戚韵东校长的话说,快乐可以理解为幸福的"童年用语",教育在本质上就是对幸福的追寻。学习生活的幸福,就是在当下的幸福生活中准备未来的幸福生活。戚校长说:"快乐来自能自主自决,来自合乎人的本性。""成长的进步、爱与被爱、善良和善行、美的体验等都能给儿童带来快乐。""我们追求的快乐不仅是一种积极的正情绪体验,而且是善的快乐,是精神的快乐,是朝向幸福的快乐。"

3. "小主人教育"凝练"小主人"的人格特质

琅小人在"小主人教育"的实践探索中,对"新人"这一目标的认识逐步深化,逐步清晰,渐次凝练了小主人的人格特质,他们认为,自主自律、合群合作、乐学乐创是琅小学生应当具有的核心素养(人格特质),而这一核心素养是在一定的教育情境中逐渐养成的。

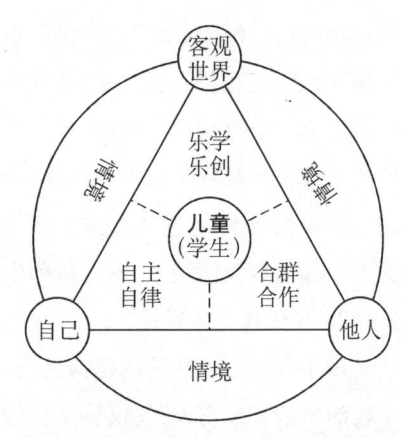

琅小学生核心素养(人格特质)结构图

我们在组织编写普通高中语文教科书,设计整体结构时依据的三个向度是:人与社会、人与自然、人与自我。写作本文时我的案头有一份介绍美国教育的材料,它强调美国教育培养目标是让劳动者适应并促进现代科技和社会的变化,"新人"的核心素养是由认知的、人际的、自省的三个方面互动生成。我自然想到"殊途同归""所见略同"等词语,当然,差别也是有的,这就是琅小人更"快乐"。

二、全域性生活——"小主人"成长在整体情境中央

一个学校的文化建设,在教育哲学层面厘清后,亟需的是实践体系的构建。30年的探索,使琅小"小主人教育"整体情境的构建渐臻成熟。

1. 全域性整体建构

琅小曾经画出实践体系的一张图:

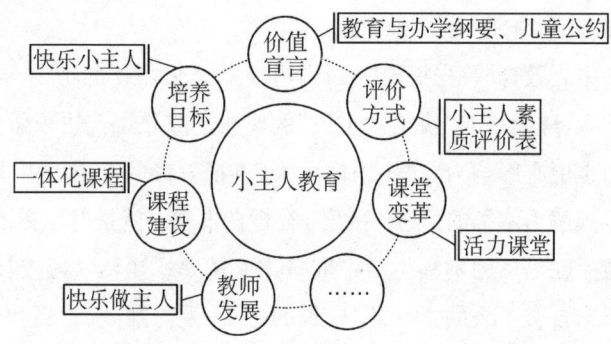

从这一张图可见,琅小以《琅琊路小学教育与办学纲要》《琅琊路小学儿童公约》宣导教育"价值宣言",以"快乐小主人目标体系"为培养目标,以"小主人素质评价表"为评价依据,开展"一体化课程"建设,创建"活力课堂",推进教师专业发展,从而形成一个有结构的整体,构成"一体化学习"的情境,促进学习"一体化发展"。戚韵东校长在解释全域性时强调,全域并无核心领域与非核心领域区分,全域性推进的意义在于融合,从而形成"快乐做主人"的学校情境。这一情境的每一个细节,无不给师生积极体验,无不增进师生"快乐做主人"的信念。

2. 强化共同体建设

琅小人的全域性整体建构是突破学校围墙的,他们清醒地认识到,教育不仅是学校的事情,"小主人"仅仅靠学校教育是培养不出来的。因此,他们明确提出建设共同体:一是以儿童为中心,儿童、教师、家长、社区等各方面成员共同构成所谓的

"社会生活共同体";二是以"快乐做主人"为核心理念,共同对儿童教育承担责任,努力推进保障儿童教育健康发展的"儿童教育共同体"建设。在学校教育方面,他们首先站稳课堂主阵地,在课堂教学中落实"儿童公约",同时开展丰富多彩的活动,给小主人更多腾挪的天地;在家庭教育方面,努力争取家长的全力支持,积极影响家庭教育方式;在社区教育方面,琅小注意拓宽儿童生活的领域,引导儿童丰富生活体验,瞭望大千世界。他们通过学校教育、家庭教育、社区教育的融合,构成了儿童完整的生活世界图景,推进了共同体建设,使教育真正实现了全域性。

三、一体化发展——小主人的培育在丰沃的课程土壤中央

课程是学校育人目标实现的重要载体。按照费尔巴哈的说法,人会变成他所"吃"的那个东西。学校教育提供什么样的课程,在很大意义上决定了学生成为什么样的人。琅小通过多年努力,建构了具有特色的校本课程,为"快乐做主人"提供了丰沃的土壤。

1. 为一体化发展提供一体化课程

琅小的育人目标是主人,三个小主人,"快乐做主人"。按照他们的阐说,这些元素是融通的、一体的。自主自律、合群合作和乐学乐创这些"小主人"的人格特质也是在对话性实践中,三者互动、三位一体去实现的,这就需要建立自己的课程体系。这个课程体系应该是国家课程、地方课程和学校课程的贯通,不同年级不同班级的融合,学校生活、家庭生活、社区生活的结合。于是,人们看到了小主人一体化课程架构示意图。(见下图)

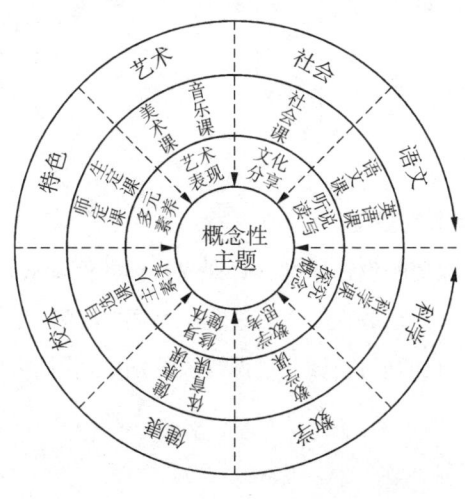

这里处于内核的,是他们从小主人核心素养和"快乐做主人教育目标"出发,创设的符合学生需求的主题,这些主题向四面八方打开,形成了融合学习的情境。在整合学习情境中,主题与各课程科目的核心概念对接,调动知识技能和态度,形成能力和素养,又超越学科与相关领域,指向学生的一体化发展。

2. 创设一体化课程情境族

上图所示是琅小相对广义的课程,他们还有自己独特的校本课程。琅小人在这里提出"情境族"的概念,他们认为,某种能力的形成不是由单一情境决定的,而是由一组情境即情境族决定的,于是他们在充分研究学生需求的基础上,提出不同年级的六个核心元素,这些能力的形成需要一体化的课程,需要螺旋式上升,同时又配之以校本化的主题活动,更好地促进学生一体化学习、一体化发展。

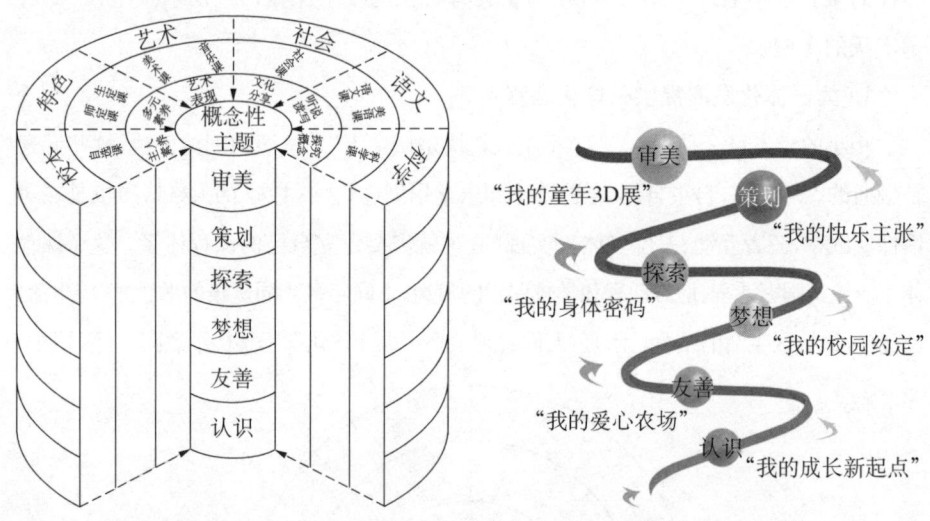

3. 将一体化课程落实到位

琅小提出一体化课程的设计原则:(1)课程目标的设置从儿童需求出发;(2)课程在所有科目中实施;(3)在课程的学习过程中都要"快乐做主人";(4)课程评价就是展现学习成果。从"我的成长新起点"课程概要图中,我们可以窥见一斑。

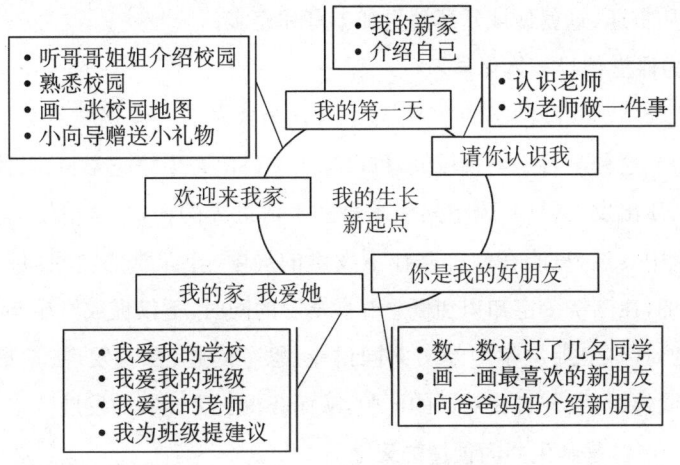

"我的成长新起点"课程概要图

四、"我的课堂我做主"——人在课堂中央

"快乐做主人"是过程与结果的统一,包含了当下快乐地"做主人",因此它必须在课堂教学中取得突破。琅小致力于激发并彰显师生主体旺盛的生命活力,实现师生的共同发展,创造了"活力课堂"。

1. 活力课堂以人为中心创设课堂情境

琅小活力课堂建构如图示:

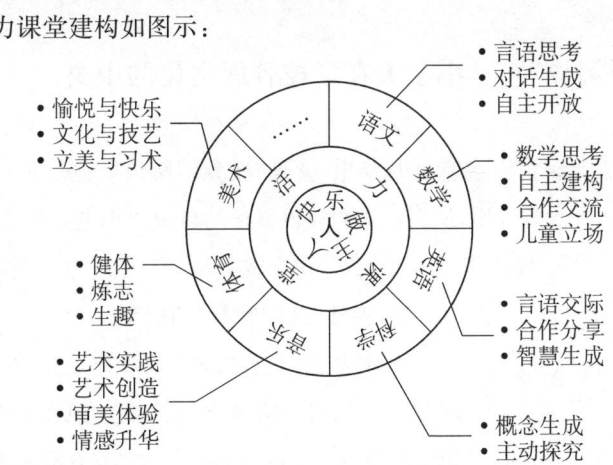

从图可见,活力课堂以"人"为中心,以促进师生"快乐做主人"为目标指向,构建了"快乐做主人"的课堂情境。多学科的核心素养既源自学科特质,又与"小主

人"人格特质贯通,这就使课堂情境更加丰富和充实。

2. 活力课堂倡导一体化学习

相对于与生活实践同义的学习,琅小人认为狭义的一体化学习是指在学科领域内的学习。这种学习是全领域的,可以基于学科但必须超越学科,具体学科的学习从学科特质出发,又打开瞭望其他学科和生活世界的窗口;全情境的,打破学习只能在课堂中发生,只能在教师陪伴下发生的局限,让课堂的空间向四面八方打开;全体验的,在围绕一定知识和概念开展学习的同时,不仅促成学生与课程内容、知识之间的对话;也促进学生经历共同讨论、思考问题、自我发现、觉察意义的过程,收获与同伴对话、与自我对话的体验,从而获得更为充实的发展。

3. 活力课堂是师生共同创造的天地

在师生学习共同体的构建中,教师作用至关重要,他应当将学生从相对被动的状态下解放出来,激发生命活力,同时他又应以创造性教学为学生提供示范和引导。琅小在活力课堂建构过程中,逐步将师生共同引进中央,让师生共同在课堂上"快乐做主人"。学校大力提倡教师在对活力课堂内涵进行个性化解读基础上,与学生一起创造个性化的教学技术,创造"我"的活力课堂。他们倡导"小妙招"项目研究,鼓励师生自发总结在日常教与学中屡试不爽的小窍门、好方法。他们引导老师开展"人在中央"的课堂教学研究,体现教师真意愿,感受教师真体验,观察教师真见识,契合教师真性情,分享教师真快乐,推进活力课堂渐入佳境。

五、"教育即解放"——小主人在学校管理文化的中央

巴西教育家弗莱雷毕生追求的梦想,就是"教育即解放",他是希望教育之船能最终把人们载向理想的彼岸,从而让人们获得真正的自由,"小主人教育"其实也是针对被压迫的教育学,倡导让孩子成为主人,"快乐做主人",这就需要学校管理的变革。

1. 构建"共同领导"的机制

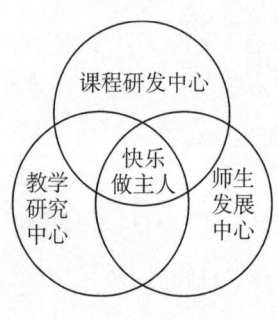

怎样为"小主人教育"保驾护航?琅小人创造"共同领导"的概念,构建有效协商的机制,引导整个学校组织系统从管理走向领导。学校在现有建制基础上,成立全新的师生发展中心、课程研发中心和教学研究中心,建立共同领导的动作机制。这三个中心既各自

独立,又有交集,在交集点上协作作战,构成合力,使"快乐做主人"有足够的空间和更为实在的内涵。

2. 以评价促进目标达成

评价有判断、预测、选择、导向等功能,其中的导向是核心功能。琅小"小主人教育"一直有评价跟进。一是致力于小主人教育目标的完善。早在1992年,琅小就研制了《"小主人"素质评价表》,2007年研制了《小学生各年级段自主创新性学习品质发展目标双向细目表》,2009年又研制了《"快乐小主人"教育目标》,纵向从"集体小主人""学习小主人""生活小主人"三个维度,横向从"主人意识""自主能力""快乐体验"三个方面展开,逐步使"小主人教育"目标清晰化。二是坚持一以贯之的多元评价,如新设"小主人奖章"奖次,按照"三个小主人"维度,分别设立相应的"集体""生活"与"学习"奖章,采用自评、小组评、教师评、家长评等互动评价方式,在学期中、学期末进行两次评价。各级部门根据"快乐小主人目标体系",拟订适合本年级的评价条目,建立评价手册,每一次评价后都及时反馈。一个学期中,三类奖章都获得者,可获得"小主人奖章"。

3. 在文化建设中实现角色转变

"小主人"在创造一种新文化,这种文化转型的标志,应当在学校文化主体(校长、教师、学生等)身上体现"快乐做主人"的精神意蕴。琅小正是基于这样的认识,提出转变角色的文化使命。他们认为,校长正从组织者转向编织者,这里的"编织者"是借用克利福德·格尔茨对于文化的定义——所谓文化就是由人自己编织的意义之网,校长的编织在于扩大、激活编织主体,在于战略上对学校发展实行领导,在于建立"快乐做主人"的话语系统和实施策略,在于不断创新发展学校文化;教师正从实施者转为惠施者,他们在内尔·诺丁斯"关心"理论的语境下,提出"惠施",强调从关心的意义上,从促进学生"快乐做主人"的意义上,更好地支持学生的发展;学生正从使用者转为享用者,他们认为,"快乐做主人",学习是享用,享用式的学习又可以更好地促进自主、合作和创造。这些角色的确立,是"小主人"文化的体现,又不断促进"小主人教育"的深化,使我们,使琅小人自己,对幸福的明天都有着更为美好的期待。

本文系《江苏教育研究》"幸福教育的样子"专栏文章。

用高尚的价值观照亮校园

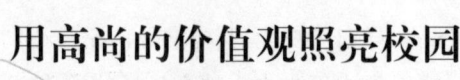

近些年来,江苏省锡山高级中学的办学渐入佳境,取得的成就也十分瞩目。我想,究其根本,是锡山高中对价值观追求的坚守。锡山高中所确立的价值观是"成全人",他们把"成全人"具体阐述为"生命旺盛、精神高贵、智慧卓越、情感丰满"。"成全人"本来是教育命题中的应有之义,但是从教育的现实来看,我们不得不面对这样的尴尬:人在哪里?前两天,我在看旅法学者赵越胜为他的朋友张志扬的一本书写的序,赵越胜讲到上个世纪80年代,他的一些哲学同仁在私下讲到这样一句话:"'人'就是我们的国际歌。"我很受震撼!对今天的中国教育来说,我以为人仍然是我们的"国际歌"!对人的关注,对教育终极目标的关注,可能永远是我们教育人的"国际歌"。我在看锡山高中的材料,看他们的教育教学现场时,就有这种呼应心灵的感应。锡山高中讲要在学校的旗帜上写上"人",让"人"的旗帜在学校上空高高飘扬,我想这个价值观应该得到充分肯定。

锡山高中主张"成全人",这是他们自己对教育终极价值和教育目标思考后的坚定回答。什么是终极价值?价值是客体的主体化,讲价值就是讲对人有好处、有作用、有意义。哲学上所谓终极价值是根本性的、终极目的意义上的价值,它位于价值序列之首,成为所有价值的根本指向。锡山高中"成全人"的教育,就是成全和谐而全面发展的人,按照唐江澎校长的话说就是成全体魄强健、品行高尚、智慧能干、持俭耐苦、阳光乐观的现代公民。当然,终极价值并不必然排斥其他价值,在唐江澎校长看来,"升学"本是教育应有的价值之一,是教育的工具性价值,不应列于教育的价值之首。有了这样的思辨、澄清之后，锡山高中反复强调，既不应该发生价值次序颠倒，将"升学"置于终极地位，使其成为一切教育活动的根本指向；也不应该制造价值对立，认为强调教育的终极价值便必然影响甚至排斥"升学"。在这样一个转型的时代，唐江澎校长与锡山高中在哲学层次上的理性思考，不仅廓清了认识的迷雾，更重要的是为走出行动的误区坚定了信念。

难能可贵的是，锡山高中不仅提出了这样的教育价值观，而且他们努力地让这个崇高而朴实的教育价值观落了地，照亮、照遍、照透了整座校园。

一、在学校制度的整体设计上体现教育价值观

在课程制度设计上，这所学校的整体课程制度都在体现"成全人"的教育价值观。我们仔细观察会发现，锡山高中的课程制度有三个特点：一是制度建设从由上而下的推动，逐步发展到上下呼应，最后实现共同的体认。课程改革是国家意志的体现，一开始都是由上而下推行的，但是随着推进的深入，课改在锡山高中最终接了地气，锡山高中人通过不懈的探索实践，最后让自己的课程制度体系既高度吻合了国家意志的要求，又契合了自身的学校课程整体设置。二是锡山高中的课程制度是从局部到整体的构建，最终形成学校课程的整体制度。所谓从局部到整体，就是锡山高中从最初的活动课、兴趣小组开始，到校本课程探索，到研究性学习的实践，再到后来课程体系尽可能的开放。发展到今天，它已是一个与国家课程打通、实现了国家课程校本化、融合了学校自身课程在内的整体课程制度。用唐江澎校长经常讲的话，这个"制度"把学校教育哲学表达出来了，是一个能为学生提供个性学习、深度学习的课程制度体系。三是锡山高中课程制度从外到内地反映了学校对培养什么样的人、怎么培养人的认识。课程在这里是非常重要的一个概念，从学生的角度讲，课程就是机会，机会就是课程。一个学生接受的教育质量的高下主要是由学校提供的课程所决定的，这就是我们经常提到的，"课程公平"可能是真正意义上的教育公平，"课程质量"可能是真正意义上的教育质量。你没有这个课程，还要什么教育质量？教育要有走向全面发展的质量，要实现从统一性的公平走向个性发展的公平，我们需要有像锡山高中这样的课程制度，要有一个总体上体现学校价值观和教育哲学的课程表。锡山高中做到了，非常了不起。

二、建立一个价值观共享的共同体

学校价值观提出来以后,最重要的是价值观共享,也就是让大家都认可、接受,并共同丰富这一价值观。共享本身就是一种积极的姿态。很高兴,我们在锡山高中看到了这样的一个共同体。试想,如果锡山高中的这一价值观共享共同体没有形成,这所学校的教师拒绝了对这种价值观的体认,采取了冷漠、观看的不合作态度,锡山高中怎么可能会有今天蓬勃向上的局面?关于锡山高中的价值观共享共同体,我认为至少有以下几个特点。

一是认同感。首先是对学校培养什么样的人,也就是对培养目标的认同。认同是一种力量。当年,锡山高中率先开展校本课程实验,提出学校要培养具有合作探究精神的、"站直了"的现代中国人,正是对这一培养目标的认同。华东师大的一批教授,搭乘火车来到乡下,睡在学生宿舍,参与锡山高中的教改实验。试想,如果学校搞的是应试教育,华师大的教授能来吗?不仅如此,在那一场最初的校本课程实践探索中,如果锡山高中的老师不认同,他们就不会与学校领导层通力合作;如果当时的家长不认同,他们就会极力反对学校的实践行为;如果学生不认同,他们就不会那么积极地投身到课程学习的过程中。至于锡山高中后来的研究性学习实践、国家课程的校本化实践、促进学习的课堂评价探索、校园读书行动,等等,没有师生集体对学校教育价值观的普遍认同,他们的任何一次教育行动都不可能获得成功,更不要说要拿到国家教学成果一等奖了。

二是开放性。学校价值观共享共同体是所有的与学校、与学生培养相关的群体,它的成员是变化的、不断更新的——具有天然的开放性。我还是乐意举华东师大的例子,正是锡山高中的教育价值观得到了大学专家教授的认同,正是学校的共同体建设具有开放的特点和性质,华东师大的专家团队才与这个共享共同体持续合作研究了18年。专家教授们把自己视为这个共享共同体中非常重要的部分,除了在理论上对锡山高中进行悉心指导外,很多时候,他们会深入到某个年级、某个教研组,与老师们一起来会诊研究具体的课程实践问题,如课标分解问题、课堂观察问题、促进学习的课堂评价探索问题,等等。

三是学习型。这个共同体它内在的生命力就是学习型。锡山高中教研组的建设,其中最重要的就是把教研组建设为教师学习共同体。为了让教师过上学习的、合作的、研究的专业生活,2009年学校开始推行"学科教研中心创建工程";2010年又推出了"百万百卷"读书行动,即5年内投入100万元,每位教师阅读100本书;2012年开展学科建设规划活动;2013年开展教师新技能学习活动;2014年又开展学科核心素养研究。所有的这些都可归为教研组建设,也可视为教师专业发展的活动,这些都是教育价值共享共同体的统一行动,集中体现了这个共享共同体是一个开放、勤勉、奋进、向上的学习型组织。

四是对话式。共同体合作的基本方式是对话。我认为真正的共同体对话要达到三个"新":一要有新的关系,要有讲民主的氛围,只有这样才能通过对话提升人的情感联系,如2014年第13期《人民教育》上刊出的锡山高中语文组学科宣言的诞生过程,就让我们看到了这种共享共同体的新关系;二是新的共识,通过对话形成新的认识,锡山高中数学组原来的学科宣言是"走进课堂,斗志昂扬;上起课来,神采飞扬;走出教室,得意洋洋",通过对话,他们形成了新的共识——现在的数学组学科宣言是"探究数形之奥妙,培养严谨之态度,锤炼娴熟之技能,深化理性之思维";三是新的自我,对话就是你来我往,往前推进,通过对话,进行自我反思,促进自我提升,这实际上也是一种学习的发展方式,锡山高中一大批老师让人欣喜的专业进步正是对话促成的。这种具有"三新"的对话,才是真正的共同体的对话,而这种价值共享共同体就存在于锡山高中。

三、创建具有课程教学内涵的基础设施

什么样的学校基础设施才具有课程教学的内涵呢?我们来看锡山高中的课程基地建设。锡山高中现在有人文课程基地、想象·创造课程基地、巅峰体育课程基地,以及云学习课程基地,这些课程基地都具有课程教学的内涵。我在多个场合讲过,我们的局长、校长们现在可能要重新去考虑学校的基础设施建设。一是学校课程体系当中,环境的功能应得到充分的挖掘。我们过去讲教学四要素:老师、学生、教材、环境。但是第四个要素环境往往被省略,其实,在教育手段基本实现现代化后,环境已是一个非常重要、值得我们重点关注的教学要素。因为环境如今已经不仅仅是条件性的教学资源,还可能是过程性的教学资源。二是硬件建设应充分体现它的文化内涵。怎样在硬件建设当中体现学校的教育哲学,体现学校的价值观?我们看到了锡山高中人文课程基地底楼大厅里的雕像、布展的《学记》,这就是教育

哲学、学校教育价值观的硬件文化内涵。在考察锡山高中时,唐江澎校长带着大家参观人文课程基地演讲厅的时候,他特别强调演讲厅的正面没有设置座位,而把座位安放在两边,目的就是要演讲学习者——学生要"目中有人",环境逼迫你在演讲中要不断地照应两边的听众。这一设计理念,其实就是要在这些基础设施当中,把"人"这个最本质的元素嵌在里面。三是基础设施应努力在共性中体现个性。这就像西方的建筑跟东方的建筑,它们的功能基本都是一样的,但是它们的个性是不一样的,我想沿着这个方向往下走,基础设施建设可能就要考虑学校个性的问题。锡山高中的基础设施有的已经显示出很强的个性色彩,比如他们的击剑馆建设。

四、探索一条落实价值观的技术路径

有些口号,哪怕是名家名言,不管多么响亮,只有把它落到地上,才能得到人们的认可。锡山高中之所以是成功的,就是他们把学校教育价值观落实了——他们探索并明晰了一条推行课改的技术路径。前两年在和唐校长聊天的时候,他就告诉我,这几年作为校长他主要做了两件事情。一件事就是培育教师的人文精神,重点是树立正确的价值观;还有一件事就是明晰推进课改的技术路径。锡山高中强调精微变革,精微变革就是在价值观的统摄下,为了解决现实当中碰到的这些问题,一步一步把事情做细做实,然后找到一个可操作的比较规范的技术路径。这里有个认识问题,有些同志一讲课改就拿应试说事,实质上是在搞"价值对立"。唐校长提出,"要让学校优雅地去接受考试",讲这话是要有底气的——这除了价值观正确之外,还要有一条落实价值观的技术路径。就我对锡山高中的了解和观察,他们有自己切实可行的技术路径,这条技术路径既满足了社会现实对学校教育的期待,又保障了学校教育价值观的有效落实。他们的技术路径往小了说,如基于课程标准的教学、促进学习的评价、学生学习方式的变革,往大了说,锡山高中建设有完整且较为完善的能够引导学生进行深度学习、个性学习的课程体系,建设有保障的能够有效运转的课程制度,建设有价值观共享的专业共同体,并且,锡山高中有连续不断的高质量、高水平的共同体专业生活方式,所有这些都是很好的能够落实教育价值观的技术路径。

五、从课程管理走向课程领导

我们应该看到,锡山高中"成全人"的价值观中其实也包括成全教师。他们自觉地从课程管理走向了课程领导,在这方面,锡山高中给我感受深刻的是以下几个方面:

一是英雄气质。我知道,在讲课程领导的时候,一些学者是反对"英雄"一说的,但我觉得中国的基础教育,目前这个阶段应该是一个呼唤英雄,并且英雄辈出的时代。这些英雄具备怎样的特质呢?我认为,有信念、有责任感、敢于冒险,是这种英雄气质应有的三种东西——如果有的人成为英雄是被动的,那就是有一种信念和责任感使他成为英雄。冒险精神实际上就是敢于创新的精神,当然,这种"冒险"是有底气、有技术路径作保障的。唐校长提出要在锡山高中培育、培养学科领袖——让教研组长、骨干教师成为学科领袖。我觉得真正的学科领袖就是英雄人物,现在,我在锡山高中人身上感受到了一种英雄气质,或者说他们身上受英雄气质的感染、影响是很明显的。

二是分布式的结构。锡山高中推进分布式的行政运行机制,校长室统一领导,各部门组织实施,综合职能部门和具体实施部门岗位职责清晰、运行高效。为统筹协调学校事务,锡山高中还通过校务会议、学校办公会、行政会议等序列的工作会议民主讨论,民主决策。在这种分布式的管理体系里,人人奋发向上,人人对学校负责,这不仅是一种理念,更是实实在在的行动。课程管理中也形成了分布式组织结构,建成了完善的校内三级管理运行体制;第一级是学校课程领导委员会,负责课程规划和整体方案的构建;第二级是以课程教学处为中心,以教师发展处、学生工作处为两翼的课程管理和专业支持机制;第三级为学科组,负责学科的课程建设。校内三级课程运行制度把课程改革的责任落实在相应的行政体系中,保障了课程的有序组织和高效运转。

三是主动性与创造性。锡山高中本来创建的是语文课程基地,但英语组的老师们看到了硬件设施环境的变化对学生学习巨大的潜在影响力,主动要求参与到课程基地的建设中来,他们充分利用课程基地的演讲厅和辩论厅进行英语教学,并以此为契机,在学校的帮助下成功引进了哈佛演讲课程,不仅为学生的外语学习拓展了课程资源,也为学生学习方式的变革争取到了环境支持,更为英语学科组的整体建设主动开拓了专业空间。历史学科组同样在语文课程基地建设中发现了利于本学科建设的内容和机会,他们在课程基地国学馆和西学馆建设的过程中主动建言献策,承担了两馆中许多重要的内容建设,并在典籍布设等方面有创造性的贡献。这两个例子说明,锡山高中的学科教师已经视自己为价值观共享共同体中重要的组成,他们已经从价值认同、课程理解的一方成为课程主动建设、主动创造的参与者和领导者。

四是专长的培育与发挥。分布式的课程领导非常强调的是,权利和责任要分布给那些在知识和专业方面有特长的人,要让他们成为"领袖",去担当起这个责任。有的学校校长可能会想,我哪里有这样的人啊?分布式课程领导理论强调,要培养潜在的知识和专业方面有特长的人。校长们要有眼光,要敏锐地发现团队中那些潜在的具有"领袖"素质的人才,给他们时间和空间,要求他们去探索和实践。我相信,假以时日,你就一定会拥有一批课程领导者。锡山高中为什么会有这么多在知识和专业方面有特长的人?如果学校没有校本课程实践,我想唐江澎校长就不会跻身于国内校本课程建设的领军人物之列,更不会有今天放眼看过去人人在校本课程上有真见的锡山高中人;如果没有校本课程与艺术课程的整合,就没有锡山高中今天的想象・创造课程基地;如果没有对学校育人目标的价值坚守,就不会有今天的巅峰体育课程基地。每一项行动的结果,锡山高中都诞生了或多或少的课程领导者,即都出现了人数多少不一的在专业方面有特长的教师,他们的人才都是在这样的探索和实践中产生的。

六、创造一种好的校园文化氛围

锡山高中非常强调一种教师发展的生态趋向,这种生态趋向其实就是一种文化氛围。我想,这首先是一个组织结构的整体风格,学校是一个机构,这个机构如同一个人一样,有他自身的整体风格,锡山高中的整体风格就是积极向上的精神和生活化的读书风气。

那么,学校文化体现在哪里呢?学校基础设施和课程制度当然能刚性地呈现出学校文化,但学校文化更多地体现在学校开展的各种活动之中。所以我说学校要有活动,学校有活动了,学校的"空气"就流动了,于是就有了"风",甚至可以这样说,一校之校风、教风、学风,就是这样来的。可是,现在很多学校非常怕搞活动,觉得一搞活动好像就冲击了教学,这是一个可悲的现象。我们必须认识到开展活动的重要性,因为学生的能力基本上都是在活动当中培养的。锡山高中把图书馆搬到了教室里,让学生拥有开放的阅读空间和阅读机会,这个活动在有些学校看来简直是乱来,他们会认为学生读书、读经典虽然是好事,但最终会冲击教学和升学成绩。这样的理解与认识不是很可悲吗?文学大师、曾担任阿根廷国立图书馆馆长的博尔赫斯有一句名言:"如果有天堂,天堂应该是图书馆的模样。"唐江澎校长说:"锡山高中要把天堂搬到离学生最近的地方。"这样的举动本身就体现了一所学校的文化气度。现在,我们看到,倡导读书的锡山高中不仅学生学得好,教师发展也好。此外,还有一个是生活方式,学校文化说到底,最根本就是一种生活方式,比如说让读书成为一种基本生活方式,比如说过一种拥有专业品质的教师生活等等。我跟锡山高中有的老师比较熟悉,有位老师跟我聊天的时候说,在他眼中,课堂教学不只是一种教学行为的展开,而且是一种有品质的专业生活。这是一种多么有见地的专业理解呀!

  我曾经把学校文化分为四个方面:一是校容校貌,是我们看得见摸得着的物理空间;二是我们所做的事(做什么);三是核心价值观及学校的教育哲学(为什么这样做);四就是日常生活方式。当一所学校自然而然地践行核心价值观时,它的文化就成熟了;当这所学校的教师群体的日常生活方式都是一种高品质的专业生活时,学校文化不仅成熟,而且具有了巨大的成全人的力量。锡山高中师生的日常生活因此而闪烁着光彩,这正说明他们用高尚的价值观照亮了整个校园,他们唱响"人"这首国际歌,正意气风发前行在"成全人"的康庄大道上。

  本文系作者在江苏省教育学会特级教师专业委员会年会(2015年4月)上的讲话,年会主题为"江苏锡山高中学校课程体系的整体构建与实践创新"成果展示。本文也是《江苏教育研究》"幸福教育的样子"专栏文章。

做最好的自己

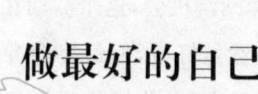

——苏州市景范中学办学纪实

在苏州市中心范庄前那条狭窄的小巷深处,坐落着颇负盛名的苏州市景范中学。景范中学的校园美丽中透现厚重,景范中学的老师儒雅中透现自信,景范中学的学生端庄中透现灿烂。这些年来,景范人承继范公精神,探索现代化路径,行板如歌,在努力地做最好的自己。

一、厚度:千年文脉潺潺流响

在梳理、凝练学校文化时,顾苏云校长"千万次地问":"我(景范)是谁?"笔者曾经多次主张,学校文化建设就是"寻找属于自己的根"。这种"寻找"就是在"认识你自己",弄清楚"我是谁""我从哪里来"的问题。顾苏云校长明乎此理,而她自问而来的自答是:我是景范,景范就是敬仰范仲淹。景范人要把范公的"先忧后乐"的担当精神作为核心价值观,借助深厚的历史文化积淀和园林式校园独具的精致幽静、温文细婉的特质,营造无处不在的文化场,让教育在文化场中自然发生,让景范学子的气质在潜移默化中自然生成。正是基于这种认识,在景范人的教育实践中,千年文脉依然潺潺流响。

1. 校园环境

景范环境首先在"古"。景范本部所在地为北宋名相范仲淹所办义庄、义学旧址。公园1049年,范仲淹捐灵芝坊祖宅(今本部所在地)设义庄周济族人,同时开办义学,教育族人子弟。范仲淹以后,范氏后人以义学为本创办文正书院。千年以来,虽几经周折,但"义学"香火绵延不绝,景范有了一份独特的文化。景范古典味的建筑格局依旧,景范校园中一石一碑、一草一木都在诉说着悠悠往事。其次,景范环境特点在其"雅"。"雅"在让建筑陈述"景范"风格。矗立在学校中心、具有千年古韵的标志性建筑原为"飨殿",是范义庄祭奠先祖布施族人的地方,学校将其辟为范仲淹史迹陈列馆,并以"文正殿"命名,借以昭示学校"先忧后乐"的价值追求。"先忧楼"以及"怀忧""品乐"等命名也都体现了对先贤的怀想和敬仰。"雅"在让景范诠释"景范"的文化渊源。设置在学校大门左右的景范"木本""水源",来自对原义庄建筑"水源木本堂"(古址现为居民区)的纪念。镶嵌在校园西部复式长廊内的"范仲淹生平事迹石刻"和"励志碑廊",以图文并茂的形式,为师生打开了景范所有的历史教科书。"雅"在让对联匾额诉说景范之志。世济楼楼旁"闻道亭"的对联"历练人生知进退,经济时世共喜悲",慧济楼边"风雨亭"悬挂对联"义学精神隆盛世,范公思想育英才",都是直抒胸臆表达"景范"之意。再次,景范环境的特点在"活"。古木参天,浓阴处处;繁花修竹,点缀其间。这些植物与古朴典雅的建筑相映成趣,浑然一体,使整个校园染上了绿意,添就了生机。景范的建筑很古典,但无不都在"活"用着。笔者就曾经在文正殿听一位老师上《岳阳楼记》。景范在回廊里制作励志碑刻,用义庄留下的具有300年历史的金砖制成书法台,旁边放一碗清水,几支毛笔;课余时间,总会有一些孩子在那里挥笔明志。

2. 范学课程

课程是育人的土壤,课程文化是学校文化建设的核心。多年来,景范为了让范公精神落地生根、发扬光大,系统开发了"范学课程"。这项工程从重读范仲淹开始,学校引导老师回到原点,学习研究范仲淹,发现范公精神对社会特别是对教育至今仍然有着重要的价值意义。笔者曾经参加过这样的研讨,经常会被老师们因为对范仲淹有了新的"发现"所表现出来的那种兴奋而感动与激动。景范人通过不断研讨,终于凝练出了学校的育人目标,表述为"培养有担当、勤学问、能达用的景范学子"。这三重意思在范公那里都有所依据,又能呼应时代的要求。制定这样的培养目标,一方面能在国家课程的实施中体现校本化特色,另一方面景范人又能以"范学课程"的开发加以强化。"范学课程"的课程目标规定为:了解学校历史,感受校园文化氛围,领略义庄文化精髓,实施文化浸润教育,追忆先贤范公事迹,了解范公生平,引导学生树立远大的理想和崇高的精神追求;秉承先贤遗风,继承前辈志向。引导学生树立忧患意识，培养"有担当"的景范特质；弘扬"先忧后乐"的精神，成就"既文且正"的素养；引导学生把"先忧后乐"作为砥砺品格、健康成长、造福社会的强大动力。"范学课程"分年级设置，形成三个系列。基础性课程包括《景范物语》《范仲淹事迹读本》等；拓展课程包括《范仲淹诗文读本》《范仲淹碑文读本》等；研究型课程包括《范仲淹与范义庄》《寻访范仲淹足迹之旅》等。课程体现出"必选＋任选"的要求，基础性课程必选，拓展性课程、研究型课程任选。"范学课程"的实施体现以下若干要求：(1)紧扣培养目标，挖掘"范学课程"的内涵，以范仲淹"先忧后乐"的精神引导学生，培养他们"崇道义之理，服礼乐之风，乐名教之地，善公益之事"，树立远大抱负，成就有意义的人生。(2)创设情境，激活情感。体现课程的开放性，采用多种形式，打通与生活实际的联系；体现课程的实践性，在知行统一方面着力，与社会实践活动相沟通；体现课程的感染性，发挥课程潜移默化的育人功能，用感性的方法引导学生在感受、感动中深化感知。

3. 系列活动

顾明远先生认为，活动养成素质。景范中学善于通过活动养成师生坚韧儒雅的性格，散发厚重的历史文化气息。"范学课程"的开发与实施，让师生们通过校本教材的编写、学习、施教，深层次感受"景范文化"，从中汲取精神力量。"景范少年系列活动"引导学生在实践中陶冶情操，锤炼品格。"少年系列活动"包括：少年军校、少年警校、少年邮局、少年文明岗、少年讲解团、少年电视台、少年广播站、少年志愿者、少年礼仪队、红领巾一条街等。匡亚明先生在谈到学风、师风、校风时说："空气流动就是风。"景范中学的少年系列活动，沟通了学校与社会生活的联系，给学生必要的实践磨练，也使"义学"精神在活动中继承光大。其中的少年讲解团请学生担当学校文化的宣传员和传播者，使学生在感同身受先贤遗风的同时，将"景范"精神远播。少年礼仪队不但让学生学习社会交往礼仪，又培养了他们端庄、大方的景范气质，使学校核心价值观在景范学子身上深刻内化。

二、高度：时代精神熠熠生辉

顾苏云校长问自己："我是谁？""我从哪里来？"又接着追问："我到哪里去？"我在翻阅顾校长的文章或发言稿时，"现代化""教育高地"等词语经常跳入我的眼帘。在与顾校长多次讨论交谈中，因为顾校长在思索"到哪里去"，因为我多次主张校长要有"面向未来"的意识,要想着把学校带到一个什么样的新的地方去,所以,我们都有所识相同的愉悦。正是这种思考和实践,景范的办学有了高度,时代精神熠熠生辉。

1. 教育理解

我个人认为,有什么样的教育理解,就有什么样的教育行为。顾苏云校长对教育的理解,深刻而睿智。在她看来,教育需要引领。她有这样诗性的表述:"每一个孩子就是一股清新活泼的水源,有自己的发展走向和定势。无论是潺潺流淌的宁静,还是奔腾不息的汹涌,都能走出自己的轨迹,充分展示自然之美。教育要做的是因势利导,引导这股清泉走出自己的河床,让它拥有自己的流淌姿势,收获浮金的灿烂景致。"于是,景范人构建了"引领式教育"的框架:培育学校文化,让文化引领学生的精神成长;建设学校文化场,让环境引领学生思想成长;培育人师,让学高身正的师者引领学生全面成长;优化德育策略,引领学生自塑品德;改革教学方式,引领学生自主学习;丰富校园生活,引领学生愉悦成长。

2. 古为今用

景范有深厚的文化传统,有厚重的历史感。尤为可贵的是,景范的文化如同"双面绣",文化传统与现代意识相融合,范公精神在新的历史情境中闪耀着光辉。景范人尊重传统,又着重唤醒历史文化的因子。学校的办学理念确定为"继承'先忧后乐'精神,培育'既文且正'学子",将传承范公精神的历史使命与培养时代新人的神圣职责结合起来,以增强全体景范人的责任意识和使命感。学校还选取范公行为特征中流露的秉性"自强不息,追求卓越"作为校风。教风"有教无类,诲人不倦",学风"学而不厌,孜孜不倦",也包蕴了范公一生重教育人的精神和为学的态度。学校的环境,"一草一木总关情",关乎的是历史和时代对学生的期盼深情。学校课改、教学等活动,都为学校的核心价值观所统率,都有范公精神的渗透。

3. 育师兴校

景范在创建现代化学校进程中,把"教师发展引领学生发展,促进学校发展"作为重要策略。2008年9月,学校成立了"景范中学教师发展学校",并设立了中层部门"教师发展中心"负责教师发展工作。近年来,学校通过多种途径促进教师成长,如:培育学校文化,涵养景范气质;开展理论学习,唤醒发展意识;聘请专家引导,加速发展进程;实施不同课程,铸就丰富个性;分层设班培训,形成发展梯队;构筑特色平台,促进学养提升,等等。学校又专门设立中层机构"教学科研处",引领教师从研究角度审视、实施、反思教学,并形成具有校本特色的"质量三宝":集体备课——互动课堂——学法指导。集体备课实现智慧分享,提升课程实施水准;互动课堂突出师生共同体的教学特色;学法指导引导学生从学习到学会,实现内在的自我转换。这样的改革让课堂效率得到明显提高,教师也因"岗位成才"的路径而更快地成长。在这所初中学校,现有苏州市特级校长1人,特级教师2人,市级名师16人;近年来,200多人次被邀请到外地讲学、开课。一支高素质的师资队伍正在炼成。

4. 国际化视野

学校国际化教育的进程早已启动,与英、美、澳、日、新等国的6所学校建立了友好关系,学生参与国际交流活动达100%。在课程体系构建等方面,更是注重汲取欧美先进经验,加强国际理解教育,培养学生国际沟通能力。当"慕课""翻转课堂"这些欧风美雨吹拂、飘洒过来,景范人主动迎将上去,关注它,研究它,实践它。大概景范的领导班子成员,更多的是内敛、稳重的性格,他们在参与新的实验时,又是比较审慎的。景范人更像是一个稳重型的弄潮儿,是在沉着中追求前卫。

三、适切度:主动适应每个孩子健康成长

办学校,其实就是"寻找属于自己的句子"。景范在学校文化建设的进程中,继承厚重的文化传统,呼应时代发展的最新诉求,寻找到自己的句子:"书院式教学"。以教育的适切性,主动适应每个孩子的健康成长。

1. 历史渊源

在一定意义上,景范即书院。景范本部即为范仲淹所办义庄、义学旧址,后又衍变为文正书院。今天的景范,古朴典雅,仍然给人书院式学校的感觉。书院对学生性情养成的重视,书院对话式教学的基本方式,都与景范文化建设的重点有诸多契合。所以,当"书院式教学"提出时,有些学者就评论"很像",认为景范中学似乎就应该如是作为。

2. 先期实验

难能可贵的是,景范人其实几年前就已起步。2009年,景范就在数学、英语两科实施分层走班教学,将学生分成A、B、C三个层次,其中A为最低层次,C为最高层次,根据学生的学习状况,以课改标准的达成为基础,每学期坚持跨层滚动,并建立学科班、行政班"双轨制"的管理体制,通过定层、定点、定时、定人的方式,实行走

班上课。从而在不改变行政班级的前提下,确保其他非分层学科正常、有序的学习,又在一定程度上消除了原行政班的界限,构建了学习的"双共同体"。

3. 目标指向

"年级——班级授课制"的现代教学体制,基本假设是六七周岁同龄入学儿童的水平是相近的,于是按统一要求进行教学。可心理学的测验反复证明,这种假设是错误的,7周岁孩子的智力水平在5~12周岁之间,7年的巨大差距就被"年级——班级"的体制忽略了。书院式教育的精髓之一就是因材施教,就是努力革除"年级——班级"授课制的弊端,其目标指向就是每个孩子的成长需要,最大可能地贴近学生,使每个学生在原有的基础上得到充分发展。

4. 核心内涵

景范中学的书院式教学分为三个系列。第一,底色系列,为书院中学生的成长奠定基础,刷好底色,这就是经典阅读、"范学课程"和阳光体育,正好暗合德智体三方面的要求,惠及全体学子。第二,学科教学系列,实施分层、分类以及个别化教学。分层,指所有理科课程和英语课程,组织形式为动态分层走班制,实行班级授课制;分类,指除英语外的其他文科课程和音体美课程,依据学生学习能力特征和兴趣分类教学,组织形式以动态分层走班教学为主,兼以社团活动;个别化,指针对学科学习特别好的和学有困难的学生,实行导师授课制,强化个别辅导等支持措施。第三,"会讲""讲会"系列,借鉴古代书院的"会讲"与"讲会",围绕教师的专业成长、学生的素质养成,采用讲座、沙龙、辩论会等多种形式,营造百家争鸣的学术氛围,为师生提供成长舞台,扩大师生学术视野。

5. 教学原则

景范中学提出书院式教学的四原则,前两个侧重在"教",后两个侧重在"学"。因材施教的原则,依据学生学习能力和兴趣爱好,将其划分为不同层次、不同类别,使教学目标、教学内容、教学原则更接近学生知识水平、学习能力和兴趣特长;循循善诱原则,充分尊重学生的个人思考和主动发现,以极大的信心、耐心,引导学生有效学习;学而生疑原则,强化学生的问题意识,培养学生提出问题与解决问题能力,提高学习过程中心理活动质量;学用并重原则,注重知识的迁移性功能,培养学生学以致用的习惯和能力。

6. 操作环节

景范中学提出书院式教学"自学生疑——合作研习——师生对话——迁移达

用——评价反馈——巩固辅导"六环节。自学生疑为发现和提出问题环节,合作研习、师生对话、迁移达用为问题解决与创新环节,评价反馈、巩固辅导为测量和反馈提出问题和解决问题效率环节。这六个环节为教师提供参照,并无时间、程序等固化要求,鼓励教师在教学过程中个性化地实践。

"四原则""六环节"更多地指向课堂教学,底色系列和"会讲""讲会"系列则根据这些精神另行制定相关要求。这样的改革举措,使景范学子有了成为更好的自己的可能,也为这所历史悠久又充满活力的学校成为更好的自己打开了无限广阔的天地。

本文系《江苏教育研究》"幸福教育的样子"专栏文章。

回到教育的起点
——有感于"原色教育"

教育的意义何在？这是一个常问常新的问题。不同的时间，不同的人群，会给予不同的答案。但不论是怎样的回答，卸下教育的功利性，我们就会发现，对儿童天性的舒展和滋养才是教育最大的价值，因为只有以此价值为起点，教育对于人的发展及其他社会化的价值才能有所附丽。

张家港市实验幼儿园刘慧园长引领的团队正在实践"原色教育"，给名目繁多的幼儿教育改革领域带来了一股清新之风。

原色，洗净教育的铅华，还原最朴素的育人至理；原色，探寻儿童的本真，追求最质朴的成长之道。这是站在了教育最真实、最真诚的出发点上，因此不会在众声喧哗中迷失自己的路途。

儿童，本来就是最纯净的灵魂，是自然至理最真切的塑造，在其天性之中，已经蕴含了自然而又充满活力的发展指引。"原色教育"就是要追寻儿童天然之中的发展轨迹，或因势利导，构造物化的环境，行不言之教；或体察童心，设置生活的课程，设自然之园。在"原色教育"中，儿童从身体到心灵都是自由的，他们是纯粹的游戏者，他们又是天才的学习者。这是一种教育的意境，就如印度诗圣泰戈尔写的《纸船》中所说的那样：

我每天把纸船一个个放在急流的溪中。

我用大黑字把我的名字和我住的村名写在纸船上。

我希望住在异地的人会得到这纸船，

　　知道我是谁。

　　我把园中长的秀丽花栽在我的小船上，

　　希望这些黎明开的花能在夜里被平平安安地带到岸上。

　　我把我的纸船放到水里，仰望天空，

　　看见小朵的云正张着满鼓着风的白帆。

　　我不知道天上有我的什么游伴把这些船放下来同我的船比赛！

　　夜来了，我的脸埋在手臂里，

　　梦见我的纸船在子夜的星光下缓缓地浮泛前去。

　　睡仙坐在船里，带着满载着梦的篮子。

　　在诗句中，孩子在自由之境里自在地放飞他们的幻想，天空大地都仅仅是儿童世界的一个角落，唯有无边的想象才是孩子们永恒的宇宙。因此，"自由"就成为"原色教育"的要素之一。如何解放儿童的手脚，如何解放他们的头脑？在由成人世界把握的教育思维中，需要有"儿童立场"的突破。

　　如果与坚持"原色教育"的刘慧以及她的团队一起晤谈，哪怕仅仅借助文本进行对话，我们也会有着许许多多"泰戈尔式"的诗意发现。

　　"自由""同伴""想象力"，这是"原色教育"最为珍视的教育元素，也是教育诗意的源泉。为此，我们看到了安全的环境搭建，因为有了安全，自由才能得到保障；看到了"空白课程"的设置，给孩子们一段无目的地观察、思考、嬉戏的时间，这是最自然的自由；看到了"同伴交往"的指导，因为在孩子的世界里，所有的人都应该是手拉着手在跳舞的；看到了"想象魔法"课程，教给孩子们想象的魔法，感受想象的魔力。在这样的课程教育中，孩子们带着愉悦的情绪在生活和游戏，同时也在成长和发展着。

　　遗憾的是，在现实的生活里，"原色"的孩子越来越少，儿童的身上被涂满了各种各样家长、老师所期望的颜色，这些功利的色彩渐渐地异化了孩子的童年生活。孩子们不会思考了，因为有老师和父母在思考；孩子们没有想象了，因为早早有人告知他们月亮上只有灰色的环形山；孩子们也缺少游戏的伙伴，因为大家都在各类特长补习班里穿梭。同时，我们的教育也失去了"原色"，教师是"工程师"，学校是"工厂"，教育是"流水线"，孩子们就是整齐划一的"产品"。田园牧歌已经远去，教育已经不再有诗意的栖息,在这样的背景下,"原色教育"的提出和倡导,更具有唤醒的意义。

"孩子是由一百组成的,他们有一百双手,一百个念头,一百种思考方式、游戏方式及说话方式,还有一百种聆听的方式,惊讶和爱慕的方式……"这就是"原色教育"最朴素最真实的儿童观。

每个孩子来到这个世界,他的使命不是为了成为工人、农民或者是一个什么家之类的角色,而是来经历人生的旅途,获得生命的体验,这才是人之所以为人的终极意义吧!俄国象征派诗人巴尔蒙特如此来描述他所认定的人生价值:

> 我来到这个世界,为了看见太阳,
> 和苍茫无际的蓝天。
> 我来到这个世界,为了看见太阳,
> 和巍巍群山的峰巅。
> ……

生命因何而在?这是哲学的终极追问,也是教育的最根底的支点。其实生命之来,非为别的,只为这大千世界中各种不同的人生体验和追寻。"原色教育"为孩子们所奉献的就是人生起步之时种种美好的经历和体验,使他们对这个世界的认识有了真与善的指引。"向着太阳走"这是"原色教育"最嘹亮的吟唱,也是教育探索者最具体的形象。

"要播撒阳光到别人心中,总得自己心中有阳光。"刘慧园长一语道出了"原色教育"实践的精髓所在。在她看来,幼儿教师(其实包括所有的教师)应该成为浪漫的诗人,他们的教育应该洋溢诗意。这使我想起俄罗斯批评家别林斯基对普希金的评价,别林斯基认为普希金的抒情诗充满诗意的奥秘,在于他的诗篇里洋溢着他对生活的激情,于是俄罗斯的青年在这里感受到生活的阳光。我们非常欣喜地看到张家港市实验幼儿园因为"原色教育"的倡导,也成为了一片阳光地带,刘慧和她的同事们拥有爱的情怀,充满生活激情,把细腻的爱和吹口哨的心情带给孩子,在孩子的心灵里播撒阳光。如此"原色教育",不能不令人充满敬重!

当然,"原色教育"并非停留于儿童的伊甸园,沉醉于玫瑰色的梦想。教育的航程总是向着人生的远方。纯净童年的原色就是为了让孩子在人生的现在与未来有

更精彩的描画。英国"桂冠诗人"梅斯菲尔德是这样吟唱的:

> 我一定得再到海上去,去往那孤独的大海、寂寞的天;
> 而我想要的只是一艘高高的船、一颗星星引着它向前,
> 还有舵轮的反冲,海风的歌唱,白帆的振摇。
> 还有海面上灰蒙蒙的雾和灰蒙蒙的破晓。
> 我一定得再到海上去,因为那奔潮的呼唤,
> 那么狂野,那么清晰,我无法躲闪;
> 而我想要的只是一个刮风的日子,有飞驰的白云,
> 还有浪花的拍击,泡沫的爆裂,海鸥的长吟。
> 我一定得再到海上去,去学那吉卜赛人的流浪,
> 去往那海鸥的路上,那海鲸的路上,那狂风锋利如刀的地方,
> 而我想要的只是漂泊中同伴们的海外奇谈和笑声,
> 还有在长长的值班后睡一个静静的觉,做一个甜甜的梦。

孩子不会总在"纸船时代",人生的航船总是要出海,总是要面对孤独的海天,经受风浪的洗礼。同时教育还有调试原色、创新原色、发展原色的使命,这种使命感促使着实验幼儿园的老师们力求在引导孩子社会化的过程中探索一条新路,遵循孩子身心成长的规律,创造适合儿童更好发展的教育。这样培养出的孩子长大了才能出海,才能经得起风浪的摔打,教育也才能真正尽到其职责。我们在"原色教育"中看到,他们"回归本真,放飞梦想,发展幼儿的心灵原色;传递文明,开启心智,成就孩子的快乐童年"。这种教育是基于"教育即解放"的激情思考。正如联合国教科文组织在《教育——财富蕴藏其中》提倡的:"教育的内在作用,似乎比任何时候都更在于保证人人享有他们为发挥自己的才能和尽可能牢牢掌握自己的命运而需要的思想、判断、感情和想象的自由。"

在"原色教育"中,我们似乎看到了真正教育的轮廓。

本文中提到的刘慧同志数年前已调任张家港市实验小学校长。本文系作者为刘慧主编的《向着太阳走》(南京师范大学出版社 2008 年版)一书所写的序言。

"德润文光"唱新篇

无论从车水马龙的干将路直入,还是沿着小桥流水的平江路拐进,只要踏入平江实验学校的大门,人们都会精神为之一振,十八棵百年银杏掩映下,五百岁的大成殿依旧巍然,三块印刻历史足迹的石碑庄重大气,古殿横匾上"德润文光"四字见证着学校的文化渊源,昭示着平江人的办学追求。平江实验学校正是以"德润文光"为校训,唱响学校文化建设的新乐章。

一、全方位德育

平江实验学校秉持"德润文光"古训,以涵化的方式,汲取时代精神,给"德润文光"注入新的内涵,又以儒化的方式,构建立德树人的"德育场"。

1. 优化直接的道德教育

思想品德课程是学校直接的道德教育的主渠道,但"直接"未必有效。长期以来,德育以说教面孔出现,以灌输为主要形式,所谓"道德教育不道德"现象比比皆是。潘娜校长是品德学科的特级教师,近些年以来,她致力于品德课程教学的改革,关注主流价值观引导与学生参与体验、独立思考认同三者的融合,努力让学生在具体情境中,通过体验、反思,提高自己的德性修养。

2. 建设校本德育课程

学校利用校本德育资源,开发校本课程,拓宽了直接道德教育的空间。学校编写的校本教材,以家庭的亲情、班级的互助、社会的关爱为主线,以学校特有的德育主题实践活动为抓手,培养学生爱祖国、爱学习、爱劳动的朴素情感,引导学生恪守文明底线,弘扬传统美德,培养良好的行为习惯。德育校本课程的相关活动,又引导学生在认知启德的基础上,体验立德。

3. 加强德育渗透

"没有无教育的教学",平江实验学校提出"科科有德育,课课有德育,时时有德育,处处有德育"。在各学科教学中,老师们把德育的重点放在挖掘教材的德育因素和教学方法的选择方面,发现德育点,认真分析研究,找出内在联系,采用恰当的教学方法,真正把"传道"寓于"授业""解惑"之中。学校基于校本特点,又推出仪式育德:通过入学礼、成长礼、毕业礼,从不同角度实现礼仪对人的精神层面、行为表现的规范,彰显以关注人的生命成长为内涵的学校文化特征。在环境改造过程中,学校努力让"每一面墙壁都在说话",融入学校文化的元素,创造"润物细无声"的育人氛围。

4. 创新德育机制

平江实验学校坚持推行"德育导师制",其理念是全员、全科、全程。学校制订德育导师职责,开展"三个一"系列活动,即教育一名问题学生、设计一份教育方案、写好一个教育案例,有效促进导师制的发展。学校提出"携手弘德"的主张,构建学校、家庭、社会"三位一体"合力育人机制,建立家长委员会,成立家长学校,开发网站、博客、微信等公共平台,加强交流沟通,推进德育体系的形成。

二、对话型教学

理想的课堂什么样子?教学本质是什么?可以想见潘娜校长许多次关于这些问题的"静夜思"。当"对话"这个词穿透思维之网蹦出来时,潘娜用"怦然一动"形容自己的心情。课改以后,这个词并不新鲜,但是潘校长,她有对课堂教学持久的关注,有躬身教学的实践体悟,接受它,认可它,赞赏它,践行它,进而在学校推而广之,于是,"对话教学"成了平江实验学校课堂教学的靓丽名片。

基于对"对话教学"的深刻理解,潘娜对"对话"是下过理论功夫的,且看她对"对话教学"的诠释:"对话教学是教学主体在人格平等、心理安全的教育环境下,通过互动交流,进行知识、信息、情感、技能和经验的交换,达到自我发展的教育形式。"我在参与平江实验学校文化建设的过程中,曾与潘校长的团队有过多次对话。我也曾参加过她的学校开放活动的对话。我曾在平江对话现场生成对话"三新"的想法,呼应平江对话的实践和认识:新的关系,因为在"人格平等、心理安全"情境中,汩汩流响的"意义之溪"(戴维·伯姆语)的参与和分享,"我与你"的主体间关系形成了,因为对话,情感上的联系也更亲切了;新的共识,潘娜向往的课堂,"师生交流常常富有情趣和美感,时时激发出新意和遐想"(滕守尧语),这正是对话的魅力;新的自我,恰如潘娜言,对话也是"自我发展",因为自我也只有在自我意识和他人意识的接壤处,在二者的对话中才能存在(巴赫金观点)。

1. 探索学科教学对话的特质

平江实验学校的老师们基于对"对话"理论较为准确的理解,以课堂为阵地,以课例研究为抓手,以课堂观察为支撑,努力建构"对话教学"的课堂模式,难能可贵的是,他们切入到各个学科,努力抵达学科本质,力求通过对话,使学科特征得到彰显。他们提出:语文学科对话体验,情智共生;数学学科对话思维,自主构建;英语学科对话情境,生动表达;品德学科对话生活,健全人格;音乐学科对话旋律,体验共鸣;美术学科对话色彩,美化心灵;科学学科对话探究,有效实践;体育学科对话运动,强身健体;信息学科对话IT,智慧探索;劳技学科对话项目,创意制作;综合实践活动对话实践,开放生成。有些提法,也许还需推敲,但其努力的方向感,是值得赞赏的。

2. 建构"对话教学"的基本策略

以潘娜校长的品德课教学为例,她认为品德学科教学中的"对话教学"就是找准学生的认知冲突,用情感、知识、信息等课堂内的能量流,形成一个道德规范的共同体,从而使每个学生通过对话形成新的认知结构,达到"自觉"的教育目的。她提炼的品德学科对话策略有:感知策略,让学生通过视觉、听觉、触觉感受事物,产生新的经验,改变原有的认知结构;交流策略,指人际之间、人与环境之间的对话,形成情感和信息的整合,产生双向互动的交流;辩论策略,在正论和反论的辨析之间,形成正确的道德情感和价值选择;反思策略,也称反省策略,指通过对话,突破原有思维习惯和定势,形成新的认知结构;模拟实践策略,在设计的特定学习场景中,进行角色模拟。推及其他学科,也大致提炼出体现学科特质的教学基本策略,使对话能够真正在全学科的课堂里落地生根。

三、立体式课程

1. 构建课程体系

课程教学是学校的中心工作,也是学校文化和学校特色重要的表征。平江实验学校按照"基础型——拓展型——提升型"的思路,打通课堂教学与活动、校内与校外的联系,立体构建学校课程体系,仅以"小荷艺术院"课程建构为例:

课程形态	基础型	拓展型	提升型
教学组织形态	班级授课	兴趣小组·社团	社团
学习方式	体验	参与体验	体验↔表现
课程资源	课程材料	课程方案	校本教材
师资力量	艺术教师——→校外艺术家		
展示平台	校园艺术节·大成"三礼"活动·专场汇报演出		
评价体系	小学生素质教育报告书	"成长足迹"家校联系册	艺术教育报告书

指向"人人参与、个性发展"的艺术课程,每一个设计板块都有丰富的内容,以"提升型"课程为例,学校在"小荷艺术院"的架构中,成立了以社团为基础的艺术团,仅从音乐板块看,必修的有乐理知识、视唱练耳、少儿声乐等,社团设有合唱、舞蹈、昆曲、评弹、器乐等。提升型与基础型、拓展型组成的立体架构,使学生的艺术素养得到普遍提高,艺术个性得到充分发展。多年来,从艺术团里走出了一批耀眼的"未来之星":有获得中国少儿模特全国总冠军称号的陈文淇同学;有获得第十八届中国少儿戏曲小梅花奖金奖的李静阳同学;有获得第五届全国青少年艺术节总评选银奖及全国"优秀艺术人才"奖章和第七届德艺双馨江苏选区舞蹈类金奖的刘远霆同学;有获得2013年江苏省少儿文明礼仪之星优秀表现奖的曹祎纯同学……2015年6月,小荷实验合唱团在第二届江苏省"紫金"合唱比赛中获得金奖,在苏州市"童心向党·歌声飞扬"歌咏比赛中获得特等奖。艺术团的孩子们在艺术课程的学习中新苗竞挺,已在苏州崭露头角。

2. 尝试综合化建模

在课程建设过程中,平江人围绕"培养什么样的人"这个根本任务,从素质、素养着眼,颇有创意地尝试校本课程综合化建模。比如,道德实践建模——培育核心价值观,按照引导学生拥有品质、规范生活的理念,构建"成长步伐、我学我做、我知我行、我能我看、成长记录"五个板块,引领学生在生活体验中领悟做人的道理;动手、动脑、动体的主体参与建模——提高综合能力,将社会资源和校内资源有机结合,开发"美术技能·民间工艺"等课程,鼓励学生积极参与,培养学生动手能力,学生们也因主体参与而更加聪慧、机敏;美感(情感)体验建模——培养高尚志趣,开发"双轨制艺术课程",其中包括注重文化内化的古诗文诵读,注重形体修养的芭蕾舞蹈,注重表演能力的音乐小品等等。这些综合化建模的课程,更接生活地气,更扬个性之长,有效促进了学生素质的提高。

四、专业化成长

一提到学校的老师们,潘娜校长马上就眉飞色舞,姑苏区14个名师工作室,他们学校2个,当问及缘由时,她一点也不谦虚:"我们学校遍地是名师!"

1. 理性自觉

平江人充分认识到教师大脑的力量——思考的力量、学习的力量、创新的力量(安迪·哈格里夫斯观点),得到充分的激活和开发,对于学校的发展具有十分重大的意义,于是致力于教师研究型学习团队的文化建设:以社会建构主义学习论为理论支撑,建立交流合作、平等互利的文化价值观,形成一种耗散性的组织机制,使组织保持活力;重新进行团队的角色分配,从学术水平维度、技能维度、年龄维度综合考虑,让专业"领袖"担当重任,或培养潜在的专业"领袖";建构团队建设新机制,按照"自我申报、组织备案、项目管理、定期交流、成果共享"的流程运行,团队活动按照"理论引导、行动跟进、推出成果、反思提炼"的模式,整体优化活动质量。

2. 专业含量

比如校本培训和校本教研,主要是三种方式:反思式教学,倡导"读之后善思,思之后乐行,行之后善察",采用"自修——反思"方式,要求以教育教学活动为主要研究对象,进行回顾、修正、反思、研究、重构,提高自我觉察水平;同行式培训,将教研组和校内学科分管领导结合起来,以"推磨"的方式给每个教师提供机会,引导教师在相互学习、相互借鉴、相互启发、相互促进中更好地发展;对话式研修,依据市名师共同体、区名师工作室、校名师协作组,精心选择对话主题,努力通过对话生成新的关系、新的共识、新的自我。

3. 积极生态

学校提倡"养气式阅读",开展"回归经典,安身立命"阅读活动,引导教师注重精神世界的丰沛,追求内心世界的完整,养成读书的良好习惯,这也就为教师的专业发展创造了良好的氛围,奠定了精神的基础。校长在教师专业成长的过程中,扮演援助者角色,提供学习心理层面的援助,让每个教师感受到发展环境透明公正,专业竞争有序和谐;提供物观层面的援助,给教师学习必要的时间,以较为完善的网络条件给予支撑;提供信息层面的援助,创办信息索引刊物,把经典流派、学术方向、关注热点等提供给老师;请进来,走出去,扩大老师们的视野,这些援助措施给教师的发展提供了有力的保障。

五、浸润性环境

1. 平江实验学校是师生们的精神家园

学校坐落于历史悠久的平江路畔,粉墙黛瓦与老街建筑浑然一体,大成古殿庄重巍峨,三块石碑古朴厚重,"德润文光"匾额意蕴丰厚。学校还将在大成殿建设"大成"校史馆,在大成殿前重塑泮池、泮桥,复活历史记忆。学校还创建了平江书院、"文墨流香"碑刻廊、棋园。校园内垂拱如盖的银杏,青翠挺拔的香樟,成为平江人的精神意象。"德润文光"的昭示,"银杏精神""香樟品质"的意蕴,都使学校成为师生永远的精神家园。

2. 平江实验学校是一座美丽的花园

在古木参天、绿草如茵的环境基础上,学校启动四大主题园的建设,即"声韵园""情景园""并蒂园""茂盛园",集四园首字为"声情并茂";又在银杏、香樟之外种植荷花、翠竹,提炼"银杏精神""香樟品质""荷花品性""青竹气节",在自然景观中投射人文元素,让师生的活动在诗画般的生态中展开。恰如哈里森论及花园时所说,"让现实升华,替它披上幻想的霓裳,从而让我们的现实经验重归灵性"。在这样的花园里,"一草一木总关情",孩子们个体发展的灵性又在诗情画意般的景色中得到更好的孕育和生长。

3. 平江实验学校更是成长的乐园

这里的自然、人文景观都是活的。庄重的"三礼"在大成殿前举行,经典的阅读与身心的沐浴相伴而行。学校确定的校风为"正道立达",教风为"立人达人",学风为"己立己达"。"空气流动就是风"(匡亚明语),丰富多彩的师生活动,使"德润文光"的精神弘扬激荡,蔚然成风。学校整体上呈现"学校——园林——文物——建筑"融为一体的格局,建筑色调为黑、灰、白,典型的姑苏风格,一方水土一方人,学校提炼出发展目标:要建设厚重大气、灵动雅致的苏式学校,培养修德怀爱、博学笃行的苏式教师,培育崇德尚美、乐学善思的苏式学子。1999年,学校在苏州首创"银杏娃"卡通形象,2012年推出"银银""杏杏"第二代"银杏娃"形象,以德、智、体、美、劳五个方面,分成崇德娃、善智娃、健体娃、尚美娃、乐学娃。在平江实验学校这样的物理空间,建筑人文化,自然人文化,人文、建筑自然化,"银杏娃"徜徉其间,快乐地生活、学习、玩耍,恰如卡通形象谐音"迎迎""兴兴",学校自然也就成了孩子们幸福成长的乐园。

本文系《江苏教育研究》"幸福教育的样子"专栏文章。

美丽的项链是怎样串成的
——以苏州市太湖国家旅游度假区中心小学课程方案研制为例

度假区中心小学背倚香山，面临太湖，风光秀丽；年轻的夏静校长，温婉恬静，阳光向上。我数度造访她们美丽的校园，听夏静校长遍数家珍，在由衷赞赏的同时，总感到学校的文化，犹如太湖出水的粒粒珍珠，初现光华，但还缺少整体的美。恰逢吴中区教育局启动专家助推课改项目，由长桥中心小学、度假区中心小学牵头几所学校创建共同体，研制学校课程方案，推进课改深入进行，并邀请华东师大崔允漷教授和我参与其中。于是，就有机会目睹并参与度假区中心小学是怎样把散落的珍珠串成美丽项链的。

一、"认识你自己"

课程与教学是学校文化的核心领域，研制课程在一定意义上就是做学校文化。在崔允漷教授的提议下，学校先从"认识自己"开始，明确课程文化生长的内在可能性。工作从两个方面展开，一方面是做学校发展 SWOT 分析，崔教授给大家提供这样的分析框架：

	优势（S）	劣势（W）	机会（O）	威胁（T）
地理环境				
学校硬件				

续 表

	优势(S)	劣势(W)	机会(O)	威胁(T)
学生状况				
课程资源				

这样的分析使大家明了"自然条件":我们从哪里出发?比如在分析课程资源后发现,声名远播的"香山帮匠人"就在学校周围。两千五百多年来,从匠心独具的苏州古典园林,到气势恢弘的北京皇家宫殿,"香山帮匠人"的精湛技艺代代相传,形成以木匠领衔,集泥水匠、漆匠、堆灰匠、雕塑匠、叠山匠等古典建筑工种于一体的建筑工匠群体,他们的手工技艺被列入"人类非物质文化遗产代表作名录"。度假区中心小学学生家长不少就是"香山帮匠人"文化的传承人,这方面地方课程资源的丰富程度可想而知。

学校的文化建设不应当是零起步,那些散落的珍珠"粒粒皆辛苦",是付出心血和智慧才炼成的,应当成为学校文化体系的有机构成。于是学校在另一方面认真总结这些年的文化探索,特别是课程教学改革方面的经验。通过梳理总结,大家发现自己的好东西真不少哩!

——学校提出"至善"的教育主张,也在德育方面做过不少工作。比如热情接纳解散了的民工子弟学校的学生,对所有民工子弟学生进行家访;年级组老师组织"领养"学困生活动,每位老师负责帮扶1~2名学生。因为学校地处香山社区,因为我曾经建议学校更名为"香山小学",因为学校提出"至善"主张,我第一次到学校访问,就给予"善在香山"的评价。

——学校科技教育成绩突出。"猎狐"测向、定向、电子制作、建筑模型、科技幻想画等都有相应的社团。去年参加省教育厅、科协主办的省第21届青少年科技模型竞赛中,夺取电子百拼项目小学低年级组团体总分第一,并有4名同学获一等奖,8名同学获二等奖,辅导教师也被评为省优秀科技辅导员。无线电子测向、定向和电子制作这些项目,在国家、省级比赛中经常是争金夺银的。

——学校艺术教育五彩缤纷。度假区小学在香山工艺文化引领下,逐步形成核雕、书画、乐器、歌舞四大课程板块,相应组建了学生社团,尽可能让所有孩子都有艺术学习选择的空间,都能受到艺术的熏陶。舞蹈社团创作的《茉莉花》在苏州市校园舞蹈大赛中夺得金奖;核雕工作室受邀参加苏州市吴文化展示活动;启动

"书法名家校园"活动,书法整体达到较好水准,竞赛获奖如同家常便饭。

如古希腊箴言所示,"认识你自己",度假区中心小学通过对自己的认识和发现,为研制新的课程方案,推进课程改革奠定了基础。

二、凝练"一致性"

《礼记》云,"五色为文",但五彩缤纷的文化又应当有内在的有机性,应当形成整体,这就需要凝练文化的"一致性"。福柯说:"一致性"是"一个文化得以存在的条件和组织原则"([澳]J.丹纳赫、T.斯奇拉托、J.韦伯:《理解福柯》,刘瑾译,百花文艺出版社,2002年版)。正是"一致性",可以使学校文化的多个方面、多个层次形成有机整体,课程文化亦然。

什么是学校课程体系的"一致性"?崔允漷教授反复强调,学校课程建设首先要回答培养什么样的人的问题,这是学校的价值观追求,是学校教育哲学之所在,学校的课程设置无不在回答怎样培养人,让价值观落地生根。学校怎样提出校本化的培养目标呢?我在多个场合说过,大致可从理想的追求、现实的批判、文化的传承、性格的使然四个方面加以凝练。关于理想的追求,以度假区中心小学说,夏静校长和她的团队是怀揣理想的,这所建校时间不长的学校,是没有多少资本和光环的,但她们努力往尽善尽美方向去做,希望用自己的聪慧和心血培育时代新人。关于现实的批判,学校的育人目标或学校价值观的凝练,总是基于一定的现实批判性,随大流,人云亦云,那只能是平庸的教育。有所作为总是基于对现实的批判,是对现实的超越。关于文化的传承,学校的文化或课程都应当以文化传承和课程现实为基础,体现出内在性特点。度假区中心小学的文化传承一方面基于民族传统文化的源流,以"至善"为追求;另一方面依托"香山帮匠人"的文化资源,巧于动手和审美性、创造性,这些核心元素应当有所体现。关于性格的使然,"文"如其人,文化当是师生群体风格的表征,而校长作为一校之长,作用尤其重要,其胸襟、学识、追求以及秉赋性格,都会赋予学校文化特有的色彩。夏静校长"向着明亮那方",向上、向前的人生姿态,自然会深刻影响学校文化建设。

正是这四个方面显性或隐性在起作用,集思广益之后,大家紧扣"至善"提出度假区小学的培养目标:做至善的阳光少年。具体诠释为五个"于":勇于担当、勤于思考、巧于动手、善于审美、乐于运动。这样的表述,第一,涵盖了国家对培养目标的要求,并以"至善"突出"德育为先";第二,体现了校本特色,其"动手""审美"与"香山帮匠人"的文化积淀,与学校已有的优势项目相呼应;第三,包含将"至善"解释为"达到特别好"的意蕴,使五个"于"既有方法、能力之好,又有结果之好的意思;第四,嵌进"阳光少年",体现小学生的年龄特点,为概念化的表达添就活力和生气。

三、整体之美

发现了散落的珍珠,凝练出主脑般的线头,自然就可以串珠成链了。课程规划方案至第七稿,度假区中心小学形成了如下的课程结构。

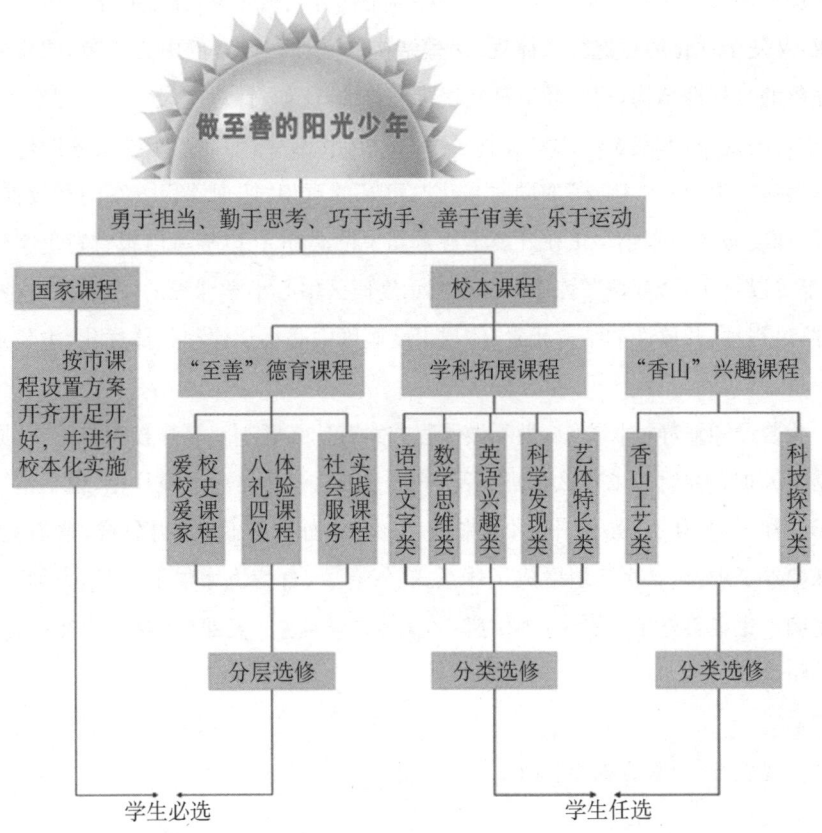

在交流讨论时,不少同志认为,这个方案体现了度假区中心小学课程的系统性,已经初步显现光华的绚烂。第一,思想的意蕴。培养目标使学校教育哲学具象化,课程体系中所有的结构板块都指向培养目标的落实,在诠释怎样培养人,因篇幅限制，对国家课程实施细则未曾详细阐说，但从校本课程多样化的内容大致可以感知。学校教育哲学因此形成了课程表达，课程体系到处闪现着思想的光泽。第二，技术的规范。课程方案的研制也是一件技术活，应当遵循一定的开发规范。以校本课程说，可扣住"分类分层""必选任选"这些关键词考虑。度假区中心小学的校本课程分为"至善"德育课程、学科拓展课程、"香山"兴趣课程三类，每一类又有按学段按年级分层的要求，这样一下子就把校本课程"表达"清楚。方案又提出"必选"和"任选"的不同要求，体现了校本课程的基础性和选择性特点。第三，校本的特色。在国家课程实施方面，强化学习过程的"做"，突出体验性；校本课程中的"香山"课程，植根于"一方水土"，等等，都体现了学校鲜明的特色。第四，结构的力量。国家课程和校本课程相互支撑，校本课程各个部分相辅相成，体现对全体的"全人"要求，又使个性化通过选择性体现；课程结构只是课程方案的中心环节，课程方案有完整的过程性结构，每个环节都是逐步完善的，比如，针对一般学校课程实施"评价"虚弱的现象，方案至第六稿加强了"评价机制"部分，如此步步扎实才能保证课程方案落地生根；在"串珠"的同时强化"育珠"的意识，体现课程方案的开放性、生成性，如度假区中心小学正在开展学科素养大讨论，正在以核雕申报省特色文化项目，都可以看作是"育珠""炼珠"，都在昭示度假区中心小学课程的发展性。这些完整性、过程性、开放性的结构元素，体现出度假区中心小学课程整体优化、生长发展的力量。

我曾经和夏静校长交流，做不做课程方案有什么区别？夏静校长告诉我，原来也是整天忙，为啥忙，忙什么，"理还乱"……做成了，也常常是碎片化，说不清。现在不一样了，为什么做，做什么，谁来做，怎么做，如何评价，做得怎样，清清爽爽。珍珠串成了项链，各个板块融成了体系，底气有了，自信也增加了，凝聚力加强了，似乎明天也更美好了。看来，香山脚下，太湖之滨，这所美丽的学校，现在正是"风正一帆悬"啦！

本文发表于《教育视界》2015年第5期。

学会分享
——常州市实验小学教育集团的发展之道

由于工作关系,这几年与杨文娟校长有许多次交流,也曾数度徜徉在常州实验小学枝繁叶茂的古银杏树下,时常感受到杨校长执掌的常州实小正在发生着可喜的变化,甚至给人如行山阴道上,目不暇接、美不胜收的感觉。究其缘由,我以为至关重要的是常州实小人高擎学校建设的文化旗帜——学会分享。

一、以"学会分享"为核心价值观

学校的内在要素非常丰富,靠什么凝聚、统领呢?就是靠核心价值观。这种核心价值观与学校平常的文化样态,是丰富性与一致性的统一,是"多"与"一"的统一。福柯说:"一致性"是"一个文化得以存在的条件和组织原则"。核心价值观可以使学校文化在性质上保持一致性,将学校多种文化现象整合成一个不可分割的整体,从而实现"多"与"一"的内在统一。新世纪以来,常州实小在反复研讨的基础上提炼出"学会分享"的核心理念,并进行了有效的实践探索。在常州实验小学教育集团构建后,又把"分享文化"传播到各个校区,形成了共同的教育哲学,使来自不同校区的师生都有了共同的文化灵魂,有了行为的倾向性和稳定性。

杨文娟校长为什么提出"学会分享"的核心价值观呢?我理解,学校教育哲学或者核心价值观的提出,大致有四个维度:理想的追寻、现实的反思、文化的传承、性格的使然。其本质是努力站在时代的前沿,校本化地思考:培养什么样的人?怎样培养人？我注意到杨校长在理解分享时，多次引用过两段话。一是戴维·伯姆在《论对话》中说的："人类都存在一种思维方式——共享性思维。对话在意义交流中既'参与其中'又'分享彼此'。"一是麦肯锡员工培训手册《分享》中说的："分享是一种享有活力的互动，根据阴阳互动的原则，帮助他人发展实际上就是帮助自己提高。"由此可见，杨校长的团队意在培养有分享意识、分享素养的新人，努力通过"学会分享"培养这样的人。有调查表明，在美国，欧美背景的家庭主动引导孩子积极参与社会交流的占69％，东方背景家庭对此有所重视的只占8％。有个同事孩子在新加坡读中学，新加坡的老师在与他们交流时对中国学生的评价是：聪明、勤奋、自私。常州实小提出"学会分享"是多么切中时弊啊！当然，"学会分享"不仅指向学生发展，同时也指向教师发展和学校发展。

怎样体现、表达学校的核心价值观？众多名校长"八仙过海，各显神通"。常州实小有自己的行动口号：我们分享，我们快乐，我们成长，我们超越！有自己的课程理念：给每个学生一段难忘的分享经历。有分享团队的评比标准：增强分享意识，提高分享能力，形成分享品质，倡导分享精神，营造分享文化。但最为精彩的是教育哲学的诗意表达："人人都是吸纳的树，个个成为分享的源。"我将之誉为常州实小学校建设的"自己的句子"。分享文化最主要的价值就在"人人""个个"，就是相信每个师生在分享方面都有、都能、都会。集团化以后，"人人""个个"文化又扩大了，充实了。理解分享文化，也应在整个集团里思索"吸纳"与"分享"、"树"与"源"、"人人"与"个个"、"都是"和"成为"了。

二、将分享文化落实到学校的角角落落

文化不是悬在半空中的东西，而是要落到地上，变成扎根的、鲜活的、内在生长的东西。在一个组织内部，制度是文化的直接表达；在一所学校里，课程与教学是学校文化软实力的重要组成部分和重要标志；（彭钢：《课程与教学：一种重要的学校文化软实力——全面建设学校课程能力的有关思考》，载《江苏教育研究》，2008年第2期）恰如空气流动，师生的言行举止能使学校文化鲜活起来，弥散开来。杨文娟校长对此深谙其道，她明白核心价值观阐明的是"为什么做"，学校的文化建设还要实现"怎样做"。于是，我们欣喜地看到，"课程的分享"是在通过"不一样的我""经历·分享"课程体系建构来实现；"课堂生活的分享"是通过民主、平等、开放的

教学情境来完成;"教师共同体的分享"是以"分享智慧工作室""分享论坛""分享团队""学习俱乐部""品牌教研组"为载体充分体现;"学生共同体的分享"则是通过"学生俱乐部""特色社团"等载体来培养……特别值得一提的是:常州市实验小学基于分享理念,提出了"给孩子们100种分享经历"的命题,并以"经历·分享"课程的方式让学生在"健康之旅""责任之旅""礼仪之旅""阅读之旅""特长之旅"中充分享受快乐童年。在"银杏娃分享之旅"手册的引导下,以校本的多元评价方式,实现了学生评价的微变——取消"三好学生"评比,增加基于学校"培养会分享的实小人"的目标而设置的"健康银杏娃""责任银杏娃""礼仪银杏娃""阅读银杏娃""特长银杏娃"的评选,让更多的孩子有了"我能行"的成功体验和感受。

集团化以后,学校组织老师学习讨论,使分享文化得以广泛认同,然后致力于将阐明的"为什么做"核心价值观落实到"怎样做"。在队伍建设中,实小每年派出强大的班子引领发展,副校长任新校区执行校长或总校长坐镇新校区。实小派出市学科带头人、教研组长等骨干到新校区担任专业引领者、激活者,一些老教师到新校区后工作热情重新焕发,个人价值得到新的肯定。实小接纳其他校区老师顶岗培训,让来过的老师带走经验,带走实践智慧。在愿景目标方面,明确实小集团就是要培养会分享的实小人,要把学校建设成为书香校园、分享乐园、精神家园,并组织师生向往未来,朝着这样的目标及方向构建着,研讨着,实践着,提升着。在课程实施方面,整体研制课程规划,统一教学质量监控,兼顾不同校区实际,明确教学要求,同时借助网络平台加强各校区教研组交流沟通,教学资源共建共享。在学生活动方面,教育集团精心策划"给每个学生一段难忘的分享经历",在师生中举办"我的分享故事"征文比赛,开展"讲述我的分享故事"活动。在节庆活动中,突出分享理念,传播分享文化。

三、让主体力量在分享文化中生长

教学过程中教师和学生都是具有主体性的人,教育的本质就是主体性的生长,学校文化的积极意义是在于促进而不是限制这种生长。分享文化怎样才能使师生主体性生长呢?杨文娟校长从分享的本源上提炼出"对话"这样的关键词,正是"对话"才会有不同主体的参与,才会有不同主体的分享,他们与专家对话,推进分享文化的内涵阐发;与家长对话,更深切地了解学生内在需求。在不同校区之间,开展多层次对话,在沟通、协商中推进合作与分享。在课堂上,倡导对话,构建相互映照的分享课堂。在教研活动中,深度对话,共同创造优质的分享场域。"对话是一种平等、开放、自由、民主、协调、富有情趣和美感、时时激发出新意和遐想的交流"。([挪威]罗尔·布约克沃尔德:《本能的缪斯——激活潜在的艺术灵性》,王毅等译,上海人民出版社,1997年版)当然,对话不只限于语言文字的范围,借用戴维·伯姆的话说,它是"意义溪流"在主体间的流动,"对话"又在一定意义上打开了分享的源,拓宽了分享的流,于是不同主体彼此融合、共同生长了。

在共同体建设中,主体力量的成长常常被异化,不少校长想的是"统",是"一体化",是"一个声音喊到底"。有的集团化办学的"领头大哥"片面地认为集团化是增加负担,是稀释资源。常州实验小学教育集团同样面临这样的问题。在与杨文娟校长的交流中,她也坦率地说道,从心底里说,以为集团化了,更多定位在"帮扶"上,主要是一种"输出"。为了解决这样的问题,杨文娟紧抓分享文化的本义:"人人都是吸纳的树,个个成为分享的源。"她以女性的细腻,审视观察不同校区的传统和特点,甚至一些老师的性格特征。"作为社会系统的学校必定是'有人居住的',而且这些人各有各的特点和需要。因而,承担某种角色的个体在行为和行为反应上就不同于其他个体,我们能够通过对个性的分析来认识这些差异。"([美]伦恩伯格、奥斯坦:《教育管理学:理论与实践》,孙志军等译,中国轻工业出版社,2003年版)这样的认识视角,无论对集团化办学,还是对不同校区内的分享文化建设都形成了积极的推动。另一方面,杨校长和她的团队在教师队伍的交流、合作、共享中,着力于"唤醒"与"发现",尽最大可能增强"造血功能",激活主体内在的力量,让他们自觉地蓬勃生长。在平冈校区工作一年来,老师们昂扬的精神状态,渴盼学习的欲望,吃苦耐劳的态度,高度自觉的执行力,自我反思的内省精神,深深打动着这位当家人。同样,她也欣喜地发现,来平冈校区交流的老师们也被他们的这种精神和状态影响着、激励着,进而呈现出一种更积极而谦虚的姿态。所有这些,都成为教育集团平冈校区这棵新"树"能够不断壮大的"根基"。新校区一些好的做法也"刺激"了实小,"老实小"的老师们深深地意识到:百步之内有芳草,更需要好好吸纳,才能使自己更壮大。而我们在这里看到的最显著的变化就是,集团化后,由于主体力量的激活,分享文化开源拓流了。于是,我们有信心对常州实小的明天有着更为美好的期望。

本文发表于《教育视界》2015年第4期。

有意义·有意思·有意韵
——江苏省淮安市实验小学办学印象

戴铜校长说,要办一所真正意义上的学校;学校的办学纪实就是把时间流成幸福的河。在我看来,这样的学校是有意义的、有意思的、有意韵的。

有意义,是说学校的价值应该得到体现。康德说:"人只有通过教育才能成为人。"雅斯贝尔斯说:"教育活动关注的是人的潜力如何最大限度地调动起来并加以实现,以及人的内部灵性与可能性如何充分生成。"苏霍姆林斯基认为:"真正的学校,那是儿童集体的丰富多彩的精神生活。"乌申斯基进而明确:"教育主要目的在于使学生获得幸福。"如果遵循这些伟大的教育家的指引,我们的教育就有意义,我们的学校就有价值了。但当下的现实远不能令人满意。分数已经成了现代中国教育的语法,学生的人生成了一道计算高分谋取方式的数学题。戴铜显然清醒地认识到这个问题,于是才响亮地提出要让学校成为师生的福源,要以促进人的幸福为宗旨。学校组织关于幸福教育、幸福教师、幸福学生、幸福课堂的大样本调查,让师生描绘自己心中幸福教育的样子,进而共同创造自己的幸福生活。比如,他们确立"百分百"意识:一个孩子在班级里是五十分之一,在年级是五百分之一,在学校可能是几千分之一,但是对家庭而言就是百分百,所以老师要用百分百的责任感、关心、爱去对待每个孩子。戴校长认为"成长比分数重要",坚持在幸福教育的关照下每个学生都能参与健康快乐的学习,每个儿童都能拥有自由自在的生长,每个儿童都能实现有个性的发展,每个儿童都能享受充满幸福的生活。戴铜校长还强调,教育的公平公正,但并不意味着平均主义地对待每一个学生,而是强调关注差异,特别关注有特殊困难的个体,给予他们特别的爱。戴校长和学校领导班子充分认识到,学校对教师成长应当负起责任,主动给予各种支持,让教师生出"学校即家"的幸福体验。正是幸福教育的实践,使学校成为师生心灵向往的乐园,成为学生流连忘返的成长学园,成为校友没齿难忘的心灵家园。

有意思,是说学校生活是有情趣、有趣味的。杜威认为教育是生活的过程,而不是将来生活的准备。在他看来,学校呈现的生活"对于儿童来说是真实而生气勃勃的生活"。爱因斯坦强调:"人们应当防止向青年人鼓吹那种以习俗意义上的成功作为人生的目标。"乌申斯基在阐明教育的目的时断然指出,教育就是为了学生的幸福不要受任何不相干的因素干扰,"这一点是毋庸置疑的"!时下有一种流俗的说法认为"不能让孩子输在起跑线上",要用学校生活的"苦中苦"换取将来步入社会成为"人上人"。依我之见,只要有这种想法,孩子其实已经输在起跑线上了,哪怕如仲永一样聪慧,过早开发,也必定使他将来缺乏后劲,"泯然众人矣"!戴铜他们赞成幸福教育就是"在幸福生活中准备幸福生活",学校生活应当"有意思",应当丰富多彩、富有情趣。以课堂教学说,这在有些学校是最没有"意思"的。戴铜和同事们坚信"课堂应该成为师生精神的天堂,课堂里的学生应该是自由的、快乐的、充实的、美好的、成长的、幸福的"。在幸福教育的实践中他们创造了"四生课堂":生本课堂,学生第一;生态课堂,建构和谐的学习情境;生活课堂,打通间接知识与直接经验、教室空间与广阔生活的联系;生长课堂,达成教学目标,生命拔节而上。他们又进而提出课堂要"五味调和":"儿童的味道"——坚持儿童立场;"学科的味道"——体现学科特质;"生活的味道"——探寻知识源头,培育应用能力;"文化的味道"——挖掘知识的文化内涵,体现教育的润物无声;"成长的味道"——指向教育的终极目标,促进学生的身心发展。显然,这是有意义的,又是有意思的,于是就成了"幸福的味道"。

有意韵,当指学校文化是有韵味的,有意境的。陶行知先生谈教育时说:"高尚的精神如同山间明月、江上清风一样是取之不尽、用之无穷的。"学校的意韵就是高尚的精神与物、景、人、事为一体,又通过物与人透现、洋溢出来。淮安市实验小学这种高尚的精神是丰富的,比如爱的精神。马卡连柯说:"爱是一种伟大的情感,它总是在创造奇迹创造新人。"无论是给予还是接受,只要是爱的情感传递,彼此都会生成幸福的感受。正是爱的阳光普照,师生们正在做"幸福的人"。再如创造的品格,陶行知先生说教育"创造的是真善美的活人"。淮安市实验小学的文化就有创造的基因。他们的老校歌里就有这样的句子:"看,我们的学校,北有淮河屏障,自古多贤豪。运河一带南来,给我们文明不少,兄弟姐妹同读同游,一生哪得青春好。努力努力齐努力,光明大道我们要自己找。漫说我们年纪小,须知未来的一切,全仗我们建造。"戴铜校长和同事们在把这种精神发扬光大。又如尊重的意识:有了尊重,才会有真正的教育;享受尊重,才会感受到幸福的温暖;得到尊重,个体的活力才能得以迸发。淮安实小的教学民主是以尊重为前提的,淮安实小的教师团队建设,也是以尊重为基石的。难能可贵的是淮安实小这些高尚的精神还是流动的、弥漫的,确实就如山间明月、江上清风,朗照一切,轻拂万里,于是他们幸福教育的意韵是充盈校园,而且是溢出学校的。他们提出"幸福从学校出发",让幸福教育从学校出发又走进学校,通过4个校区的集团化办学,吸纳5所农村小学,促进发展共同体,建设幸福学校联盟,实现发展共赢;让幸福教育走进家庭,通过家长学校、家长委员会、主题论坛、家校互访、班级网站、校园开放日活动等,积极参与家庭教育;让幸福教育走进社区,教育活动依托社区,教育实践服务社区,教育价值影响社区,教育文化辐射社区;让幸福教育走向职后,关注教师的非职业生活,让老教师享受"后职业幸福",对在岗教师又形成幸福的心理暗示。于是,我们看到了真正的学校想见到的幸福的无边无际。

本文发表于《江苏教育》2014年第10期。

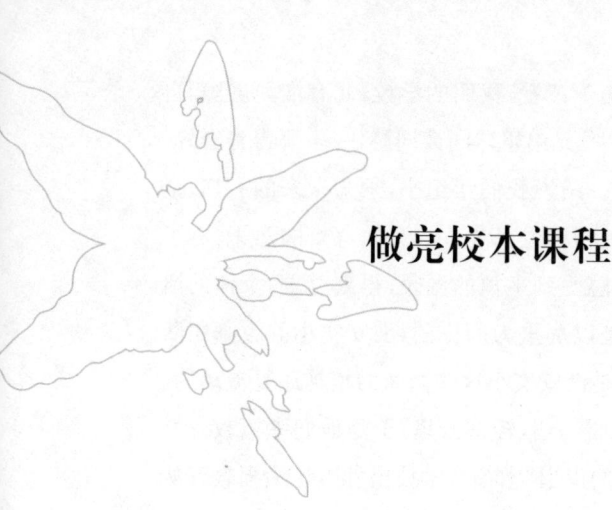

做亮校本课程

无锡惠山区藕塘中心小学的课程建设,早已声名在外,他们的相关成果,荣获省基础教育教学成果特等奖,国家级基础教育教学成果二等奖。藕小基于学校"生活课程"的观念,提出"国家课程校本化""校本课程特色化""校园生活课程化",取得不少成果,也提出一些亟待探讨的问题。以我对学校的实地考察和多次听管国贤校长介绍而产生的深刻印象,我以为藕小最大的特色在校本课程,他们确实用心、用力、用情,做亮了校本课程。

一、亮在课程目标

目标就是我们要去的地方。学校课程目标则是指向培养什么样的人。在讨论这个问题时,藕小是具有国际视野和未来意识的,这从课程的"理论篇"中可以见到,从国际教育的发展趋势看,教育发展经历生存引导——生活引导——价值引导几个阶段。价值引导关注人的灵魂的生长和潜能的激活、发挥。藕小提及《21世纪技能》中的观点。当代的学校,应该教会学生能自信地理解和应对真实世界的各种困难和挑战。近几年,我也比较关注美国教育"适应性"的目标:要让学生适应科技和社会发生的变化,并能积极引导这种变化。大致是考虑到世界教育发展的趋势,藕小提出以"审美的情趣、敏捷的思维、自如的交往"为培养目标。目标的提出似乎是直觉性的,尚需再去斟酌,但指向是明确的,是希望培养学生的适应性,是体现价值导向的,而且这种目标的达成期待校本课程贡献力量。藕小认为,方向比方法重要,也算是一种深有体会的夫子之道。

二、亮在校本特色

顾名思义,校本课程资源性特色就在于地域的、学校的,在这方面,藕小做足了文章。藕小地处城郊结合部,学生全部来自农村家庭,农业、农村、农民,应该是他们文化基因的主要组成,于是学校从 2004 年起,组建了少年农学院,规划建设了实践基地,开发了少年农学院课程;基于学校传统项目,藕小的少年军校是在 1995 年创办的,在校本课程整体架构中,藕小赋予少年军校新的内涵,把德育校本课程的开发与少年军校建设结合起来,既发展了少年军校,也建构了校本的德育机制;基于学校的人脉优势,藕小 2007 年启动少年书画院建设,并挂牌"无锡徐悲鸿美术学校",开发少年书画艺术校本课程。"两院一校"是藕小校本课程的主体,它们都是从藕小地域文化的土壤中提炼出来的,这就使藕小的课程特色体现出内在性的特点。

三、亮在顶层设计

与有些学校校本课程叠加式、碎片化不同,藕小的校本课程十分重视顶层设计,使课程开发有计划、有步骤地进行。一是目的性明确。藕小强调校本课程应基于普及加提高的层级设计,"两院一校"指向所有学生,又让全体学生有所选择。一般认为,校本课程必须体现基础性、全体性、选择性。基础性是基础提高的使命决定的,全体性是指惠及所有学生,选择性是指让学生有选择的空间以满足个性需求。基于这样的认识,精英化、一刀切这些弊病在藕小是不存在的。二是以"纲要"为纲。藕小校本课程开发,依据相关课程标准和文件,根据学生需要编制"课程纲要",纲举而目张,所有课程行为都成为课程体系的有机组成。三是任务分解清晰。什么阶段做什么事,哪个年级、哪个学期达成怎样的目标,谁去做,谁去督促评价,一清二楚。依序而行,即可见效。

四、亮在开发实施

藕小的校本课程开发建设，一是以物态化建设为基础。即便是后起的少年书画院，也在 2009 年建成 1800 平方米的艺术楼，建有国画室、书法室、陶艺室、美术室、创作室等专用教室；少年军校建有陈列馆和军事拓展基地，还有多个校外实践基地；少年农学院建设了占地 15 亩的实践基地。这些物态的基础建设，为校本课程的实施创造了条件。二是以活动项目为抓手。少年农学院的 15 亩地，因城镇化道路建设被占用，在更换课程的过程中，藕小以系列活动为抓手，开发"我是小小种桃人""我是小小花艺师""我是小小蔬食家""我是小小研究员"，重建物态化场所，有序开展活动。少年军校、少年书画院也是以项目为任务，以活动为线索，有效组织课程实施。三是以有效评价为保障。"两院一校""课程纲要"都包含了课程评价的要求，同时结合教师绩效考核方案和《学生成长记录手册》，以及具体项目的评价要求，强化过程性评价，注重让数据说话，对师生参与课程开发实施的表现进行全面评价，保障课程实施的质量。

五、亮在科研引领

藕小的校本课程有总的课题，"小学校本课程生本开发与实施的行动研究"是省教育科学规划立项课题，这是统领学校所有校本课程的。"两院一校"又各有课题，并能在结题之后提出新的研究主题，进行持续性研究。课程开发实施和课题研究构成良性循环，不断促进课程质量的提高。同时学校鼓励师生在参与课程建设中提炼经验，抒发心声，并推荐发表。仅以农学院为例，学生撰写的观察日记、研究小论文等多篇在《中国儿童报》《少先队小干部》《学习方法报》《江苏教育研究》等报刊发表。教师围绕少年农学院的课程实践展开研究，已有 80 多篇论文在《中国教师报》《江苏教育研究》等报刊公开发表。科研引领，不仅有助于发现问题、提炼经验、推广成果，而且使孩子们的课程参与更有意义，使教师们的课程开发成为高品质的专业生活。

六、亮在共同体建设

作为一所农村小学,藕小的校本课程成就斐然,这与校本课程开发共同体的努力是分不开的。少年农学院是与江苏省农科院合作建设的,少年军校是与驻锡部队军校共建,少年书画院是由廖静文女士担任名誉院长的。合作方和协作方又是在不断扩大的,如少年军校积极落实共建部队,落实井亭茶场、农贸市场等实践基地。由于科研的介入,在校本课程建设过程中,又使各方面的专家有机会介入到藕小的课程开发中来,他们的建言献策,整体上提升了课程建设的科学性水平。各个主体的共同参与,构成了生机蓬勃的共同体,迸发出激情和创造力,必然会促进课程愿景——"适切儿童、成全成长"的有效实现。

本文发表于《江苏教育》2015年第9期。

花动一山春色
——常州市西新桥小学"幸福教育"剪影

秦观有词:"春路雨添花,花动一山春色。"徜徉在常州市西新桥小学的美丽校园,与师生们进行互动交流,常常让人联想到秦观词的境界,有一种春光烂漫、心花绽放的美好感觉。

一、在主体性中感受幸福

师生在学校生活中具有主体性,正是主体性的发挥,生成了愉悦快乐以至幸福的感受。西新桥小学的领导们似乎深谙此道,他们致力于师生主体性的确立,让主体力量的迸发影响、引导校园生活的全过程。

1. 教师的主体性参与

(1) 理念的创新。金松武校长坚信"教师是学校的第一发展力"。她期盼的学校发展形态是"动车型"的,不是仅仅靠火车头带,而是每一节车厢都增加新的动力,从而形成前进的合力;是"灯光型"的,学校办学的核心理念如灯光一样辐射整个校园,每个师生,特别是教师,又都是一盏灯,整个校园千灯映照,生机盎然;是"交响乐队型"的,每个人都有自己合适的生态位,每个人又都是自由的个体,从而熔铸成生命共同体,弹奏出气势恢宏的乐章。正是坚持这样的基本认识,西新桥小学的老师们迸发出创造活力,共同汇聚成学校发展的主体力量。

(2) 组织的创新。为了落实"教师是学校第一发展力"的理念,西新桥小学进行了组织创新。①建立若干教师发展平台,如师徒结对:师徒双选,形成"契约";项目组:一两位教师领衔,以项目为抓手开展工作;工作室:根据优秀教师的特长,组建工作室,带领"研究圈"的老师共同发展。②建立教师研究联盟机制:以班主任为联盟首席,带领不同科目的教师一月一次研究探讨,既解决学生在不同科目学习中出现的问题,也架设了教师沟通的又一桥梁。③建立非教学特长的文化圈:根据教师的不同爱好和特长,构建非正式组织,发展特长,愉悦身心,促进友谊。

(3) 制度的创新。学校以各种制度保证教师的参与,学校发展规划、年度工作计划、教育科研课题,从策划开始就组织全体教师参加,一般来说,这些文章的形成都要经过"三放三收":制定前一放"意见征集",制定后二放"小组讨论",实施后三放"问题收集"。这样,个人与集体、设计与实施就有了更多的契合性。学校发展各领域的评估都组织教师参与,经民主推荐组成"西新教育教学质量评估团",全面评估教研组、年级组和教师常规工作。学校各级层面的课堂教学研究、教师论坛、教科研核心组成员、教师读书小组等,全部采取自主申报方式,逐步形成"努力的人有地位,勤奋的人有回报,智慧的人有成果"的喜人局面。

2. 学生的积极参与

(1) 加强学生岗位建设。西新桥小学的核心理念是"让学校成为儿童幸福栖息的乐园"。幸福,首先是让他们成为自己成长的主人。学校深度挖掘岗位建设的育人价值,以岗位实践、锻炼培养学生。以学校"幸福成长乐园"的建设来说,组织者自觉地把少先队活动内容的生活性与参与活动对象的角色体验性作为突破口,以年级"幸福成长"岗位为基点,实现"我的学校我管理"。乐园提出价值追求:在岗位实践中体验成功的快乐;乐园的主打口号是:亮相岗位,锻炼自己,服务伙伴,超越自我;乐园的岗位体系是:学校岗位——年级岗位——班级岗位——家庭岗位——社会岗位,并让学校岗位与年级岗位有机整合,班级岗位全面化,家庭岗位和社会岗位日常化。在具体的岗位建设中,始终强调岗位设置的教育性,坚持因需设岗,只要有利于学生发展,就设置岗位;自主选岗,尊重学生个体意愿,让他们根据特长和爱好选岗;及时评岗,注重过程性评价,及时总结经验,解决问题;适时换岗,让学生得到多种不同岗位的锻炼机会,丰富角色体验。

(2) 创新项目开发模式。西新桥小学在学校项目的设计与改造中,充分发挥学生的主体参与性。比如学校新设计"周周秀"项目,每周一次,让学生午间自发组织表演,受到广泛欢迎和赞誉。其基本经验就是,从以专家、学校领导为中心转向以学生为中心,从关注教师的经验转向关注学生的经验,从行政统一规划转向尊重差异、百花齐放。对传统的学校活动项目,学校在认真反思的基础上,重新创新设计,为学生在活动中成为参与主体最大可能地打开空间。比如对升旗仪式讲话的场所和主题系列进行变革。讲话内容,以三分钟小故事的形式呈现;讲话场所,发挥学校电视台的作用,拓展空间;活动主题,设计时事教育、校园生活、道德养成、节庆文化等主题。在主持人安排上,由指定性改成班级申报制,升旗仪式除了原有功能外,同时成为班风班貌展示的窗口,因而得到孩子们的喜爱。

(3)激活学习的主动性。西新桥小学的领导致力于营造民主的学习氛围,倡导教师走下讲台,与孩子们"平起平坐",通过开放式的问题、情境、活动,推进动态生成,激活学生思考的灵性;着眼于每一个鲜活的个体,既有普适性,又关注差异性,使每个孩子都成为学习的主人,都走向最好的自己。

二、在充实感中感受幸福

课程改革刚启动时,一天晚上,我们在锡山召开座谈会,老师们谈到投身新课改后,更加忙碌,时间都不够用了。我问一位发言的老师:"你们厌烦这样的忙碌和劳累吗?"她的回答是:"我们愿意,因为我们充实!"我深以为然。于是,在学校教育的情境里,我也经常借用这位老师的说法,把充实感当作内心认同,甚至当作愉悦、幸福的核心标志。西新桥小学的幸福教育,在这一点上也给我留下很深的印象。

(1)落实涵养专业品质的阅读。西新桥小学成立了"致远书会",指定教师学习教育学、心理学、课程教学论等专业书籍;各教研组成立"学科读书小组",阅读学习学科经典;每个小办公室添置书架,大办公室添置书柜,在走廊设置开放书吧,让每个教师随时随地随手拿到书,看到书;学校分学科订阅杂志,作为共读内容,分送到每个办公室;提倡做读书笔记,力求做到"不动笔墨不读书";结合教学实际,撰写读书笔记和教育教学随笔,年轻教师每月要上传一篇到学校网站,中年教师每两月至少上传一篇;围绕读书主题,组织专题研讨;组织"西新幸福读书人"评选,在教师节给予表彰。美国著名作家弗格森说:"每个人都守着一扇只能从内开启的改变之门,不论动之以情或晓之以理,我们都不能替别人打开这扇门。"西新桥小学的阅读工程,正是基于这样的期盼,促进每位教师打开专业品质优化提升之门。

(2)搭建促进专业发展的平台。西新桥小学从"教师持续发展"角度整体设计

"阅读、研究、教学、培训、竞赛一体化"的培养策略,有效促进教师的专业发展。学校专门制定《西新桥小学教师专业发展评价标准》,各个方面、各个环节要求都很具体,措施都很扎实。以教师技能训练来说,学校每年四月举行中年教师素质大赛和小中高教师课堂展示,每年十月举行青年教师素质大赛和骨干教师课堂展示;每两年举行一轮学科素养测试,测试内容包括:粉笔字、普通话、画图能力等,有效促进了教师教学基本功的提高。

(3)倡导课堂成为专业生活的载体。教师的专业生活,主要在课堂;教师在课堂,不仅是教学行为的展开,更是追求专业生活的方式,这样的课堂才能是充实而丰盈的。西新桥小学对师生和家长做过问卷调查,发现不同群体都认为课堂上学生的幸福感大致表现在知识的充实和情感的愉悦,而这正是由教师的专业水平所导致的。西新桥小学为此制定了幸福课堂的评价表,并且引导教师将读书、实践、反思、研究结合起来,尽可能提升日常教学行为的专业水平。比如他们组织研究教学设计,提出教学设计要重视学生学情分析,重视目标分层设计,重视板块结构化,重视师生"互动"行为,重视学生课堂"生成"资源的预设,重视学生学习方式、学习方法的设计,重视教师课后教学对话与自我反思。如此这般地推敲每一个教学环节,显然,课堂一定会生动表现出高水平的专业质量。

三、促进学生舒展地生长

1. 给每个个体生长空间

西新桥小学老师们认为,幸福课堂追求每个生命个体的满足与实现。"敏者"学得快,"讷者"学得深,课堂上没有无所事事,没有忧愁的目光和迷茫的眼神。每个孩子都像拔节的麦苗,贪婪地吮吸知识的甘霖。于是,教和学带有一种沉甸甸的分量和生命的质感。学校开发了适应学生个性发展的校本课程,放手让学生自选。请看"自选表"中的建议:(1)原则是选择一门,最多两门,我们希望,选择了就要认真学;(2)尽量延续正在选择的课程继续学习,因为坚持是学习的重要品质;(3)建议家长和孩子一起商量选择课程,我们希望孩子在成长过程中发出自己的声音;(4)家长也是重要的课程资源,请您在可以介入的课程内留下联系方式。校本课程分类齐全,分层清晰,学生有很大的选择空间和明确的学习目标。葫芦丝和烙画等课程的建设达到相当高的水准,参与这些课程学习,孩子其实就拥有了一技之长。

2. 让学生"看得见"自己成长

西新桥小学独具匠心地编制了《学生成长手册》,并把"成长手册"落到实处,引导学生:(1)认识成长手册,了解成长手册的内容,理解成长手册的主题——"学校是儿童幸福栖息的乐园,我在这里慢慢成长"。(2)每天使用成长手册,主要包括每天的作业备忘、一周评价和一月评价等。(3)总结积累,比如"我最得意的5份",包括画、作文、证书、奖状等,一学期回头看,梳理一学期的收获,还有学生素质报告单及"老师家长对我说"。有了成长手册,成长"看得见",对孩子的发展起到很好的促进作用。

3. 以评价促进发展

西新桥小学在评价主体、评价目的、评价内容、评价时机、评价方式等方面进行了一系列变革,建立了新的评价体系。(1)班内评价多元而日常,把评价的权利和责任还给每个学生。加强"一事一评",及时发现和总结;采用"平时评"和"换岗评"相结合的方式,促进班级岗位建设;以班级日记为载体,"每日一评""每周一评""每月一评",对个体和群体,对同学和老师,都给予及时评价。(2)校级评价多维而全面,让每个学生都享受成功的幸福。学校变革"三好生""文明学生"评比,以"8+X优秀学生评比"代之,尽可能让更多的学生走上领奖台。评价的项目有艺术健体小明星、科技创新小博士、安全环保小卫士、文明守纪好孩子、勤奋学习小标兵、博览群书小书迷、岗位负责小能手、积极向上进步星,以及各年级的个性项目,如三年级的自觉自律小当家、六年级的快乐毅行小明星等。(3)学生成长手册评价,重过程重展示,留下美好的足迹。如前述及,成长手册收集学生学习、生活、活动状况的数据和资料,有助于对学生发展情况进行描述,做出判断,提出建议。

四、在心灵相契的氛围中感受幸福

幸福总是与主观感受相联系的,幸福感往往离不开人的情感。学校教育情境中的幸福,更是心灵相契绽放的美丽花朵。西新桥小学的金校长显然明乎此理,她们在创造师生愉悦惬意的氛围方面下了很多的功夫。

1. 精心建设学校物化文化

孩子是在与周围环境的交互作用中建构认知体系的,这里的环境自然包括学校的物质建设。西新桥小学有自觉的追求,她们的环境建设秉持两个原则——"儿童气息的弥漫"和"特色课程的彰显"。在校园随处可见笑脸墙、儿童美术作品、书法作品、消防知识介绍、漫画等;时而见到葫芦丝雅舍、书法墨舞斋、对话群雕等,墙面地面面面有课程,长廊连廊廊廊可互动;美化净化是每个教室的浅层标准,书香气、家庭味则是深层追求。恰如哲学家所言:"一切文化都是人心的产物。"校园环境的建设是师生共同参与的,这里的人、物相融,是主体心灵的对话,情感的交流。

2. 从孩子的视角考虑问题

对孩子的尊重、关爱,最基本也是最重要的就是儿童立场。西新桥小学的"爱生圆梦行动"很有特点:让孩子说出自己的心愿,老师们尽量给予满足,孩子高兴了,老师自己也在给予中享受幸福。西新桥小学"幸福课堂教师用语"饶有兴味:简短的一句话,体现的是立场!他们对教师在课堂中的无声用语和有声用语进行了提炼,向老师们推荐。比如教学过程中的评价性用语,他们推荐的有:"发现问题比解决问题更重要,善于提出问题,真是聪明的孩子。""你提的问题很有价值,说说你是怎么想到的。""这个问题很有价值,值得我们共同研究。""你每个动作都很到位,请你来做小老师,好吗?"……相信在这样的课堂中一定是如沐春风般的。

3. 创造相互映照的美好境界

在西新桥小学,我和一群教师讨论幸福课堂,提出相互映照是其美好的境界,出乎意料的是西新桥小学的老师们不是说说而已,他们顺着"相互映照"的思路,讨论概括出幸福课堂的特征。比如:师生心灵的舒展,课堂中各个主体力量的激活与迸发,师生对课堂愉悦的感受,学有收获,教有所得,等等,并且努力践行之。教师团队建设,也努力营造相互映照的氛围,坦诚相待,抱团发展,互为支撑,相互激励。学校表彰大会,由爱人、孩子、学生、同事、师傅、徒弟、领导、家长、父母等不同身份的颁奖人宣读颁奖词。不少获奖者感动得热泪盈眶,颁奖嘉宾也深有感触。学校在家校合作方面创造性地设计"每月一招",向家长征集育儿心得,同时推荐成功的教育案例,家长与孩子,老师与学生,家长与家长,学校与社会,在开放活动中互动,在创造共享中相互映照,共同绘就了"花动一山春色"的美好风景。

本文系《江苏教育研究》"幸福教育的样子"专栏文章。

让我们童心永驻

英国诗人布莱克在《天真的预言》里说："一颗沙里看出一个世界，一朵野花见到一座天堂。"《爱与智慧的诉说》带我们走进了太仓市经贸小学师生们色彩斑斓的生活天地，带我们看到了一个专业发展团队丰富的精神世界。

经贸小学的老师们用文字诉说着他们对爱的追求。随笔集题为"爱与智慧的诉说"，其实，智慧也是基于一种向善之心。在杏坛，教育智慧的内核就是对学生的大爱。太仓市经贸小学提倡"童心母爱"，努力为孩子们创造和谐的学习环境和宽松的学习氛围。陆莉玲校长的《是什么让我们倦怠》，很让人感动。孩子的世界是怎样的？"道旁每一簇落满尘土的灌木丛都在向我呼唤：我要和你闹着玩，围着我小心地走一圈，你就会明白，我是个怎样的顽童！""只有发狂似的秋风喧嚣而过，才中止了我们的游戏，我的心儿跳得愈加幸福欢畅，我确信我将快乐而死。"（[俄]古米寥夫：《童年》）在世界文明史上，不难找到知名作家在其作品中对"童心"这块圣地向往与膜拜的例子。英国诗人华兹华斯曾在诗《虹》中反复强调一个"真理"——"儿童是成人的父亲"，并表示他愿他的一生"永葆真率的童心"，与儿童共生存。我国明代思想家李贽提倡"童心"说："童心者，真心也……夫童心者，绝假纯真，最初一念之本心也。若失却童心，便失却真心；失却真心，便失却真人。人而非真，全不复有初矣。"这种"童心"，不是虚伪的，而是真诚的，是一种天真纯朴的先天存在的精神状态，等到人年龄渐长，知觉益广，知道好名、好利，就丧失了童心。孩子们理解的童年，在"大人"们看来，是不可理解、不能允许的。于是，儿童是有的，童年则没有了。新课程提倡用孩子的眼光看待孩子,"让孩子成为孩子",最为重要的是我们对童心的葆有,我们的笑容应当如孩子们,像朝霞般灿烂。而这正是当下教育最缺少的,社会最缺少的,家长最缺少的,也是教师最缺少的。我每次读美国诗人麦克尼斯的《出生前的祷告》,作为一个成人,作为一个家长,作为一个教育工作者,都有一种如芒在背、坐卧不安的感觉,这是因为我们经常被不幸言中。这里不妨推荐一个片段,让我们大家多点警醒,多点反思,多点责任感:

我还没生;啊,听我一言:
莫让那原是野兽而自以为上帝的人接近我。
我还没生;啊,给我力量
去对付那些要冻结我的人性的人,
要拉我加入致命的自动化的人,
要使我变成机器里一个螺丝钉、一样只有一个面孔的物体、一件东西的人,
对付所有要削弱我的整体性的人,
要把我像飞絮那样吹得到处都是,或像手里捧着的水那样溅得到处都是的人。

莫让他们把我变成石头,莫让他们把我给溅掉。
否则杀死我。

真是感到胸口堵得慌吗?那就让我们一起努力吧,一起让未曾出生的孩子少些担忧,让已经出生的孩子少些失望吧。好在陆莉玲和她的同事们在这个教育的根本问题上,已经有了主体的觉醒,他们正在努力让自己童心永驻,正在用自己的教育实践,用课堂里的事件,用生动的细节,诉说着爱的心声。

这本随笔集也展现着一种新的日常生活。写教育故事、教育随笔,是一种新的时尚,这种时尚是一种新的生活方式。它标志着教师走向反思型,教学体现反思性。过去我们做教师,如同传统的农民,日出而作,日落而息,周而复始。很多年我们就这样平平淡淡地生活着,因为我们有"经验","经验"地教学,"经验"地做教师,使我们生活单调沉闷,缺少生气,难有出息,而且会"时常为自己的偏见和个人倾向所蒙蔽,不知不觉地提出自己偏爱的词汇,形成偏爱的观念,并不允许别人亵渎它,触动它或

怀疑它。"([美]杜威:《我们怎样思维·经验与教育》,人民教育出版社,2005年版)新课改以来,一个重要的变化,就是广大老师正在学习反思,在反思中改进教学,提升自我。苏格拉底说:"没有反思的生活,是不值得过的生活。"正是通过反思,我们才能让我们的生活有些价值,有"值得过"的意义。我们对自己走过的路途回眸顾盼,肯定有助于对新的旅程的思考。反思日常生活,我们就有可能建构新的日常生活。从《爱与智慧的诉说》中,哪怕只从篇名,我们也可以看到经贸小学老师们新的日常生活,比如,"做一株有思想的芦苇""不要在冬天里砍树""理想教育——我们不竭的追求""让优美的旋律永驻心间",等等。作为一个专业发展的团队,共同的愿景以及理想的践行、经验的分享,诸多特点也在这里彰显出来,学校为教师专业发展所作出的努力由此可见一斑。正如经贸小学的校训所提倡的那样,他们"敏学":听取一场场报告,经历思想与智慧的盛宴;阅读一本本专著,走进未知而精彩的教育领域。他们"敏行":在导师带领下,自主选定研究方向,结成合作研修团队,安排分工,定位自己的角色,设计研究方案并开展每一次的活动。他们"敏思":在活动中观察课堂,反思并改进自身的教育行为。在活动中与同伴、专家开展讨论、争辩,体会思维的乐趣、成功的愉悦。在活动中深入思考,激扬文字,因此,有了这本饱含真情的随笔集。

这里还有一种智慧的表达。经贸小学的老师们,倾诉自己的心声,采用了随笔体。随笔,可以称为自由自在的文体。《文心雕龙·总术》说:"今之常言,有'文'有'笔',以为无韵者'笔'也,有韵者'文'也。"可见,"笔"更少拘束,更为自由。现在的随笔,成为随兴而谈之"笔"。一次远足,一场邂逅,一段阅读,可以成为随笔;一点心得,一个发现,一次内心的波澜,也可以成为随笔。这种相对自由的随兴而发,成为教师反思教学、反思生活的首选,真是"忽如一夜春风来"。经贸小学的老师们采用随笔体倾诉心声,但他们又有自己的特色,比如描述情境,从事件、细节入手,随手拈来,娓娓而语,给人逼真的生活感;呈现心迹,思考的过程、情感的变化,伴随着事件的展开,清晰生动,好像在与阅读者促膝而坐,倾心对晤;文字的表达,有话则说,干净得很。这些都在质朴中显示出一种可贵的品质:不因文造情,"诉说"首先是至情的表达。应陆莉玲校长之邀,为《爱与智慧的诉说》作序,真是"三人行,必有我师",可以学习的东西还真是不少。这篇序文,也算作学习的初步心得。

本文发表于《江苏教育研究》2006年第9期,陆莉玲校长已转任太仓市朱棣文小学校长。

服饰之乡赏"得体"

丹阳市前艾中心小学所在地是著名的服饰之乡,"华莱士""沃尔夫""帅英特"等品牌家喻户晓;前艾中心小学文化品牌为"得体教育",顾名思义,不难想见其间的联系,又禁不住要为学校的文化创意而点赞叫好。

一、寻土在"服饰"

前艾中心小学校长束伯华是一位有追求、有思考的教育工作者。此前他在胡桥任教时,就从当地盆景和根雕入手,走生态化教育的路子。我第一次和束校长见面,他不是介绍前艾,而是说起胡桥,可见胡桥的教育实践在他生命的年轮里留下了足够深刻的印记。到了前艾以后,他发现这里的农村正在被城市化,原先充斥在乡村校园里孩子身上的野性、纯朴、天真烂漫、泥土芬芳已经很难寻觅。在外在面貌的现代化建设令人炫目时,本来与生俱来、浑然天成的乡土情也迷失了。他决心利用乡土资源来追寻原汁原味的教育,来守住孩子纯洁而宁静的心灵。所以,到了前艾,他首先"寻土":前艾的乡土特色在哪里?前艾的地域文化是什么?通过调查,他们发现,当地是有名的服饰之乡,学生家长中有65%都在从事服装业,前艾的乡土就在服饰,前艾的文化也在服饰。服饰,作为人类特有的文化现象,是人类历史积淀和优秀文化因子在传递、衍化过程中绽放的物质和精神花朵。服饰文化作为学校建设重要的文化资源,在内涵中可以较好地与教育连接。于是,束校长和学校领导班子就在这"一方水土"安营扎寨,步步扎实地做起了服饰文化育人的实践研究。当然,这样的选择,与他难以忘怀的胡桥根雕一脉相承,既是乡土的,又都是审美的,所以他的前艾故事从胡桥说起,也顺理成章了。

二、服饰与文化

在"寻土"之后,束校长和他的同事们就认真开始"营土"。他们通过研究发现,服饰很"文化",它记载历史,表现社会,蕴含宗教,反映民俗;继而他们又提炼服饰内涵的文化元素,发现"规范、得体、精神、审美、开放、活力"等都可以直接应用于教育情境。于是,他们持续十多年,开展了"服饰文化育人"的实践探索。

前艾中心小学的"服饰文化育人"研究,坚持课题引路,十多年来,先后进行了"开展服饰文化教育,提高学生审美素质""立足实践创新,开放性地进行服饰文化教育""开放性服饰文化校本课程研究""服饰文化教育与学科课程整合的研究"等课题研究,以课题为抓手,集中突破了学校特色建设的难点问题;建设校本课程,每周一节服饰文化课,每月一讲一演,每学期一展,每年一评"服饰文化形象代言人",推进服饰文化与学科整合,开展服饰与英语、服饰与科技、服饰与体育、服饰与信息、服饰与美术等跨学科的研究性学习;加强制度保障,从穿戴着手,制定教师、学生、食堂人员、保安着装规范要求,定期开展"形象代言人"评选、服饰文化节等活动;出台"班班有板报,月月有更新,期期有评比"的规定;编写校本教材,2000年开发出省内第一套文本形式的服饰文化校本教材,紧扣"审美素质""实践创新能力"两条主线编排,接着又编写了电子版的校本教材,为教师、学生、家长间的便捷联动提供了可能;开展综合实践,以"服饰文化形象代言人"评比为主线,开展"四个一"(一把剪刀、一根针线、一支画笔、一只鼠标)评比、文化之星命名、特色中队评比、家居环境设计等等,大课间共做寓穿、戴、行、劳动、体能训练、形体训练于一体的"服饰操",组织师生进行服饰文化的整体设计,恰到好处地美化学校、班级的环境;发挥基地功能,利用区域的教育资源,将"华莱士""沃尔夫""帅英特"等公司确定为校外实践基地,定期组织学生去厂区参观,聆听专业人员讲解,同时加强校内设计室、操作室、工作室、展示室的建设,最大限度地发挥其功能,如展示室运用多媒体技术、实物展示、作品精选等立体直观的形式,让师生感知服饰文化的博大精深。

三、从服饰文化到"得体教育"

在"服饰文化育人"的实践探索取得成功之后,前艾中心小学怎么往前走?束伯华校长在讨论学校特色建设时,说得最多的关键词是"坚持"和"创新"。正是坚持中的创新,才有文化生命力的延续;正是创新的坚持,学校的文化传统才具有在不同情境中蓬勃生长的活力。可能是坚持的内在韧性和创新的激情活力,在某个语境中契合了,他们抠出了"得体"这个关键词。"得体"由服饰文化而来,又与教育的内在要求相一致:教育旨在"得体","得体"方是真教育、好教育、美教育。于是他们树立起新的文化旗帜:基于服饰文化的"得体"教育。

在校本的意义上,"得体"源自服饰文化。服饰文化的基本意蕴是什么?一是实用性,二是审美化。穿戴得体,就是服饰发挥了实用和审美的双重功能。在讨论"得体"教育时,他们借此展开,提出"得体教育"的基本模型:"得体"的德育——基本规范＋恰如其分;"得体"的课程:共同基础＋个性选择;"得体"的教学:基于标准＋差异发展;"得体"的环境:经济实用＋赏心悦目。这样的理解和设计,服饰文化的内核和肌理顺其自然地体现在"得体教育"之中,同时又显然有所拓宽与深化。

相对于理性认识而言,他们更擅长于行动,说干就干,想清楚就认真干。以"得体"的德育而言,前艾中心小学已组织教师讨论、制定的文明礼貌用语就包括"中华传统礼仪用语""校园文明礼貌用语""小学生文明礼貌歌""课堂鼓励性用语",这些都属于"基本规范"。关于"恰如其分",既包括在不同语境中对文明用语的灵活运用,又包含最需要、最合适等意义,如师爱,像泰戈尔所言:"让我的爱／像阳光一样包围着你,而又给你／光辉灿烂的自由。"前艾中心小学"风铃草爱心服务队"就践行着这样的精神,8个年轻的女教师积极参加各项社会公益活动,带学生去敬老院给老人送温暖,去孤儿院给孤儿送关爱;姐妹们互相帮衬,共同支撑,组成了爱心共同体。小谭3岁时被机器碾压,失去双腿,坐着轮椅到前艾中心小学随班就读,学校把他的班级一直安排在一楼,"风铃草"们像母亲一样发自内心地关爱他,体现爱心、耐心、韧心、恒心,支持这个孩子顺利完成学业。关心一个孩子是个案,德育也只是学校工作的一方面,但从中我们已经感觉到前艾中心小学老师们的责任感和师爱情怀,对于教育,这是最内核的东西,也是我们可以对前艾"得体教育"寄予厚望最主要的原因。

"化新"育红写华章

——无锡市育红小学文化巡礼

"文化"的定义据说已有 200 多种,我比较认可的还是中国古贤的观点:"五色为文""以文化之"。文化是一个丰富多彩的集合体,是引领人精神发育、精神成长的。这也是学校文化应有的意蕴。恰如我们在无锡市育红小学所看到的,学校文化就是一个五彩缤纷的"育红"世界。育红小学的文化建设,引领师生健康成长,也给我们带来关于学校文化多个维度的思考。

一、历史的印记

有的学者认为文化最重要的是历史性,提倡文化要多从历史规定性方面讲,而且 culture(文化)这个词本身就提示着一个强烈的历史维度。约翰·古德莱特认为"一个称作学校的地方",就是"帮助年轻人完成生命中独特的、有专门意义的地方,尽可能地使他们适应作为公民和共同文化的继承者与他人分享的那些共同领域"。这种识见也包含了历史感。育红小学的文化建设基于向前贤的致敬,基于对培育时代新人的期盼,这种历史感更为强烈。潘望洁校长和学校的老师们在学校文化建设过程中充分发掘了学校文化传统这座富矿,他们发现前贤的很多思想和举措今天仍不失其价值和意义。

1. 明确的培养目标

育红小学的前身,可以追溯到 1904 年创办的私立日新初等学校,1906 年的荣氏公益初等学堂,1915年竟化二(女)校,陶行知先生曾访问并誉为"无锡小学的新生命"的开原乡立第一小学,历经革命峥嵘岁月的公益第一小学。从学校的内部资料《百年随想》中可以看出,荣氏公益学堂就是出于公益之心,就是追求新式教育而创办的。学堂开办后,针对私塾教育下儿童"两耳不闻天下事,一心只读圣贤书"的状态,提出要"培养会运用身心去创造并适应新社会的新民"。作为育红前身的这些学校,都把"育新民"作为办学宗旨,育红小学正是根植于深厚的文化土壤,提炼出"智爱化新,为公益民"的校训,凝练成"化新教育"的观念,这样的培养目标,其实也就蕴含了学校文化的核心价值观。

2. 系统的制度章程

文化不是虚无缥缈的东西,文化的存在性很重要的是要落实到制度上,以公益第一小学为例,制度章程的细致完善,今天读来仍令人大为感叹。

公益第一小学规章规程

简章	规程
组织大纲	奖惩规程
会议规程(总规、职权、集会时期)	参观规程
教职员服务通则	参观人员膳宿规程
级任教员服务细则	升学指导班规程
各股服务细则(教务、训育、事务三股)	就业指导班规程
教学研究会规程	星期日学术演讲规程
训育实施方法之原则	宿舍规则
处理学生成绩规程	夜课规则
学生成绩考查规程	膳堂规则

所谓无时、无地、无人不在管理的视野里,细读其中任何规章规程,都体现出办学追求,清晰而实用。

3. 全新的课程设计

《公益第一小学规章规程》显示,学校为初级阶段学生安排的课程包括"公民、国语、算术、常识、唱游、美术、劳作、故事"等。随着学生年龄增长,科目也随之变化,如增设自然、历史、卫生、地理、商业、英语等。学生毕业时,学校还会根据学生未来的去留,免费设置升学指导班与就业指导班课程,教授珠算、书信、简单簿记等实用技能。育红小学前身之一的河塍口小学的《最新小学补充教材》作为学校开发的校本教材,由陆静山主编、陈鹤琴审阅,内容丰富,构思巧妙,今天仍不失借鉴意义。陶行知先生曾造访过育红的前身学校——开原乡立第一小学,该校的学校编制"参用能力分组,打破年级制,按能力将学生分成低中高三组,避免'削足适履之患'"。陶行知评价该小学"对于课业上一切设施是最用心的"。陶先生说,这所学校有一个决心:要使乡村小学的教学适应于教育新思潮,而这一点,他们确实做到了,这就是新式学堂蓬勃生命力的体现。

4. 精心设计的校园环境

当年学校的创办者充分认识到学校环境对儿童的熏陶与影响。陆静山、陈露薇根据河塍口小学自身经验写成《新小学布置法》,在上海儿童书局出版,其中记载的自然科学室的布置计划是:

(一)布置要合乎时令而常变换;

(二)布置的重要材料,要取自当地当时的自然实物;

(三)布置的材料就是儿童生活中的研究材料;

(四)布置要不花钱,如要花钱也是不能超过一元以上;

(五)布置的材料都要有简单而明晰的说明,以利儿童的研究;

(六)在本学期中要以下列各种材料,依照时令的变迁为布置中心……

在环境布置中,十分注意儿童的充分参与。这本书中就强调了"在环境改造的工作中,儿童的地位是处于最重要的,如果把各种工作全用工人来做,不但要花很多钱,而且也失去了教育儿童的好机会"。

5. 新型的学生组织

作为育红小学前身的开原乡立第一小学,成立了儿童的自治组织"新民村",所有学生都是"村民",村中一切事务都在学生自主管理下不断运作,其组织架构是:

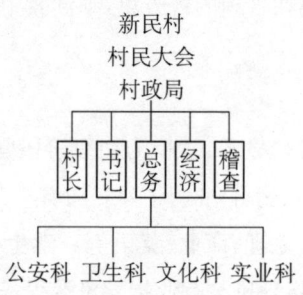

村里还设有原一商社、储蓄银行、新民合刊社、童子军、博物馆、公园、农场、体育场、巡察团、卫生局、音乐会等供学生活动的场所和组织,新民村的运营在全体学生的努力下秩序井然。陶行知先生在参观开原乡立小学的一天中,发现接待的、写信的,都是学生,还亲身经历了学生自己筹备主持的欢迎会。星期六还有学生自己组织的演讲会。陶先生说,这所学校的最大特点,"就是有最敏捷、最切实的方法引导学生组织积极的活动"。他认为这样的学校"就将为中国造就能组织、能团结、能为共同幸福从事共同活动的新国民"。

当我带着崇敬的心情,翻阅潘望洁校长提供的校史资料时,我在反复体会"现代"的涵义,我以为育红前身的这些学校,在今天仍然是"现代"的,是体现时代精神的,是值得今天的教育工作者虔诚地敬重的。好在潘望洁们正是这样做的,他们自觉地将学校的文化传统继承光大,陶行知先生赞为代表"无锡教育的新生命,中国教育的新生命"的那些丰厚的精神遗产,如潺潺溪水,一路流响,仍然在今天的学校文化建设中鲜活地歌唱。学校在梳理百年办学历史和追溯学校精神的基础上,在老师、家长中征集学校精神表述语,共收到1512条,提炼出"化新"的核心价值观,确立了"智爱化新,为公益民"的校训,创造性开启"化新"的新篇章。

二、同唱一首歌

文化是一个整体的概念,文化的组成是丰富的、多样的,但作为一种"文化"得以呈现,又必然是"同唱一首歌"。

1. 施教者与受教者共同成长

苏霍姆林斯基指出:"真正的学校,那是儿童集体的丰富多彩的精神生活,它以多种多样的志趣和爱好把施教者与受教者联系在一起。"育红小学儿童的精神生活是丰富多彩的,仅仅以仪式教育来说,学校的六大典礼就非常值得回味。这六大典礼是:(1)畅想成长——育红小学入学礼;(2)领巾飘扬——育红小学入队礼;(3)好书共享——育红小学启智礼;(4)有志竟成——育红小学检阅礼;(5)服务快乐——育红小学上岗礼;(6)我心飞翔——育红小学毕业礼。顾名思义,这六大典礼的内容是大家都能明晓的,但其意蕴可能是值得我们反复体味的。其一,根植于学校的文化土壤。如检阅礼的缘由来自于1947~1949年,共产党在学校建立了"中国共产党无锡工作委员会"并积极开展工作。为了继承光荣传统,学校在四年级安排一个月的军训,军训结束时举行隆重的检阅仪式,其收获自然是多重的。其二,举办仪式重在教育。如:入学礼安排在新生入学一个月后。在入学第一个月当中,老师们开始对新生进行心愿引导、行为训练、习惯培养等等,使仪式与入学训练结合起来。"入学礼"不安排听领导讲话等环节,更多地让孩子们亲身参与、愉快体验,比如为小树苗挂"成长牌",在父母帮助下填写心愿卡,封存心愿瓶,亲身诵读升旗宣言等,让孩子们在小小的心田里种上美好梦想的种子。其三,突出仪式的庄严感。这些仪式的举办都是在精心准备的基础上举行的,仪式成为学生历久难忘的文化记忆,而仪式本身则因注入文化内涵而成为一种象征,标志着育红学子在成为"新民"的道路上开启新的征程。

潘望洁校长在深化教师队伍建设时,有个别致的提法——"化新"教师。这表明学校是自觉地以引导成长作为队伍建设主题的。如同其他学校一样,育红小学有新教师的上岗培训,有师徒结对,有育红大讲堂;育红小学也有在其他学校很少看到的一些文化建设项目,如:

(1)新教师师长会。新教师可以请家长来,也可以请原毕业学校的导师来,活动安排在每年的六月,参加对象为入职满一年的教师及其师长。有时恳谈会还会邀请区教育局领导和兄弟学校教师。在恳谈会上,有新教师的成果汇报和成长感悟的交流,也有师长深情的回忆和殷切的期望,还有校长为每位新教师量身定做的贺卡。这个活动对新教师前行的意义是不言而喻的。

(2)"草根课题"研究。针对教育教学过程中的具体问题,鼓励老师们自行申报研究,并明确"三不三有":即不要求(不要求人人申报),不规范(不讲究研究秩序的规范性),不检查(研究过程中行政不干预);有激励(包括提供研究经费和学习机会),有展示(学校提供成果展示平台),有分享(允许研究失败,鼓励未能如期完成的老师与大家交流感悟,也可延期完成)。我看过学校四年来的"草根课题"名目,我相信,这些真实的研究对改进教学、促进学生学习质量的提高和教师的专业成长,是有明显效果的。

(3)成立"晴雨轩"休闲文化俱乐部。育红原荣巷校区1915年就建有晴雨操场,学校继承传统,沿用"晴雨"之名,倡导无论晴雨,趣味相同的人皆可相聚,皆可畅谈。俱乐部由固定会员、自愿报名参加者和外请专家共同组成,固定会员包括会长、副会长、秘书长和常务理事等,举办活动除了本校教师,也向滨湖区其他老师和学生家长开放。

2. 内蕴与外显的高度统一

在讨论学校文化时,潘望洁校长很喜欢引用斯肯的观点:学校文化的第一层次主要包括学校文化中的仪式、典礼、故事、传说、共享的语言和互助系统等外显性成分;第二层次包括学校组织成员共享的规范、信念、价值,这些价值和规范不一定有书面文字,但存在于组织成员的脑海中,约束着成员的个体行为;第三层次是师生行为的出发点和一系列假设,这些假设往往促进或阻碍师生行为的发生。不管是否有意为之,潘望洁们在十分努力地将学校文化内蕴与外显糅合在一起,以期达到高度统一。这里不妨从几个侧面来观察。

(1) 环境诉说思想。怎么让"一草一木总关情""每一堵墙都在说话"?育红人是花了一番心思的。在选择校树时,因为梅花与学校创办者荣氏家族有广泛的渊源,潘望洁校长曾想选择梅树作为校树,但老师们通过讨论,更倾向于紫藤:百年紫藤在公益校区依然生机勃勃,荣氏先贤亲手为它培上第一捧土,加上紫藤的淡紫色与学校的主色调匹配;紫藤不尚独秀,一簇簇更显繁茂之美,设计紫藤图标,孩子们更容易画。于是在学校的环境建设中,紫藤文化成为重要构成:百年紫藤盘旋腾挪向上的姿态代表着学校的精神;季节转换更焕发它的美丽,成为孩子们成长的隐喻。紫藤文化引导孩子们成为紫藤架下的书香少年……在育红,紫藤早已人格化,它每天都在"说话"。

(2) 制度体现文化。文化要落实下来,很重要的是凭借制度,育红小学的制度建设给人的感觉是与"化新"文化追求联系在一起的:具有创造性,又努力发挥春风化雨、潜移默化的教育作用。以"轮流日记"为例,育红小学将每班学生平均分为五组,每组一本日记本,一人一天,轮流习作,两星期为一轮,组与组交换,其程序方案是:

步骤	对象	具体操作	注意事项
1	生1	上交日记本	无论文章优劣,教师应用热情洋溢的语言鼓励孩子或针对其内容与其进行亲切的交谈
1	教师	针对日记内容与生1笔谈或面谈	
1	生1	认真修改,传递给生2	
2	生2	仔细阅读生1及老师的评语,做出自己的评述,记下自己的日记,上交日记	
2	教师	针对日记内容与生2笔谈或面谈	
2	生2	认真修改,传递给生3	

续 表

步骤	对象	具体操作	注意事项
		生3、生4、生5往复循环同上	
3	组间交流	相互评价	
4	教师	将优秀的文章以各种方式公开,或朗读,或传阅,或推荐至校报校刊,或上传至学校网站	须经作者同意

在暑期中,学校又制定了"暑期上网轮流日记执行方案"。"轮流日记"的制度,为同学与同学交流,学生与老师交流,孩子与家长交流,创设了一个很好的平台,也成为学校文化的重要载体。

(3)物质彰显精神。学校的物质建设,是指视觉可以具体感受的建筑物和校服、校徽、吉祥物等文化要件的设计与制作。育红小学物质建设的过程强调文化渗透、文化参与,使物质设施和要件生动地体现着学校精神。比如学校准备在万科校区建立一个建筑体验馆,其设想是:借助万科地产的资源,结合育红小学"学校公共生活中学生自治与互助"课题的研究,将建筑体验馆做成一个万科校区特有的校本课程的载体。学校教师、建筑设计师、建筑施工者共同商讨,针对一至六年级学生的不同年龄特点,制定出不同的学习计划和进度,达成建筑课程与语、数、英、科等各学科的有效结合,做到层层推进,让每个学生都学有所得。最终在六年级毕业时,将所学知识运用于实践,学生在教师及专家指导下以小组合作的形式自行设计施工,完成实物作品;通过质量检测者颁发"小小建筑师"的证书。显然,这个场馆的建设具有了课程的意蕴,建设的过程就是孩子们学习、交流、成长的过程。如果说到学校的一些文化要件,如校徽、吉祥物、学校"礼品",老师们都会讲述其中的故事,其实也都是师生们的文化制造的经历。仅以校徽说,历时九年,终于如愿以偿,让校徽真正成为学校的文化标识,体现师生的共同价值观,凝聚学校深厚的传统和鲜明的文化特质。

3. 多元主体的凝神聚力

育红小学有四个校区,学校办学又应突破围墙,怎样让多元主体凝神聚力,学校领导是颇为用心的。

(1)坚持开放性。育红小学的思想根系可以联接到陶行知教育思想——"学校小社会""社会大学校"。育红小学秉持这样的理念,让学校向四面八方打开,凝结成"学校利益相关者"的复合主体,使学校开放式办学呈现一派生机。仅以万科校区说,创新学校合作,构建开放的参与过程、开放的组织形式、开放的交流渠道,使家委会成为负责任、有活力的组织;深化学校社区互动,硬件资源双向开放,软件资源共同建设,大家都在办教育,大家都在受教育;推动国际交流,设立"对外交流办公室",主动接受外籍学生就读,引导学生领略异域文化,与境外、国外学校建立伙伴关系,选派教师出国培训等等。其他校区也顺势联动,如龙山校区确立"中外友好学校联合培养项目";公益校区开展"荣氏人文伴我成长"的主题活动;梅园校区进行"全纳教育"课题研究,关注新市民子女。复合主体的不断扩展,给学校注入了许多文化建设的增长点。

(2)倡导多样性。育红小学的四个校区不是复制式,而是根据历史的、地域的特点各显异彩。龙山校区以艺术教育为特点,在建筑风格上非常重视审美元素的彰显,引进艺术大师驻校工作,开发纸版画等校本课程;创建中西合璧的育红文化研究室,绿色植物有机点缀在建筑物之间,常常让人流连忘返。公益校区以古建筑呈现典雅,在重建改造的过程中相机融进现代文明的气息,处处留心让每个孩子"享受一个中国少年对中国文化理所当然的继承权"。万科校区更新,"新"不仅在校舍、设备,也在学生的参与性更多,教师的休息室更休闲,家校合育处等组织形式更先进,烘焙社团等课程活动更"时尚",社区文化中心更开放。梅园校区为民族工商业家荣德生先生1913年所创,学校近900名学生都为外来民工子女,学校的文化建设以"温情"为"灵魂",一诗一画会说话,一景一物总关情,处处都散发着温馨的美感。

(3)体现一致性。育红小学以"化新"的核心价值观凝聚不同主体。福柯说:"一致性……是一个文化得以生存的条件和组织原则。"在不同校区,参与不同活动,人们都会体会到"化新"精神贯注其间,而从学校文化建设的整体看,组织构成,课程设计,制度安排,活动开展,校徽、吉祥物、"礼品"样式,校舍校貌,校内校外,五光十色,五彩缤纷,都是"化新"不同层次、不同部分、不同维度、不同方式的表达,就其本质说,唱响的都是"同一首歌"。

三、和风拂面满园春

孙孔懿先生说学校的特点有三个层面。第一层面是校容校貌等人们视觉可以感知的"颜色",第二层是学校内涵的"成色",第三层是如同春色、秋色一样弥散弥漫在校园内外的味道。信然！潘望洁是一位温婉细腻的女性,很在意,甚至很注重"化",因此,她的学校很有氛围,很有味道。这种弥漫的文化如和风习习,染浓满园春色,令人陶醉其间。

(1)设计的处处用心。育红小学的文化建设时时让我们惊叹于"细",惊叹于用心。这种用心编织的"细"就让文化时时处处呈现出来,形成一个"场",让人感受到它如水银泻地,如空气流动。这一方面在前面列举中已可见到,再以育红小学形象识别系统为例,学校以视觉识别系统全面、精细地阐释"智爱化新,为公益民"的文化理念,分为 A、B 两个大部分,A 部分为基本要素,包括标示阐意、标志制作图、标志落格子、标注色、辅助图形、中文专用字形、英文专用字体、中英文全称模式、中文与标志组合横式、中文与标志组合竖式、英文与标志组合横式、标志错位组合形式;B 部分为应用要素,包括办公用品、事务用品、财务用品、旗帜部分、服饰用品、公关用品、环境标志,即是旗帜部分就有校旗、奖励旗、小串旗、小桌旗。这种"无微不至"的设计让文化到处可以触摸,可以感受,自然会营造出一种独特的文化氛围。

(2)方式的潜移默化。以前和潘望洁校长交流时,曾经说到文化的弥漫性在于氛围的如沐春风,方式的潜移默化,积淀的滴水穿石,韵味的如影随形。从教育的意蕴上说,潜移默化是有支撑意义的,其他可以视为随之而来的,育红的老师们深得其中三昧。对于"化新",他们的理解是"润泽的""柔软的",是"慢火煨老汤""慢工出细活",是"如切如磋""如琢如磨",是"舒展张扬""蓬勃生长",就可以看出他们是怎样做的。

(3)习惯的自然养成。美国学者埃德加·H.沙因认为,文化在表象层、价值层的里面,还有一个潜意识层,那是组织成员对价值观"共同默认的解释",是组织成员理所当然的、无意识的信念、理解、思维、感觉,是组织成员自然而然的做事方式。怎样才能达到这样的主体自觉,让组织文化成为行为方式呢？让学生养成良好的习惯,无疑是其中重要的一条路径。以育红小学小红帽志愿者活动说,学校对岗位角色的要求十分细致,命名如"文明小督查""安全小协警""示范小领操""风采小礼仪""爱心小天使""个性小解说""环保小卫士"等岗位,既充满荣誉感,又基本涵盖学校活动的方方面面,这就是致力于习惯的养成。

本文系《江苏教育研究》"幸福教育的样子"专栏文章。

像花儿一样绽放
——海安县城南实验小学的"幸福教育"

苏霍姆林斯基说:"培养真正的人,让每一个人都能幸福地度过一生。这就是教育应该追求的恒久性、终极性价值。"海安县城南实验小学是一所创办于2013年的崭新学校,"实小人"怀揣教育理想,实践幸福教育,学校的文化建设就像花儿一样绽放。

一、"爱"的雨露滋润心田

没有爱,就没有教育。正如夏丏尊先生在《爱的教育》译序中所言:"教育没有了情爱,就成了无水的池,任你四方形也罢,圆形也罢,总逃不了一个空虚。"

1. 乡土之爱

一方水土养育一方人。江苏海安地处南通、盐城、泰州三市交界处,东临黄海,南望长江,是江海文明的起源地,也是全国著名的教育之乡、装备制造之乡、建筑之乡、茧丝绸之乡、河豚之乡、纺织之乡、花鼓之乡、紫菜之乡、鱼米之乡。悠悠乡愁是一个人精神成长的基因,守住家乡的根,就能牵住游动的魂。在城南实验小学的校园内,随处可见"海安元素"——当地名人字画、丝绸文化长廊、扎染艺术展馆、建筑模型广场,著名养殖企业中洋集团正在筹建校园水族馆,最具海安地域特色的民俗风情玻璃版画也将出现在校园的墙壁上……小小的校园成了美丽家乡的缩影,学生们整日徜徉其间,耳濡目染,日久天长定会孕育出一份炽热的乡土情怀。这份情怀接地气,强根基,润心灵,无论身在何方,身处何境,都能让人从心底由衷地升起幸福感和自豪感。

2. 生命关怀

生命是一个奇迹,需要我们去敬畏、去尊重、去关爱。钱锺书说:"从飞沙、麦浪、波纹里看到风的姿态。"城南实小对学生个体生命的关爱有着与众不同的角度——生理关怀,他们善于从生理学的角度来剖析教育现象,破解教育难题。一位数学老师发现一个学生在打开课本时总是翻不到页码,联想到剖宫产儿童视觉偏弱的生理原因,开展了剖宫产儿童数学学习的案例研究。几位语文老师发现不少孩子在语义学习中,书写汉字时左右颠倒或上下颠倒,阅读时有跳字、跳行或重复现象,受到数学老师的启发,也开始了剖宫产儿童语文学习案例研究。不久,体育老师看到学生跳绳协调性有很大的问题,也琢磨着是不是和学生的出生方式有关呢?很快,他们通过调查发现,全校竟然高达71.4%的学生是剖宫产儿童。于是,从发现一个到发现一片,从研究一个到研究一群,"剖宫产儿童学习关怀"在语、数、外、音、体、美各学科全面铺开。他们发现,从生命科学的角度来关注孩子的成长,可以打开一扇扇神奇的"窗户",例如,儿童回答的声音太小,是否与其先天听力的好坏有关?课堂上容易走神的孩子,是否因为他们的饥饿感从来都比他人强烈,或许因为其嗅觉天生就优人一等?那些门牙掉了的孩子,老师怎样纠正他们错误的拼音"n"?一些有暴力倾向的儿童,他们缺乏的更多的是来自教育学和心理学的关爱还是医学上的微量元素?老师贴的"小红点",是否考虑过会引起部分学生皮肤过敏,导致其不适?个别儿童"多便",其诱因究竟是心理需求还是生理需求?……爱孩子,就是要关心到每一个鲜活的个体,多一份生理学的关怀,可让教育行动更加理性,让教育的关爱更有温情。

3. 爱的"磁场"

"温暖他人,幸福自己"是城南实小幸福公益的口号,他们的幸福阶梯是"感受幸福——理解幸福——传递幸福——创造幸福",这和约翰·怀特所倡导的"把个人幸福推及他人,把幸福融入一种高尚的生活之中"的幸福观念是非常相通的。城南实小的学生每人都有一本《幸福公益手册》记录自己日常的善行义举,积分高的还能成为学校的"幸福大使"。城南实小的学生家长是幸福公益的践行者,每周五,各班的"金蔷薇·故事妈妈"都会到班级为孩子们讲故事;"爸爸讲坛·超级讲师"每学期都会隆重上演,讲营养,讲兵器,讲科技,讲动漫……爸爸们各尽所长,各展风采;春游秋游时,家长们主动陪护学生,帮忙拿衣物,引导上厕所,带队做游戏;运动会上,家长志愿者做裁判,忙摄影,做安全员,劲头十足。城南实小的老师们更是幸福公益的推动者,特困生的校服是老师们出钱买的,学校加入全国幸福教育联盟后,每年寒暑假,积极参与到云南、贵州、新疆等边远地区的援教扶贫助学行动。"赠人玫瑰,手有余香","只要人人都献出一点爱,世界将变成美好的人间"。城南实小就是营造强大的爱的"磁场",把爱播撒到每一个孩子身上,同时又让每一个孩子成为爱的传播者、创造者。沐浴着爱的雨露滋润,幸福成长的味道会更美,更甜。

二、素养之"光"照亮成长之路

对学生而言,最大的幸福莫过于成长的幸福——长大、进步的美妙感觉。而成长,并不能简单地看作是身体的成熟,更涉及"培养什么样的人""怎样培养人"的问题。20世纪80年代以来,关于这个问题,中国本土化探索的经验就是——素质教育。近年来,人们站在新的历史起点上开始寻求素质教育的新突破,特别是世界各国课程标准中强调"关注学生发展,培养学生核心能力"的趋势,推动了从知识教育走向能力教育,进而走向素养教育的快速转型。城南实小对这种形势持有清醒的认识,并有着自己的行走姿态。

1. 从小从早

幼学如漆。小学阶段是基础教育中的基础。城南实小从2013年秋学期开始招收一年级新生,以后每年递增一个年级,目前已到二年级。他们对学生素养的培育不仅凸显"基础性",而且抓早抓小。他们的学生从进校第一天起,每天下午离校前都要上一节10分钟的短课——《习惯养成一日评》,全体学生静下心来用10分钟时间对一日来的举止言行进行自我评价,"三省吾身"。通过自我对话,增强儿童的内在自觉性,促使儿童从小养成自省、自律、自立、自强的好习惯。他们从一年级开始专门开设了形体训练课,课堂上,所有孩子对着大镜子看看自己怎样站立腰身最挺,怎样走路步伐最稳,怎样说话眉目传神,怎样着装最有魅力。通过形体训练,学生由内而外透出一种文明、典雅的气质。毋庸置疑,这种带有奠基性质的素养,是"一经习得便与个体生活、生命不可剥离的,并且具有较高的稳定性、有可能相伴一生的素养"。(王红、吴颖民:《放慢知识的脚步,回到核心基础》,载《人民教育》,2015年第7期)

2. 学科发力

从国际教育改革源流看,教育发展已从生存引导走向生活引导,从生活引导走向价值引导,价值引导就在于关注人的核心素养。因此,这些年来各国教育聚焦核心素养;经合组织提出核心素养的三维结构,包括"能主动地使用工具""能在社会异质团体中互动""能自主行动";日本提出21世纪素养,包括"基础能力""思维能力""实践能力";美国提出"认知的""人际的""内省的"三者互动,生成核心素养。近年我国教育改革也开始关注核心素养,特别提出在各学科落实核心素养的要求。《人民教育》在2015年第7期卷首《核心素养:重构未来教育图景》中指出:"一方面,核心素养指导、引领、辐射学科课程教学,彰显学科教学的育人价值,使之自觉为人的终身发展服务,'教学'升华为'教育'。另一方面,核心素养的达成,也依赖各学科独特育人功能的发挥、学科本质魅力的发掘,只有乘上富有活力的学科教学之筏,才能顺利抵达核心素养的彼岸。"

城南实小以学科教学为突破口,让学生拥有更多"带得走"的核心素养。比如,他们的数学课、学生的数学学习总是力求体现数学学科所具有的整体感、结构化、严谨思维和逻辑理性,着力"用数学的方式学数学","通过数学帮助学生学会思维",让学生享受"理智欢乐"——一种经过严肃认真的思考后豁然开朗的情感体验。当然,他们也深知,"儿童是用形式、声音、色彩和感觉来思维的"(乌申斯基语),努力通过形象来表达抽象,在感性中孕育理性。他们还时刻用肖川的话提醒自己:"过分地局限于本学科知识与内容,不仅会禁锢教师自身思想的自由驰骋,也不利于我们培养视野开阔、才思敏捷、具有雄浑浩博的哲学气质的人才",要"站到学科教学的教育高度",看到任何学科教学都必须自觉地指向教育的终极目标——"人"的成长,使其成为实现人的全面发展不可缺少的一个步骤或一个组成。

再看语文学科。语文不仅是孩子们学习其他学科的基础,而且跟他们现在与将来的生活息息相关,一生相伴。城南实小着力现在,着眼将来,提出要让学生"过语文的生活",引导学生成为有生活情趣的人,有道德情操的人,成为幸福的人。他们把教学楼变成了图书馆,每层楼都设有阅读角,铺设了地胶,摆放了矮凳、书柜,放满图书。每个教室门前的廊柱上,都有精心选择并设计的"图书推介"。每个教室里都有两个书架,按月在班级间"图书漂流"。当然,爱读书能让校园生活有语文味、书香气,但还不能算是有了高质量的语文生活。城南实小更关注的是学生语言的学习与运用,思维的发展与提升,以及初步的审美判断与文化感悟能力,并把这些视为小学阶段语文核心素养指标。学校构建了较为丰富的语文课程:每天早上与中午各有五分钟短课,用来进行经典诵读;每天午间还有二十五分钟读书、习字时间,用翰墨书香陶冶性情;每个月都有语文综合实践活动,图文并茂的绘画日记贴满了教室内外的墙壁。语文课堂上,他们推行先自学质疑后检查交流,先独立思考后合作分享,着力培养学生的学习能力、思维能力、沟通表达能力。他们专门制定了写字、朗读、说话、课外阅读等项目的考查办法,每学期都据此办法制定具体的考查方案,并认认真真地实施,考查结果也纳入语文成绩评定范围。

三、课程赋予良好的"积极适应性"

课程是教育教学的载体,课程文化是学校文化的重要组成部分,是学校文化的核心部分,它直接体现着教育的人文理想与追求,是学校教育存在的根本意义和价值所在。幸福教育需要有为幸福的人生奠基的课程,这种课程要向未来打开,指向学生未来的适应性。据说,美国教育"一直都在促进学生的适应性",(亨利·M. 列文:《教育如何适应未来》,载《北京大学教育评论》,2013 年第 2 期)并且把能引导这种变化作为重要的培养目标。城南实小在国家课程校本化、校本课程特色化发展的宏观背景下,自主研发和构建了一系列引导学生将来更好地适应社会的校本课程。

1. 《口才与表现》

这一课程以学生口头表达和形体训练为重点,以促进学生敢表达、会表达、口才好、表现能力强为目标,从小培养学生通过语言和体态与别人交流的能力。它的具体内容分解为两个方面、十二个要素:"口才"方面是指讲述、朗诵、主持、演讲、辩论、表演等六个要素;"表现"方面包括礼仪、体态、表达、思维、心理、素养等六个要素,其中,礼仪、体态、表达为"外在表现",思维、心理、素养为"内在表现"。此外,本课程实施的支撑性条件包括情境、活动、评价等。这一课程既和日常生活、学习、交往相交融,又具有相对独立性,它超越了一般意义上的单项课程而指向人的全面发展。在他们看来,一个孩子将来长大了,无论是日常生活还是从事各行各业,都需要通过"嘴巴"和别人打交道,口齿伶俐、谈吐得体、自信大方、有礼有节、应对自如等方面的交往能力十分重要,举足轻重。

2. 《"2＋X"体育实践》

人们经常会谈起"健康数论",即健康是 1,其他所有的东西都是 0,有了前面的

1,后面的0才有意义,才越多越好。对人的成长而言,不管是当下,还是未来,拥有健康的体魄都是十分重要的。古希腊人就把健美的身躯看作自然界最美的形象。城南实小《"2+X"体育实践》课程将足球、篮球作为普及性、全员参与性的体育运动,在此基础上将课程标准中对学生的体育技能要求分解到不同年级、不同阶段进行实施。到过城南实小的人都会发现,他们的孩子个头都比同龄人高,饭量大,肤色也黑一些——这都是阳光运动的结果。大家惊讶于他们的男足和女篮,才二年级的孩子,一个个生龙活虎,神气活现的。古希腊有句名言:"健康精神寓于健康的躯体之中。"作为生命体,身与心是相互关联、和谐统一的。亚里士多德认为,"构成幸福的要素有:健康、美、强壮、身体魁梧、良好的竞技道德"。城南实小的体育实践不仅收获了健康强壮的身体,更有合作、独立、自我和荣耀等精神品格。

3. "个性化课程"系列

世上万物,都是独特的生命体。日本著名教育家小原国芳在《全人教育论》中说:"每个人都是'天上天下唯我独尊',无法与世界其他诸物互相置换的大宇宙;这些大宇宙在通过自身的发展完善而发挥各自的天性时,将呈现出一个其他任何东西都不能代替的、松竹相别菊堇各异的、独一无二的美妙世界。"每个儿童能否"成为他自己",关键还要看是否有适合他成长的空间。城南实小的个性化系列课程就是挖掘和促进每个学生个性化发展的课程体系,它具有以下特点:

(1)自由开放。生命的成长在于基因,而基因是隐蔽的、神秘的,个人成长的密码往往需要在不断寻找、不断尝试中发现。因此,城南实小总是鼓励学生多参与、多活动、多展示,尽情释放自己,尽情绽放自己。鼓励家长多支持、多引导、多观察孩子的表现,捕捉兴趣点和特长优势。该校一二年级每天都不留书面家庭作业,留的是操作、讲述、表演、绘画等实践性任务,把课余时间、空间全部留给学生。有了合适的时间、空间和舞台,学生的个性就能得到充分的展露,从内隐状态变得"敞亮"起来。

(2)多样选择。"课程即社会",让学生有课程选择的机会,是教育公平与质量的新内涵。城南实验小学目前有学生850人,但是他们的社团五花八门:七彩书画社、福娃合唱团、扎染艺术坊、文学百花园、快乐足球队、百灵金话筒、泥塑陶艺吧、动感机器人、花样跳绳、智力冲浪、思维迷宫、经典赏析、电脑绘画、环保社团、科技达人、琴弦组合、疯狂英语……孩子们喜欢什么,他们就开设什么,"天高任鸟飞,海阔凭鱼跃";老师们有什么能耐,就带着学生玩什么,可谓是"八仙过海,各显神通"。

(3)主体生成。赫舍尔说:"人的存在不是充满能量的一个物,而是某一过程与许多事件之间的相互作用。"故而成长的意义是在成长过程中生成的,是由具体行为体现的。城南实小的老师总是善于捕捉学生身上的"与众不同",并积极引导学生自我建构个性化课程。一个孩子歌唱基础好,平时喜欢随意地哼哼唱唱,音乐老师发现后,和他一起合作谱写城南实小的校园歌曲。大家相约,到了六年级毕业时,举行自己谱写歌曲的专场演唱会。图文并茂的"数学绘画日记",吸引了全体学生参与,佳作不断涌现,在老师的引导下,部分学生的个人画集、画展在校园里流行起来。"真正的课程发生,意味着教师在有教育意向的引导下,学生在自己有学习期待的追求中,建构、生成对课程的理解,发生新的视域融合。只有当教师和学生都是具有积极的、主动的意向追求时,课程的实现过程才不是一种强迫和灌输。"(胡萨、宁虹:《课程:作为一种实践》,载《首都师范大学学报(社会科学版)》,2009年第6期)

《让花朵开放,是春天最重要的事》是《青年文摘》刊发的一首诗:

在春天,一切都是可以缓一缓的
一切,都得为花开让一让
叶子可以迟一些绿
病也可以晚一些生
梦也可以少做

但得让花先开
阳光,请先将花蕾照亮
春水,也请先让花朵喝足
也让花朵们自己挑选
对,还要有好的心情

哪怕有花开得迟一些
也请耐心等待
春天不会忽略任何一朵美丽

这是一首诉说春天"花开"的诗,也是一首表达城南实小幸福教育理想的诗,"阳光普照""春水润泽"好似"爱"的雨露滋润,是德性教育;带着"好的心情""喝足"养料好似核心素养的发展,是浸润美元素的知性教育;"自己挑选""耐心等待"蕴含自由精神和个体观照,是个性教育;而"一切,都得为花开让一让""春天不会忽略任何一朵美丽"则饱含着对幸福成长的美好期待。

这样的景象和我到处推崇的校园里"到处流淌着奶和蜜"何其相似?这就是"幸福教育的样子"啊!

安静的歌者
——扬州市梅岭小学学校文化建设纪实

在喧闹的乐坛上,有几位实力不俗的歌手,他们纯净、专注,行事低调,人们誉为"安静的歌者"。在学校文化建设的大合唱中,梅岭小学也被同行称之为"安静的歌者",他们积极而不张扬,丰富而不喧哗,努力探索教育的内在规律,抒写创新发展的美好乐章。

一、"梅岭深处有文化"

到过梅岭小学的人,常常用这样一句话来形容:"梅岭深处有文化。"

1. 梅岭深处的文化在历史传承

1645年,清兵南下,一路势如破竹,却不料在扬州被南明兵部尚书史可法所阻。其时,史公驻守扬州,虽独木难支,然誓死不降。4月14日,扬州城破,史公被俘,后不屈而死,清军忿而屠城十日,史称"扬州十日"。隔年,嗣子副将史德威寻史公遗体不得,乃葬其衣冠于梅花岭下。数年后,清帝感其忠烈,谥"忠正",建祠以褒之,乃有史公祠。"数点梅花亡国泪,二分明月故臣心。"史可法遂成为扬州这座古城精神图腾上不可抹去的一道色彩。民国三十六年春,史公后裔史鉴先生悄然走进先祖的祠堂,借梅花岭一角办起了新式学堂,始名江都县立可法初级小学。从此,这里成为一片充满无限可能的沃野,无数孩子如一粒粒饱满而神奇的种子,轻盈地来到这里,生根、发芽,长出楚楚动人的叶。后来可法小学更名为梅岭小学,但在扬州人眼里,史公祠和梅岭小学永远是一体的,"可法"就是梅岭小学的文化图腾。诗人贺敬之来史公祠后留下过这样一幅题词:"史可法人可法书可法,史可法今可法永可法。"梅岭人在寻找学校的文化基因时,自然而然地从史公的名讳中咀嚼出丰富的意蕴。学校把"可法"作为文化旗帜,志在"可法""可为他人法",凭借高度的历史责任感、使命感,勇于文化创新,做教育改革发展的"弄潮儿"。

2. 梅岭深处的文化在价值坚守

学校文化由外而内的构成是:物理空间——人的活动——内在精神。内心精神成为凝聚学校文化的"一致性",此时的学校文化就构成有机整体,也就体现出应有的深度。梅岭小学的办学理念是:"以人为本,为学生终身发展奠基;重塑文化,为教师享受教育服务。"这与史公精神一脉相承,又转化为时代的教育话语。更为重要的是,他们不仅倡导,而且践行,并且努力坚守这样的核心价值观,所有的疑惑或彷徨,都回归到这个原点上予以辨别和澄清。在梅岭,发生过一次最为经典的论争,可以作为学校文化认同的注脚。在教育功利主义甚嚣尘上的时候,梅岭提出了这样的讨论命题——何谓名师之名?经过全校教师参与讨论,最后大家形成了共识:所谓名师应该是学生生命中的重要他人,而名师之名来自于学生的成长与发展。我在讨论名师之名气时,曾提出"名气"因养气而成名。名师要有向上、向前的气概,要有书卷气、大气、朝气等气质,要有勇作为、敢担当的气魄,要有虚怀若谷、思贤若渴的气度,要有学生健康成长、学子英才辈出的气象,要有凝聚力、影响力、引领力的气场。所以,梅岭人我是引为同道的。对于梅岭来说,这场席卷校园的讨论是重要的,它的重要在于使所有梅岭人再一次将教育的理念与价值聚焦到了儿童,虽然它未必能够百分之百地抵御教育功利主义的侵蚀,但是它至少使"什么是真正的名师"开始成为一个"问题"。

3. 梅岭深处的文化在习惯养成

埃德加·沙因在阐说组织文化时,认为文化真正成熟时,构成了"基本的潜在假设"。他说:"当一种问题解决方案反复起作用时,它就被视为理所当然的了。当初一个仅由第六感觉或价值观支撑的假设这时就会逐渐被人们当作事实。我们最终相信自然真的是以这种方式运行。"(埃德加·沙因:《组织文化与领导力》,章凯、罗文豪、朱超威等译,中国人民大学出版社,2014年版,第25页)到了潜意识、下意识、无意识,成为一种日常的生活方式、生存方式,可见是"最深处"了。梅岭小学致力于学生言行举止的良好养成,期盼在向未来行走时,梅岭学子能够自然而然如此这般,符合梅岭文化的基本假设。他们为此在艰难处攻坚,变革评价方式。2015年1月23日,梅岭小学《"真的种子"生长记》学生成长手册正式发布了,它是"对鲜活生命的无限尊重",它也是"对美好事物的执着向往",学校从"好习惯""好体质""好品质""好实践"和"好成果"五个方面帮助每一个学生制定、完成与反思自己的成长计划,促进学生在践行、内化中成长为"真人"。虽说人生"路曼曼其修远兮",但良好的开端就意味着成功的一半呢!

二、"四了三不"唱真经

在20世纪80年代,翟裕康校长发起一场著名变革,概括为"四了三不",体现的是轻负担高质量。"四了三不"的"三不"是指:不上"黑课"(课表以外的课),不让学生课后完成作业,不布置家庭作业;而"四了"是指:课堂上教师该讲的讲了,学生该练习的练了,练习之后评了,下课前把学生的作业本收了。将近30年过去了,梅岭人任你东西南北风,决不随波逐流,依然坚持至今。这种坚持不是源于倔犟的脾气性格,而是在不断的探索、实践中,使轻负担高质量的校本行动越来越抵达教育的本质。他们唱响了课堂教学改革的真经。

1. 体现游戏精神

人类文化在其漫长的演进过程中,积累了无比丰富、源远流长、高贵优雅的游戏文化财富。儿童所有的生活经验,无论是知识、道德,还是艺术,哪怕是最抽象最深邃的思想,都可以凭借健康快乐的游戏建立起来。因而,儿童的生命发育和精神成长离不开游戏,真正的教育必须植根于儿童游戏的伟大天性。梅岭课堂有"魂、神、妙、效"四字诀,细细品味,这四字都可以解读为是游戏精神的一种关照与体现,只有在游戏中,师生的精神状态才是自由而充满创造的。

这是三年级数学《认识小数》的教学片段:

教师:这是一个什么图形?平均分成几份?
学生:正方形,平均分成10份。
教师:抢答——表示0.1,要涂几份?怎么想的?
学生:1份,0.1表示十分之一。
教师:如果表示0.9呢?表示0.3呢?

在一个简简单单的教学环节中,教师通过猜一猜、说一说、想一想的方式,更为重要的是融入了语调的轻、重、缓、急,顿时使学生欢跃起来,游戏所赋予学生的忘我投入是梅岭课堂最常见的风景。

2. 注重思维质量

思维的价值在于使我们解脱于冲动、惯例的行为,也就是使我们的行为有先见和目的,使预防和发明有可能,也使事物的意义更丰富。不同的学科对于思维有着不同的侧重点,在杜威看来,最好的思维方法谓之"反省的思维",是对于问题反复而严正地、持续地思考的一种过程。数学思维强调逻辑的、抽象的思维,语文则强调审美的、形象的思维。梅岭的课堂中的"妙"体现的是对学生思维质量的关注与研究,"妙"在供给学生引起好奇的情境,"妙"在联结经验中的事物,"妙"在思维体现学科的特质,"妙"在让学生成为思维的主人。因为"妙",所以就有了"效"。

翟裕康老师执教的《圆的认识》是最经典的教学案例之一,虽然他说:"当时这一课执教过的同行太多,在与众不同与寻求突破上,我倒是考虑了很长时间。"不过,他真正追求的是"不搞表面的东西,以学生为主,让孩子愿意学、主动学"。正是源于这样的核心追求,上课伊始翟老师才突然变出了一个"大锅盖",引得学生前俯后仰地笑起来,这个"大锅盖"真是神来之笔,一是能够激发学生的好奇,二是让抽象的圆有了具体的形象,三是让学生在不知不觉中滑进了思维漩涡。

3. 倡导简洁风格

教学的简洁不是简单,教学的简洁是深得教育内涵之后的"得意忘形",是把握教育本质之后的"悠然见南山"。梅岭的课堂因为注重教学的简洁而显得是那样的"干净",在剔除了多余的修饰之后,梅岭课堂变得更加"宽阔"。

梅岭的课堂是什么样子的呢?

"起立!"

"同学们好!"

"老师您好!"

"请坐下!"

与所有小学一样,梅岭的课堂也起始于师生间互致问候。但所有的套话仅止于此,从"请坐下"开始,梅岭课堂便显示出独有的特色。这个特色就是:第一,不说废话,直接进入教学内容,即"抓课头"。第二,"限时练习",对课堂教学中进行的一切练习活动,进行严格的时间控制。第三,练后即评,让学生当时就知道自己的练习情况,当场纠错。第四,课内完成作业,即"抓课尾",保证"不留尾巴到课后"。

三、"未来课程"向未来

在《文化与业务,对时代鸿沟的研究》中,玛格丽特·米德说:"我们必须把未来置于一个男女老少的共同体中,置于我们之中,好像未生的胎儿在母亲的子宫里一样。它已经在这儿了,已经需要哺育、援助和保护,已经需要许多东西。如果这些东西在他出生以前还没有准备好,那就嫌太迟了。"梅岭一直以"做中国人、做现代人、做世界人"为自己的育人目标,很显然要想实现这样的育人目标需要面向未来的丰富的课程资源和课程体系,因而,梅岭提出并尝试探索构建"未来课程"。

1. 确定"未来课程"的目标

教育是未来的事业,因此,教育所涵盖的一切都应具有未来性,放眼当下,没有什么可以超越"未来"而又能够更为准确地概括出教育的本质来。正是看到了这一点,梅岭小学将"未来课程"定位于:传递社会和世界文化的精华,赋予学生认识自己、发现自己和实现自己的文化能力;进而明确了"未来课程"的目标:基于"发现、创造、适应、改变",培养"学会求知,学会做事,学会合作,学会生存与发展"的梅岭学生。

2. 建立"未来课程"的结构

结构决定品质,结构更决定了梅岭小学课程的未来性。为了使我们的学生既能达到甚至高于国家课程标准中的各项要求,而且使个性化发展需求得到充分满足,梅岭提出了"P—N—F"的课程结构。P是指"过去"(Past),N是指"现在"(Now),F是指"未来"(Future)。三者之间相互融合成为一个整体,实际上表达的是梅岭对"未来课程"的理解,即"未来课程"是过去的经验、现在的知识和未来的创造的融合与整合。

3. 整合"未来课程"的内容

梅岭围绕着"学会求知,学会做事,学会合作,学会生存与发展"的目标,对学科课程进行整合,形成了"求知与发现,实践与创造,合作与适应,发展与改变"四大门类。如,求知与发现,整合数学、语文、英语,突出儿童最基本的"求知"需求,同时强调通过对现有知识的学习发现世界;实践与创造,则整合美术、音乐、综合实践、模拟联合国,既凸显"实践"的意义,又强调培养学生在实践中进行创造的能力;合作与适应,整合品德与生活、品德与社会、"男孩·女孩",突出"合作",同时又关注培养学生适应未来社会生活的能力;发展与改变,则整合"可法"课程、体育、科学、信息,既关注课程给予学生的基础性的素养,又关注给予学生的发展性素养。

4. 开展"未来课程"的实践

围绕着"求知与发现"的主题,梅岭突出"教与学方式变革"的核心,让学生从学习知识向学会学习转变。以其中的数学学科为例,教学首先前置"大任务",让学在教之前。其次是编码"多观点",强调追求知识的源流,注重知识的生长历程,注重知识的统整,讲究建构的过程,注重思想,关注思辨,教在学之中。最后追求的是教学合一,学习过程是教师与学生角色重塑的过程,是彼此发现与共进的过程;在角色重塑的背后是学习方式的悄然转变。

围绕着"实践与创造"的主题,梅岭充分发挥艺术实践和社会实践中充满的创造的可能性,让学生成为新的社会生活的创造者。以其中的"模拟联合国"课程为例,如,2013年围绕"雾霾"气候难题,学生现场展示一学期的研究成果,第一环节为"国家名片"展示,美国、英国、澳大利亚、埃及和中国五大代表国分别用音乐、舞蹈、讲述等方式展示了各国的历史、文化和经济;第二环节五大代表国学生围绕"全球气候变化及应对"这一议题进行深入探讨,"小外交官们"合纵连横,介绍立场,自由辩论,投票表决。在实践活动中,针对有效的问题,学生进行了探索与思辨,并提出自己解决问题的策略与方法。

围绕着"合作与适应"的主题,梅岭为学生提供了一个可以预先模拟未来生活的场所或者空间。以其中的"男孩·女孩"课程为例,"男孩·女孩"课程围绕"发现自我,悦纳自我,完善自我"三个维度进行创编,形成24个活动主题,螺旋上升,陪伴孩子度过六年的美好时光。如,二年级的"男孩女孩之合作",在轻松的氛围中,儿童的天性和与生俱来的能力得以展示,让应邀来学校观摩的家长对孩子的成长有了欣喜的发现。

围绕着"发展与改变"的主题,梅岭强调的是赋予学生改变现实生活的能力。以其中的"可法"课程为例,从一年级到六年级,根据孩子的年龄特征确定研究主题,最终形成六个主题,展示学生在面对历史情境与当下社会现实中的挑战之下的思考与选择,如六年级第一学期,以辩论会的形式开展诸如"强敌当前,史可法该不该誓死守城"的辩论,让学生意识到在历史与社会发展的进程中每一个人身上所承担的责任比我们想象的要重大。

回顾梅岭的课程变革,从 2009 年以"让学生带得走的能力"为主题开展学科教学的探索开始,到今天系统而完整地进行课程改革的尝试与探索,梅岭隐约看到了那遥远而美好的未来教育的模样;在向着未来教育前行的路上,梅岭预约着未来的精彩。

四、"常春藤学院"春长在

从 2001 年至 2013 年,梅岭小学经历三次行政区划,先后隶属四个不同的区域管理;学校先后经历品牌复苏、品牌扩容、品牌输出、实施区域集团化办学四个重要的发展节点;学校从发展的低谷时只招收 3 个班的一年级新生,到最大规模时一年级招收 22 个班,实行 106 个班级、6000 名学生、300 多名教师的"三园一校"一体管理,成为了一所规模较为庞大的学校;从最初实施区域内教师优质顺向流动,到全面推行教育均衡背景下以满足区域内大资源整合需要为前提的、每年高达 15% 的教师流动,一所小学里,出现了 13% 的初、高中转岗分流的教师,学校原有的生态结构被改变。

在这样的背景下,作为一所名校,如何突破外在与内在所累积形成的困境和阻力,实现其可持续发展呢?梅岭认识到,问题的根本在于教师发展,而教师发展在于能否成为专业的人,专业使教师获得存在的尊严,专业使教师获得工作的意义,专业使教师成为校园里"重要的人"。对于梅岭来说,这不仅是一个理性思考的问题,更是一个实践创新的问题,于是,一所叫作"常春藤"的学院诞生在梅岭的校园中,它以鲜明的文化自觉为特色,以追求师生同步成长为价值旨归,以系统化的校本研修为行动方式,从而创造出一种高品质的专业生活。

经过近十年的发展,"常春藤学院"已经成为梅岭教师高品质专业生活的一种象征,一个极具代表性的符号。

这种高品质的专业生活首先源于梅岭的专业态度。从"常春藤学院"在梅岭诞生开始,就将"纯净与高远"作为梅岭教师专业发展的精神追求。在梅岭,教师经常所乐道的一句话就是:"我们既要仰望天空,也要脚踩大地。""仰望天空"就是梅岭教师对"纯净与高远"的精神追求,也是梅岭教师的专业态度。专业态度本质上是一种价值体现,教师的专业态度是教师对自身专业发展的目的、方式以及意义的价值取舍与凝练,而梅岭如何让"纯净与高远"成为教师的专业态度,这是一个值得期待的问题。

不回避现实问题,这是梅岭的做法之一,在当下的教育环境中,不可否认充斥着各种各样的诱惑和灰暗,既然梅岭不羞于畅想教育的未来、憧憬理想的教育,那么梅岭也不回避这些诱惑和灰暗。展开思辨讨论,澄清存在价值,这是梅岭的做法之二,学校引领教师直面现实的挑战与困境,直面最真实的自我,重新思考如何生活得更有价值、更有意义。回归经典,徜徉于艺术之中,让"美"苏醒在每一个人的心中,这是梅岭的做法之三,只有在美好的事物中,才能够体验什么叫"纯净与高远",梅岭的"相约星期二"影视沙龙,"乐读"电子杂志,每一个学期结束时候的"梅岭诗会",等等,用最经典的电影、最美好的文字、最舒适的方式,让身在这所校园中的每一个人,从现实的蒙蒙尘埃中蓦然回首,看见心中的美,激发起教师心中对"纯净、高远"的向往与追求。

梅岭的高品质的专业生活还来源于专业能力。专业意味着一种能力,一种基于教育思想的创造能力。梅岭的"常春藤学院"从诞生开始就致力于引领教师从凡庸走向杰出,而从凡庸走向杰出,源于专业能力的提升。在实践中,梅岭越来越深刻地认识到,教师的专业能力不能只是从"术"的角度、从单纯的操作层面去界定,教师专业能力的构建和发展必须不断地反观教育的本质,必须不断地审视、响应客观世界的感召与需要。因此,梅岭不断引领教师自我厘清教育的本源,鼓励教师拓展学科理解与认识,进而推动教师的专业能力从操作层面走向思想层面,最终实现从凡庸走向杰出的蜕变。

人们常说,理论是灰色的,生活之树长青。借用这个句式来说,一名教师在供职前学习的知识,随着时间流逝,逐渐模糊不清,灰色渐生,而"常春藤学院"春长在,永远孕育着新的生机和希望。

歌者何能安静?文化灵魂使他有定力,吟唱真经使他不旁骛,向往未来使他添信心,而"常春藤学院"则使他永远走在成长的路上。于是,前程不可限量。对于梅岭的期待正可如此!

"三学一教"意蕴新

基础教育课程改革推进以后,一批先进的学校以高度的责任感,主动自觉地投身于这场伟大的实践,不断为学校的发展和课改的深入创造着积极的可能性,谱写出育人的新篇章。睢宁县菁华学校以民办学校的身份跻身其中,殊为可贵!

菁华学校的创造在于提出"明标自学——合作助学——师教点拨——检测查学"的"三学一教"四步教学法,难能可贵的是,尽管在苏北,尽管系民办,尽管是校本,但这一教学模式并不老土,并不陈旧,它有很多新的意蕴。

第一,菁华学校有着对新人培养目标的追求。我经常和校长们讨论,办学校要有向往未来的意识,要想着我们把学生带到一个什么新的地方。我甚至还受巴尔蒙特的诗"我来到这个世界,为了看太阳"和邓丽君的歌"直到海枯石烂,冉冉出情人"启发,创造出教育理想的意象:"冉冉出新人。"教育最原点、最根本的问题,是培养什么样的人。美国教育有一句口号:培养适应性。培养学生适应科技和社会的变化,并积极促进这种变化。以知识为中心、以讲授为主要形式的传统教育,是培养不出这种适应性的,是培养不出时代需要的新人的。"三学一教"、自主学习、以学定教、学会合作等等,其内涵都表明,这些教学模式正是针对传统教学对人的培养的种种弊端,正是基于对新人培养目标的热切追求。顾开胜校长在学校课改动员会上曾经提出:"我们对学生的学习要求只有八个字:好学、会学、学会、学好。'好学'指的是学习态度和情感,就是爱学习,对学习有浓厚的兴趣;'会学'指的是掌握正确的学习方法和手段;'学会'是指对学习效果低层次的要求,要求学习掌握基础知识和技能；'学好'是指对学习效果高层次的要求，要求学生对已学知识进行拓展延伸，达到融会贯通，举一反三。"可以理解为，这是从学生学习维度对培养目标的追求。

第二，菁华学校有新的理论支撑。教学模式是理论与实践的中介和桥梁，"三学一教"是主体性教育思想的一种校本化的表达。20世纪80年代，我国哲学领域开始关注"主体与客体"问题，关于这方面的讨论很快波及教育领域。20多年来，我国教育界对主体性教育的认识经过理论与实践的双重探索，有了很大进展。从"教师单一主体论"出发，经过"学生单一主体论"，逐步走向"教师与学生双体论"的共识。一般认为，对于客观世界来说，教师、学生都是主体，教师和学生又互为主客体的关系。"三学一教"四步教学法正是基于这样的认识，激发学习主体的自主性、能动性和创造性，又并不排斥教师的主体性，努力在教学情境中让教师充分解放智慧、释放激情和创造力。这样的课堂生生互动、师生互动，相互激荡，也能使主体性生命得到很好的生长和发展。在谈到对课改的理解时，菁华学校绘制的是一个三角形，他们认为课改的成功在于校长、教师和学生手牵手，心连心，构成稳定的三角形。校长作为学校教学改革的设计者、引领者，既要抬起头来高瞻远瞩，有勇气，有智慧，更需要亲力亲为，深入一线，发现问题，解决问题；教师是课改的实践者，教师的主动、热情参与是教学改革成功的关键；学生是课改的真正主体，必须教改、学改一起抓，重视学生的知识起点、习惯养成、方式转变、能力提升。关于"三学一教"的实施，菁华学校提出引导性、适时性、动态性、个性化的原则，转向师生积极的主体参与，关照不同情境、不同个体的学习状态。这些都体现了菁华对主体性思想的校本化理解。

第三，菁华学校有新的学习方式。新课改倡导自主、合作、探究的教学方式，很多学校在浅尝辄止之后，已经束之高阁了。我以为教育发展是一个螺旋式上升的过程，刚刚开始推行自主合作探究的学习方式时，我们不熟悉，不适应，并且有时单一化、唯一化。在10年课改后再来实践，我们就有了许多的底气。学习方式的变革说到底是指向生活方式的改变，指向人的培养模式的变化。菁华学校在多年学习、借鉴、实践、探索的基础上，创造性地提出了"三学一教"四步教学法：第一步，明确目标自学。让学生明确学什么，学到什么程度；教师在引导学生自主学习的过程中，既关注学生的学习起点，又关注学生学习方法的指导；在目标引领下，学生在自主学习的过程中培养自学的意识，提升自学的能力。第二步，合作学习。让学生在自学的基础上合作互查、合作互补、合作互辩、合作互助,生生互动,学进去,讲出来,共同分享学习成果。第三步,师教点拨。赋予教师点拨与拓展两大责任,要求教师在学生学习过程中群体迷失时能够指点迷津,在学生讨论过程中浮光掠影时能够通过引导由浅入深。第四步,检测查学。围绕学习目标设计检测练习,学生自主作业,自主检测目标达成情况,既培养学生良好的作业习惯,又能有效地推进学生对知识的内化。

菁华学校"三学一教"教学模式蕴含了新的学习方式的要求,并且与一些行之有效的传统教学方式有机结合、融为一体,是应该得到充分肯定的。

教学的本质是让学生学会学习、自主发展,菁华学校正是基于这样的认识,以自觉的育人意识、高度的社会责任感、坚韧不拔的毅力一路走来,"风景这边独好"。"菁华人"是有梦想、有观点、有品位、有智慧的教育人,愿菁华学校拾级而上,再创佳境!

本文发表于《江苏教育》2014年第9期。

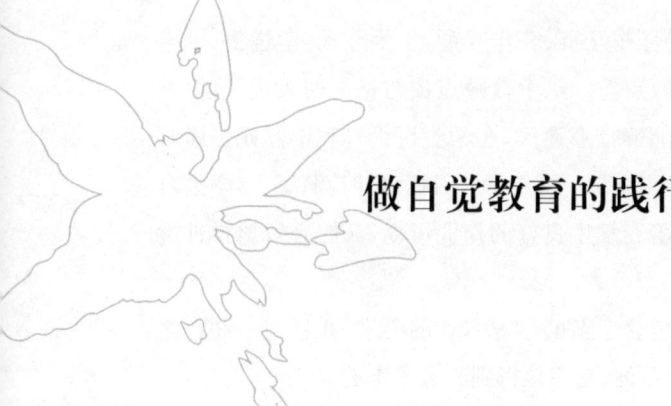

做自觉教育的践行者

德国的著名教育学家斯普朗格说:"教育的最终目的不是传授已有的东西,而是要把人的创造力量诱导出来,将生命感、价值感唤醒。"传授知识的过程是手段、是载体,真正的教育是把人内心深处那种积极的建设力量诱导出来。教育的价值应该是唤醒人性的自觉。

《现代汉语词典》对"自觉"的解释是"自己认识到应该如此而甘心情愿地去做"。"自觉"与"被动"相对立,是"自己"去认识,"自己"去适应,"自己"去内省,"自己"去敏悟。"自觉"与"放纵"相对立,是"自己"去监控学习心理与行为,反思自己的学习动态与行为方向,根据实际情况适时调整自己的学习方向与行为,自觉地提炼适合自己的学习方法与习惯,从而在学习各门功课时驾轻就熟。"自觉"是观点和态度。"自觉",让我们的教育行走在自由的疆土,任由孩子们思维的轻舟轻松泛航。"自觉"是意志与信念。师生为了共同的目标,想方设法,绞尽脑汁,在行动中培养能力,在挑战中锤炼意志,在成就中坚定信念。"自觉"是坚守与理想。学校管理始终坚持以"自觉"培养人、管理人、发展人,凭借各种学习共同体,以"自觉教育"为船,以"自觉"为帆,以"教育"为桨,共同追寻彼岸的乌托邦。

金坛市华罗庚实验学校吕水庚校长践行的"自觉教育",是华罗庚核心精神的具体表征。践行"自觉教育",不可能一蹴而就,要具有系统性和持久性。学校方方面面都要把自觉文化建设纳入工作视野中,在课堂教学上,在教育活动中,用师者的教育智慧去研究和实践如何培养学生的自觉品质,并在引导教育学生的过程中

提高自身的自觉性程度。华罗庚实验学校践行的"自觉教育",呈现三层涵义:

第一,在践行中彰显"精神追求"。在沉积多年办学理念和经验的基础上,吕校长以"弘扬华罗庚精神"作为核心理念和文化标签,形成自己"自觉教育"的办学理念。校训"精勤不倦,自强不息"是华老精神精髓所在;教风"敬业爱生,求实创新"是华老"甘为人梯,戒空戒松"精神的写照;学风"多学多思多创造"既是华老给广大青少年的题词,也是华老自己治学精神的体现……如今,这些已成为华罗庚实验学校全体师生的内隐规矩,引领每一个师生走近华罗庚、触摸华罗庚,把华老精神融入到自己的工作与学习之中,完善自我,超越自我。

第二,在践行中强调"价值引领"。在当今价值多元的时代,在尊重不同师生个体价值多元的前提下,强调学校、社会主流价值的引领作用,以此规范、引导和整合师生的价值取向。吕水庚校长他们一群人,在华罗庚精神的引领下,先后开发了校本课程《走近华罗庚》《华罗庚实验学校数学课本》和《踏着大师的足迹》,实行教师"自我管理"和学生"自主管理",启动了"立体阅读"项目,建立了六个市级名师工作室,展开了双赢课堂、自觉数学、读写链接、自育语文等系列研究,使师生在课程开发中明确人生方向,在项目建设中修炼人文素质,在课题研究中提升学术修养。"自觉、自育、自强"已成为华罗庚实验学校全体师生的共同愿景和价值取向。

第三,在践行中突出"个性选择"。著名教育专家李希贵在《2013年关注什么》一文中提出:构建可以选择的教育,不仅应该成为今天的话题,更应该变成明天的行动……除了选择性,"更好的教育"还应该有另一个模样,就是"个别化"。吕校长始终把关注"人"作为自觉教育的第一要素,尊重师生的个体差异,为他们的个性发展提供自主选择的舞台。诸如用"梯队发展"来激活每个群体,使教师群体结构呈现梯队前行的态势,从而为学校发展提供源源不断的动力等等,师生在个性选择中自主成长。

如果说世上有什么是永恒的话,那一定是人的精神!如果说有什么力量是无穷的话,那一定是人的激情!吕水庚校长在"自觉教育"中将思想的引领、精神的统一"润物细无声"地渗透到工作中,以思维影响思维的方式凝聚人心,让校园里的每一个人"快乐地学习,开心地工作,幸福地生活"。这种思维、这种胸怀、这种境界塑造了新生代校长的风度,成就了他治校的速度和力度。

本文发表于《江苏教育》2013年第5期。

画·书·剧

2005年5月起,江宁高级中学与省教科院有关部门合作,联合创办了"江宁高中教师发展学校",通过一年的探索实践,又形成了"教师发展学校——校本培训新范式的研究"课题。这些年来,教师发展学校培训了三批计99名学员,并在实践中创建了校本培训的基本范式。现在举办结题鉴定会,并为新成立的"智慧教师研修中心"挂牌。在这个活动中,我想到的是央视的一个新闻节目《看见》,并且总在思量:我们"看见"了什么?柴静看见的主要在真,而我在江宁高中看见的则主要是基于真的一种美。

一幅画,一幅教师成长的图画。通过"教师发展学校"的培养,江宁高中的老师们制订了自己的职业生涯发展规划,明确了奋斗的目标,设计了独特的发展路径,并且努力将规划转化为实践与实绩,一批优秀的青年教师脱颖而出。江宁高中的老师们在自己的文章中引用了阿尔卑斯山路边的一句标语:"慢慢走,欣赏啊!"朱光潜先生曾以此为题写成美文,强调人生也是创作,也是图画,创作生命的图画,生命就具有了审美的意味。江宁高中播放的短片,提供的材料,老师们的讲述,都让我看见了老师们在读书中成长,在研究中成长,在课堂实践中成长,让我们看见了老师们群起奋发向上的美丽图画,这是令我感动并陶醉的。

一本书,一本江宁高中的教育学专著。江宁高中"教师发展学校"在专家的指导下,研制了具有特色的教育发展学校章程与课程方案。这个章程在学习、研究一般团体学校章程的基础上,对"教师发展学校"进行了具体分析,进一步明确概括了

"教师发展学校"的性质、地位和办学要求,为学校健康有序地发展指明了方向和途径。这个课程方案,是在"教师发展学校"计划书的基础上,根据课程理论,对首届学员的培训内容和形式进行了反思和总结,根据教师发展学校的章程和在职培训的特点而制订的,进一步明确了"教师发展学校"培训课程的性质、特征以及实施评价的要求,为学校培训的计划性、针对性、有效性提供了课程保证。这些成果融一般于特殊,在个别中显共性,既有校本的鲜明特点,又具一定的普适意义。江宁高中的"教育学"还不止这些,更为主要的是他们在教育教学活动中的创造。有位老师介绍的题目是"在阅读中成长",让我们了解到学校"100+1"主题活动,这个活动基于苏霍姆林斯基"给教师的100条建议",加上教师自己的心得、自己的创造,于是有了颇具风采的第101条。江宁高中的老师们在活动中,还通过一个个小故事,讲他们自己的实践和体悟,也让我认识到他们这本"教育学"内容的丰富。在我看来,这本"教育学"简直是可以分成上、中、下三卷本的。

一幕剧,一幕场景感人的话剧。这次活动不仅有舞台,有剧场的形式,有主持人,而且台上台下常常融为一体,有时相互映照,甚至使整个会场都成为一个舞台。我特别要说的是,不仅有台上生动的讲述,更有台下众多的没有参加"教师发展学校"的老师们、兄弟学校的老师们,他们是坐在路边鼓掌的人。去年的高考作文有一题是"坐在路边鼓掌的人",源自于一个作家写的一个小故事。故事说的是,这位作家的孩子总是在班上排在中游(第21名),家长很着急,但孩子自己不着急,他认为这样挺好的。有一次班上写作文《我最亲近的同学》,除了这个孩子自己,其他同学都把这位作家的孩子作为"最亲近的同学",这是一件多么了不起的事情啊!家长问孩子缘由,孩子说:"我就是愿意做一个坐在路边鼓掌的人。"我想,这是我看到的起跑线上最漂亮的起跑!教师的成长也需要有在路边鼓掌的人。江宁高中"教师发展学校"是以青年教师为培养对象的,中老年教师为年轻的同志鼓掌,兄弟学校的老师们为这些同行的进步鼓掌,这样的"剧情",这样的场景,是十分令人感动的。

江宁高中在成功创办"教师发展学校"之后,又创办"智慧教师研修中心"。参照学校的具体情况,建议在以下几个方面进一步着力。

第一,让"要我学"向"我要学"转变。教师发展最主要的动力是"我要学"。"我要学"至少有三个原因:一是饭碗意识。做一名教师,捧了这个饭碗,就要把这碗饭吃得喷香。二是天职精神。教师是一种神圣的事业,"神圣"就是天职使然,上苍让我做教师,我就要有宗教般的情感。三是幸福追求。我成长,学生就进步,学校就发展,于是,我就是幸福的人。不断在学习、工作、活动中有意识地强化这些思想,是有助于广大教师树立专业成长的自觉意识的。

第二,从接受为主向创生为主转变。过去是"教师发展学校",现在则是来到"智慧教师研修中心"。过去,接受为主,听名师讲、名著讲、名家讲,消化、吸收,使自己不断充实。现在则要研究,要成为智慧教师,就应当大力提倡创生发展,这种创生似乎也有一定的规定性:一是情境化,基于教育教学的具体情境,从真实的教育教学生活出发。二是规律性,创生就是规律的灵活运用,就是更进一步抵达教育的本质。三是生成式,创生之"生"就是生成,就是催化生产出新的东西。

第三,从建构范式向超越范式转变。江宁高中近些年来通过实践探索,建构了校本研修的范式,我的同事彭钢研究员对这个范式做了概括:一是基于校本培训又高于校本培训,将校本培训制度化、体系化为一种"校中校"的完整形态。二是形成了以教育实践行为改善为指向,以教师自身为发展主体的综合化的课程模式。三是建构与科研机构紧密合作、双向促进、共同发展的新模式。这种范式的创建是十分宝贵的,许多基本思想都要坚持,但我们现在是在建设"智慧教师研修中心",需要超越原有范式,或者说需要创造新的范式。第一是组织形态的超越。不仅关注青年才俊,也要向中老年教师、向全体教师、向社区的兄弟学校开放;既要是一个俱乐部,也要是一个流动站。第二是技术形态的超越。教育的技术形态是讲规范,讲操作性,讲基本流程,还要在这个基础上走向"智慧",走向"从心所欲不逾矩"。第三是制度形态的超越。一个组织的文化,最本质是一种精神,一种氛围。希望在江宁高中的校园里,文化的空气四处弥漫,八方流动。那时,我们就有了更好看的画、更耐读的书、更精彩的剧!

本文节选自作者在南京市江宁高级中学结题活动上的讲话。系《江苏教育研究》"幸福教育的样子"专栏文章。

生态文明的学校样本
——江苏省泗洪中学的学校文化建设

美国生态伦理学家利奥波德曾提出生态伦理学的三原则：和谐、稳定、美丽。多年来，江苏省泗洪中学秉承"自主自觉、共享共生"的办学理念，追求"面向全体，以人为本，培养人格健全、体魄强健、自主有为、合作创新，能包容世界文化，可持续发展的现代中国人"的办学目标，坚持"关爱生态，呵护自然，和谐共生"的环保主题，积极创建生态文化品牌，逐步形成了鲜明的办学特色，成为生态文明的学校样本。

一、和谐

1. 人的自身的和谐

在社会生态之中，人的关系构成无非是人与自然、人与社会、人与自我。在学校教育的情境中，我们首先关注人的自身的和谐性、完整性，这是因为培养什么样的人，是教育的原点，也是教育的终极目标。我读过黄振宇校长对师生的演讲稿，深深感受到黄校长和泗洪中学的老师们对新人的一种渴盼。比如，黄校长对新生寄语："我希望你们做一个文明的人，遵纪守法、诚实守信；做一个博爱的人，向每一个人伸出温暖的手；做一个勤奋的人，严谨认真地对待学习的每一个环节；做一个开朗的人，畅所欲言地交流心中的体会；做一个乐观的人，忘却曾经的伤痛，笑对每一个黎明！"比如，黄校长每次演讲都有明确的主题，可见他特别地关注幸福、感恩、宽容、共进、谦和、敬畏、团队、规范、自主、梦想,思考人的价值观、个性发展、公民素养、责任、创新等等。他正是在演讲中,把自己对"新人"形象不断的思考表述出来,于是就有了泗洪中学校本的"全人"形象。他提出的不仅仅是一个个概念,他的演讲都是充满热情、鞭辟入里,具有很强的说服力和感染性。他的演讲又是结合学校的重要工作的开展进行的。学校开展感恩教育、教养教育、孝道教育、礼仪教育、心理教育、安全教育等六大系列教育活动,其中以"感恩心、宽容心、敬畏心、谦和心"为主题的"四心"教育,包括"感恩主题班会,算算一笔亲情账,给妈妈一封信"等相关活动,引起了极大的反响。在洪中人的心中,感恩是一种境界,是对别人所给予关心帮助的良知回应;宽容是一种做人的美德,是善于补人之过、容人之短所体现出的一种人格魅力;谦和是待人处世时的谦虚和蔼,是有修养地审视自己和有涵养地看待别人;敬畏是对道德、法律、权威的一种景仰、敬重和畏惧的心态。德育系列活动的开展,促进了学生综合素质的提升和人格的完善。通过一次次的耳提面命,通过一项项的相应重点工作的开展,这样的"全人"是在生机勃勃地生长的。难能可贵还在于:第一,即使在具有挑战性的学习过程中,泗洪中学也是把人格养成放在核心位置上的。比如要求教师在教学中关注学生学习品德的培养,并且明确学生良好学习品质的表现为:明确的目标追求、浓厚的学习兴趣、良好的学习习惯、自主的探究、积极的进取、聆听的专注、规范的计算、流畅的表达、高效的意识(限时)、独立的精神、合作的能力等。可见,"人格健全"的目标是落地生根的。第二,泗洪中学的"全人"培养并不是千人一面"一刀切"。学校明确提出"宜文则文、宜理则理、宜艺则艺、宜体则体、宜飞(飞行员)则飞",根据学生的个性特长和发展需要,分层分类,"海阔凭鱼跃,天高任鸟飞"。第三,"全人"目标的落实,并不是控制式、灌输型,而是恪守"自我规划、自觉修养、自我磨砺、自我管理、自主实践",这种自主发展的模式形成了当下生活和未来生活的和谐,深刻体现了生态文明可持续发展的内涵。

2. **人与他人的和谐**

作为一个社会人,每个人都处在与他人的关系中。泗洪中学"人与他人"的和谐相处,是以学生成长为内核的。首先,建立良好的师生关系。泗洪中学提出"教师的信心就是学生的信心""教师的行为带动学生的行为""教师的发展召唤学生的发展",要求教师身体力行,做学生的表率。能引导教师与学生的交流成为学生获得教养的途径。其次,要求教师明确自己的生态位置,真正进入角色。比如"导演"

角色,教会学生学,而不是代替学生学;"配角"角色,不能"抢戏",要把"舞台"让给学生;"编剧""剧务"角色,写好"剧本"做好服务。第三,加强团队建设。倡导同学之间、同行之间、师生之间,人人敬业,各负其责,相互信任,及时补位,从而形成协作共进的组织文化。第四,与社会互融,健全学校、家庭、社会三位一体的德育工作机制,构建家校通网络平台,加强与家长的联系,定期召开家长会,邀请家长参与学校各项活动;成立家长委员会,积极参与学校的办学管理,监督学校的办学行为;组织学生走进社区,参与社会公益活动。巴赫金曾指出:"单一的声音什么也结束不了,什么也解决不了,两个声音才是生命的最低条件、生存的最低条件。"(巴赫金:《陀思妥耶夫斯基诗学问题》,白春仁、顾亚铃译,三联书店1988年版,第344页)人与人的和谐相处,就有了一种新的关系构成,不仅仅是一种环境氛围,也成为学生主体成长的一种方式。

3. 人与自然的和谐

生态教育涉及人类的生存、生活、生长,是人和自然和谐相处的重要体现,是建设"环境友好型社会"的基础。泗洪中学倡导"天人合一"和谐发展的理念,建设生态校园。先后投资近千万元,用于绿化环保建设,使校园在3~4年内实现绿地面积达60%以上。在校园绿化建设中,学校注重生态多样性的保护,校园中,木本植物就达200多种,做到针叶树与阔叶树相结合、木本与草本相结合、景观树木与乡土树木相结合,营造了良好的生态校园环境;注意对乡土树种的保护,重视校园苗木的配置繁育,建立了苗圃基地;利用校园内的自生苗木培植了香樟林和枇杷园;学校重视引导学生参与校园绿化,高一学生栽植"理想树",高三学生栽植"感恩树",各班级认领绿地,在泗洪中学校园中常有校友赠送母校的树木。校园绿化环境优美,引来近30种鸟儿驻足,使得校园四季有绿、有花、有鸟鸣。学校借助地方资源移栽了近百种乡土树木和湿地植被进校园,让整个校园成为乡土树种的保护园,成为湿地景观体验园,成为生态奥秘探索的科普园,成为师生快乐生活、健康成长的乐园。学校利用紧邻洪泽湖湿地国家级自然保护区的生态资源优势,注重生态教育的学科渗透、校本课程开发、活动课程组织,积累了丰富的生态教育经验。学校拥有木化石馆、文史民俗馆、大气采样仪、气象园、洪泽湖湿地生物多样性资料室、县野生动物伤病救护中心等生态教学资源,并争取上级经费480万元,自筹经费127万元,构建自主学习的互动平台,先后完善了地质生态园、生态教育体验中心、气象园、生态科技馆等项目建设;在县环保局的支持下,学校建成了生态环保实验室。在洪泽湖湿地自然保护区的支持下,还建设了校外生态教育课程基地。在学科教学中突出生态教育,如地理、化学、生物等学科关注温室效应与节能减排、水体污染及治理、大气污染与治理等环境问题;历史、政治等学科在渗透生态文明的同时,还积极开设生态校本课程,引导学生关注生态保护以及生态文明的发展过程。学校开发一系列丰富多彩的校本课程,把校园古树名木编入校本教材《诗话校园》,让学生在诗歌鉴赏中了解周围树木的自然特性,在爱树、爱草的同时,认识人与自然关系。学校还组织编写了《环保,让我们一起行动》《洪泽湖鸟类》《洪泽湖生物多样性》等一系列具有地域特色的生态校本课程,为学生提供了丰富的学习素材和多样化的学习条件。

二、稳定

1. 完整的学校文化体系

在多年的学校文化建设中,泗洪中学不断探索,逐步完善,形成了完整的学校文化体系。其特色在于:(1)理念与实践呼应。在核心理念上以生态文明为指导,突出全人发展过程;通过德育、教学和各项活动,在实践体系建构方面坚持将"天人合一"的思想贯穿始终,把人格养成落到实处。(2)教师发展与学生成长同行。在整体的制度设计中,有着一系列制度,着眼于教师和管理队伍的未来发展。可以说,为什么做,做什么,怎样做,泗洪中学每一个教职工是了然于胸的。教师发展的重要途径和表现又在于怎样引领学生发展。(3)当下与未来连接。生态伦理的重要内涵,就是现实的发展与未来的发展是协调的。泗洪中学要分数但不唯分数,要现实但更看重现实孕育的美好未来。他们提出生态文化就在于学生的终身发展、可持续发展。黄振宇校长在《做一名幸福的洪中人》的演讲中提到,幸福的教育就在于在当下的幸福生活中准备未来的幸福生活。这才是教育的本义,这才是成长的本义。身处苏北的"洪中人",其努力是难能可贵的。(4)宏观、中观、微观的融通。洪中的学校文化体系有宏观的架构,有中观的制度,也有微观的操作规范。比如宏观层次有对教学和学习的要求,中观层面提出建设生态课堂,微观层次就教学常规提出闯好"五关"的要求:备课关,针对学情,强化课前的有效准备;上课关,针对自主,强化课中的体验接受;训练关,针对分层,强化知能的巩固迁移;辅导关,针对差异,强化及时的培优补差;反思关,针对问题,强化有效的总结归纳。宏观层次的核心价值观的内涵,中观层次具体项目制度的要求,都得到了具体的全面的落实。(5)精神文化与物质建设有机结合。泗洪中学的学校文化可视化程度很高,校园景点如立雪桥、栖云廊、弘毅路、惜春园、惜水铭、澄心亭、致一亭、里仁桥、集萃廊、观隅园、知微亭、得趣园等,其言说的内容寓于其中。

2. 生态课堂的教学模式

泗洪中学的生态文明在课堂教学中得到全面的体现,他们创造了生态课堂的基本模式:

观察这个操作模式,我们不难发现:(1)生态课堂强调整体性。课堂教学活动是师生、环境、课程三者之间相互作用而形成的"生态链"。(2)生态课堂强调体验性。美国著名学习专家爱德加·戴尔于1946年首先提出了"学习金字塔"理论,他总结出五种学习方式的效益:通过"听讲",两周以后学习的内容只能留下5%;通过"阅读"方式学到的内容,可以保留10%;用"声音、图片"的方式学习,可以达到20%;通过"小组讨论",可以记住50%的内容;"做中学"或者"实际演练"可以达到75%;"教别人"或者"马上应用",可以记住90%的学习内容。因此,生态课堂强调学生最大程度地去体验学习。(3)生态课堂强调共生性。课堂教学就是师生双方的生命活动,教师在以某种方式成功地塑造学生的同时,学生也以相应的方式在教师的心灵上留下深深的印迹。生态课堂就是要激励各个要素,形成有机整体。(4)生态课堂强调多元性。课堂面对着不同的教师、不同的教学内容、有差异的学生以及必将呈现的有差异的发展,就必然是多元性的。生态课堂关注个体的差异,满足不同学生的学习需要。这些对课堂教学和生态教育的深刻理解,通过可操作的模式,就能比较稳定地客观地表达出来。

3. 良好品质的养成

泗洪中学倡导培养学生14种永恒品质:(1)快乐:开朗乐观,幽默风趣,热爱自然与生活。(2)仁慈:心地善良,同情别人的不幸,乐于助人,富于爱心。(3)正直:诚实,守信用,表里如一,言必行,行必果。(4)勤劳:自己的事情自己做,主动做家务和参加力所能及的生产劳动。(5)俭朴:爱惜公物和自己的学习用品,不挑吃不挑穿,不浪费粮食和水、电。(6)智慧:学习认真刻苦,积极思考,有钻研精神。(7)恒心:做事善始善终,不怕苦不怕累,不受外界干扰。(8)刻苦:能吃苦耐劳,任劳任怨,不计较个人得失,做事稳重踏实。(9)勇敢:不怕困难,不畏强暴,有开拓精神和竞争意识。(10)合群:个人关系融洽,平等相处,团结互助,重视友谊。(11)孝顺:尊老爱幼,听从父母教导,关心家人。(12)礼貌:语言文明,举止得体,待人接物彬彬有礼。(13)忠诚:热爱祖国,热爱集体,遵纪守法。(14)信仰:有远大的理想和近期的奋斗目标,做事没有盲目性。围绕这些良好品质的养成,学校以核心价值观为引导,鼓励学生向上、向前;以制度建设为抓手,强化学生树立言行举止的规范意识;以主题活动为平台,让学生通过参与体验建构认知;以生态环境为凭借,创造春风化雨的育人情境。文化育人,让大部分学生逐步形成"乐观向上、合群互助、斯文有礼、文质彬彬"的良好形象。

三、美丽

1. 自然生态与人文景观交相融合

"胜日寻芳泗水滨,无边光景一时新。"绿色,一直是泗洪中学校园的主旋律,绿化面积高达60%,校园内种有常绿树种香樟、龙柏、女贞、广玉兰、白玉兰等百余种名贵古树,更种有合欢、银杏、杜仲、黄连木、木瓜等数十种大树名木。如诗如画的校园,四季常绿,鸟语花香。在这样一个令人流连的校园里学习、工作,是多么惬意的事情。学校多年来坚持"关爱生态、呵护自然、和谐共生"的环保主题,利用校园良好的植被资源,介绍植被生态习性,为每一棵树挂上树牌,介绍树木的习性、功用,让自然体现人文性。在整体建筑布局上以"绿色生态校园"为理念,融科学、合理和优美为一体。浅白建筑群与碧波绿树、自由的雀鸟与莘莘学子相映成趣,景观设计与自然造化完美结合,充分体现了人与自然的和谐统一。在绿树红花青草碧水之间,人文景观如画龙点睛,彰显学校精神文化。如南大门,就有全国著名书法家高惠敏的手迹"学而不厌,诲人不倦",意在引导师生自主励志、学而不辍。校内景点"栖云廊"、"栖云",取意廊架之上,紫藤花盛开如云朵飘栖之状。在"栖云"牌旁,刻有诗歌"花为云海绿如波,济川泛舟意若何;寒窗寻梦作蝶舞,学苑得道可逍遥"。借用"庄周化蝶"的典故,表现了莘莘学子追求真理、勤奋向学的境界。廊内有"清静有为"壁刻一块,廊角有一石,刻有"闻道"二字,这些都意在弘扬传统文化,注重文化熏陶,发挥育人功能。该校路道的命名,也渗透着文化的育人气息:"弘毅路",名出《论语》"士不可以不弘毅";"行健路",名源《易经》"天行健,君子以自强不息"。还有春晖路、行思路、润德路等等,寓含深意,引领师生迈步校园,且行且思,悟而有得。这些建筑与自然风景融合,共同为师生学习、生活创造优美的环境。

2. 老师和学生共同成长

学校教育生态的美丽,其主要内涵应当是生长的舒展感、知识的充实感、情意的升华感。泗洪中学践行"自主自觉、和谐共赢"的学校价值观,以生态课堂为主要载体,促进学生的自主发展。同时,开发丰富的校本课程,成立 51 个满足学生兴趣爱好的各种社团,举办学生喜闻乐见的主题活动,开展丰富的社会实践,为学生成长提供多样化的基础平台,促进孩子们快乐健康成长。泗洪中学倡导"和谐共赢",师生共同发展,均成主题中应有之义。学校坚持岗位成才的原则,以教育教学改革的深入推进作为教师未来成长的基础平台,引导教师在促进学生更好发展的过程中发展自己。同时学校组织"寻找好课堂"赛课活动,设立家长开放周,举办教育沙龙,成立名师工作室,拓展培训渠道,为教师发展创造更好的机会。更为主要的是,在那些具体的项目中,在某节具体的课堂上,在校园生活的细节里,甚至是随处可见的葱茏的草木间,洪中"生态文明"的光泽都洒照到那里,于是生机勃勃、挺拔舒展,在自然生态,在师生之间,都是"无边光景日日新"了。

成人之美
——来自盐城市盐阜中学的教育实践

"教育使人成为人"(康德语),教育的天职就是成人之美。但现实生活中的教育越来越异化了,家庭教育中"狼爸虎妈"成群;学校教育则如朋友戏言:填鸭子、赶鸭子、烤(考)鸭子,最后一个个孩子成了"板鸭子"。为什么会这样呢?因为望子成龙、望女成凤心切,因为学校育才心切,而所谓"龙""凤"和"才"的标准却是唯有分数高。于是,"分分分,成了教育的命根"。一些生源分数较低的学校,犹如陷入灭顶之灾。好在,教育的志士仁人从来不在少数,他们怀揣理想,勇敢突围,唱响"人"这首教育永恒的"国际歌"。近年来,盐城市盐阜中学将"成人之美"作为学校的核心价值予以践行,使这所处于生源洼地的学校焕发出别样的新姿。

一、成人之美,是一种教育理解

"成人之美",语出《论语·颜渊》:"君子成人之美;不成人之恶。小人反是。"君子总是善于成全别人的好事,小人则完全相反。夫子劝人向善,将"成人之美"上升到君子修身的高度,既是对当时社会成人之恶、掠人之美行为的批判,也是对平等互助人伦关系的一种尊重和弘扬。成人之美是一种美好的心态,更是一份实实在在的行动,具有日常性——《大戴礼记》将"君子不先人以恶,不疑人以不信,不说人之过"都归结为"成人之美",可见"成人之美"并不一定需要普罗大众以"强烈的牺牲、激烈的殉难"来成就。如果拥有这样的一颗平常心,"送人一轮明月"也是莫大的成全！当然,如果我们将"成人之美"上升为一种教育追求,视为一种教育价值,演绎成一种强大的教育生态,应该另当别论。

其实,中国教育历来强调"成人之美",《学记》有言:"道而弗牵则和,强而弗抑则易,开而弗达则思。"没有逼迫和灌输,只有引导和启迪。当你看惯了当前教育中普遍存在的"跟着老师走是最有效的学习方法"一类的"牵","只有听话的孩子才能得到小红花"一类的"抑","这个问题的正确答案是这样的"一类的"达",你就会明白古人是有智慧的,他们对教育的理解要人性得多。(《人民教育》评论员:《传统文化中的教育精神》,人民教育,2015年10月)只是,现代视界中的"成人之美"教育应该长成什么样子?盐城市盐阜中学校长王军如此理解:所谓"成人之美"就是顺应人的天性,催发孩子潜能,诱发人性善美,施与阳光、雨露的一个过程。就盐城市盐阜中学而言,"成人之美"的教育首先是相信每一个孩子都是天使,教育的全部意义和使命是帮助"每一个天使"长成自己"应有的样子",而不是我们希望的"样子";其次是不扼杀,不以既有的标准和功利折损孩子的羽翼,埋没、掩盖其固有的光辉,搞"逼人成才";最后,"以一朵云推动另一朵云","以一颗心摇动另一颗心",将成人之美的理念植入每一个校园主体的内心深处,让每一个平凡的有幸福能力的人即使走进社会,也能够坚持并传播这一份善良。这不禁使我想起傅国涌先生在浙江大学演讲时说过的一句话:"成人之美就是成全每一个人和他的人格,让每一个人都在教育的过程中得到成长,如同一棵树的生长——这是一个美好的过程,也是一个自然生长的过程,绝不是拔苗助长,不是天上掉饼,是一寸一寸往上长。"

王军认为,学校教育的终极目标在于"发现人的价值""发展人的心智""发掘人的潜力"。然而"发现人",不可能是凭空的,要有前提,要承认人的多样性、差异性,尤其是不完整性,然后才能真正认识到每一个人存在的合理性及接受教育的可能性;所谓"发展人"也得有前提,需要研究人,研究生命的生长和成长之于学校存在的意义与价值,面对成千上万独生子女这个人类教育史上空前绝后的群体,搞不清他们与过去的孩子有何不同,大量留守儿童在心智发育中有什么缺失等等,这样的教育其实极易盲目;"发掘人"发掘的是人的潜力和种种可能性,其前提是学会尊重,使教育者与被教育者之间形成"生命的相通"。盐阜中学所说的"成人之美"教育,不是单一抽象的道德呼吁,而是由"承认""研究""尊重"和"发现""发展""发掘"等教育词汇相辅相成、互为表里构成的立体思维框架。它重在突出教育应有的人本性、柔软性和圆融性,努力"知道、理解、尊重教育对象本身的美好",而不是外在主体自以为是的培养；它力求从被教育者的身心需要出发,实施鲁迅先生当年倡导的"恰如其分"的"未来之教育",尽可能地减少强加于人的权利侵害,更避免暴戾恣睢的压迫奴役；它既帮助别人,也是每个视己为君子的个体完成自己、实现自己的一种途径,君子"成全"别人之美,同时也塑造自身的美好。成人之美的校园,成就的并不仅仅是我们习以为常的学生,还包括教师、校长等所有群体：教师成全学生,学生成就教师；校长成全教师,教师成就校长；学校成全校园里内的每一个个体,群体同时成就学校。教育语境中的成人之美,体现的是一种复合主体间多向的对话与成全。

或许正是基于这样一份对教育的理解,王军和他的团队才在学校发展濒临困境之时,不断获得别样的从容和超脱。老实说,当前全省范围内的三星级普通高中都不同程度地遭遇到发展瓶颈,盐城市盐阜中学地处苏北,面临生源越来越少、办学规模逐年缩减、以升学为标志的质量持续滑坡的状况,同样感到发展方向的迷茫。当许多普通三星级高中纷纷将目光转向艺体特色,转型成为所谓的音乐高中、美术高中、传媒高中……盐阜中学也尝试过,每年大约送五六十个艺术本科生进高等院校,可学校谋求转型升级的努力叫好而不叫座。"生存,还是灭亡,这是个问题。"盐阜中学经大反思、大讨论,慢慢明白所谓的发展之困,表现为学生的升学之困,其实是学校教学思想上的困惑。因为大家已经习惯将学校看成是一个"人才"加工厂、高考流水线,所以在应试教育的残酷竞争中,才万分焦虑。而教育的原点,全是为追求分数而出发的？不是。分数诚然十分重要,但不同的学校应该有不同的使命,所谓"不忘初心,方得始终",普通学校越是在发展困难的时候,越要把"育人"这两字做实、写大。为此,学校于两年前提出"遵循常识,朴素最美"的全新办学理念,积极倡导"成人之美"的办学思想,并在此基础上,梳理学校传统文化,调整工作方向和思路,确定新的课程重心和实践模式。他们相信,大道至简,为者常成,即使在一个工具价值大行其道的年代,放平心态做小事,围绕人的成长、成才做实事,实际就是在做大事。一味喟叹教育独立价值的动摇、虚化,声讨肆意扩张没有边际的权力对教育的侵害,有意义,但不大。关于基层教育,需要听听日本学者佐藤学的话："学校的变革不可能从外部来,只能从内部进行自我变革。"

有人曾将省内三星级高中发展存在的问题概括为以下三句话：一是社会巨大的升学期望与学校日渐下降的生源质量之间形成矛盾,二是学校追求特色发展的雄心与自身资源短缺之间形成矛盾,三是学生实际能够接受的文化需求与普通高中传统的课程结构之间形成矛盾。我曾询问王军对这些矛盾的看法,他有点犹豫。但是,他很快强调,盐阜中学并不特别在意这些外在的因素。当前教育话语体系中,有许多非常具体的东西,校长们绕不过,如知识、能力、品德、创新等,然而盐阜中学认为,这些都是所要成全的"美",但其中的任一因素本身并不足以构成教育的全部目的。"我们所追求的,既是哲学意义上社会性与自然性的统一,生物性与文化性的统一,个体性与群体性的统一,更是一种通过文化秩序和文化符号所体现出来的个体天性,在规则和限制之下浇灌和绽放出来的自由个性。"这种表述有点诗意,甚至有点奔放,我请王军校长举例佐证一下,他讲了这样一个故事:2012年,王军刚从市区另一所普高调至盐阜中学,上班才三天,就有一个社会青年找到校长室,要求学校对其进行赔偿。情况打听清楚后,他陷入了沉默。原来,这个青年是盐阜中学 7 年前毕业的一名初中生,当年他因犯错被学校劝退,学校五十周年校庆纪念册上也没录他的名字,因此学生才打上门来向母校索赔。"没有感恩,只有愤怒和仇恨。"王军在会上说,"这是什么教育?这是成人之恶的教育。如果让我们的教育仅仅表现为一种技术或技能的实施,教育者没有内心深处对人的一份情怀,永远别指望学生保有天性中的善良、规范下丰富的精神自由。"从那年始,盐阜中学专门开出一门新的课程——"离别,是新的出发",学生们把它简称为我们的"离校课程"。每年,学校花园里都会新添许多挂着学生班级或名册的成长树;一叠又一叠写满青春梦想的心愿卡深埋母校的泥土,等待 20 年之后开启;当每年毕业的同学从"无论你走多远,你永远是母校的牵挂"横幅下走过,和所有老师一一握别,"人之初"的泪水潸潸如溪流滋润心田。听说,现在盐阜中学每一个新的学年伊始,总有不舍的孩子自发排成毕业方阵,再次参加母校庄严的升旗仪式。

二、成人之美,是一种教育实践

"君子成人之美"中的"成"字,宋朱熹集注"成者,诱掖奖劝,以成其事也";钱穆先生在《论语新解》一书中沿用了这种解释,谓之"诱掖奖劝以助成之"。可见,"逼人成才",不是成人之美;砍斫删增以求整齐划一的"塑造"也不是成人之美。建立在尊重人、相信人基础之上的"诱掖""顺承""奖劝"才是"成人之美"的做法。践行"成人之美",重要的是将"诱掖奖劝"四个字落实到教育教学及学校生活的方方面面。

1. 成人之美,需要整体设计

苏霍姆林斯基说过:"世界上没有才能的人是没有的。问题在于教育者要去发现每一个学生的禀赋、兴趣、爱好和特长,为他们的表现和发展提供充分的条件和正确的引导。"盐城市盐阜中学确立全校"成人之美"教育主旨是:"顺应规律做事,秉承善意做人。"这既是对学校长期以来"求和"文化的承继,也是基于对自身现实教育困境的反思,更是对教育正确价值再认识后的必然选择。对学校和教育者而言,"顺应规律做事",就是进一步以人为本,不断创造更适合学生需要的教育;对学生而言,"秉承善意做人",首先要做到"己所不欲,勿施于人";其次是简单干净,诚实做人;最高目标是与人为善,知行合一。对学校而言,"'顺应规律做事,秉承善意做人',就是通过有计划、有组织的教育教学活动,不断弘扬成人之美的情怀,着力造就被教育者成人之美的本领"。其实践取向如下:(1)舍繁取简,化复杂的"塑造"为巧妙的成全,坚信"老师不远不近的陪伴比耳提面命的指教更有效,勉励与商量比留堂请家长更有用,宽容学生的异想天开甚至胡思乱想比简单告诉他们何为正确更有价值"。(2)正确面对自己、面对他人,擦亮"善良"这一立志立德立人立信的第一标牌,形成自信、自强的珍贵品质,坚忍不拔,笃行"为者常成"的行动准则。(3)用爱心做事业,用感恩的心做人,以"成就别人"实现"成就自己"。上述理念的具体实践表征是,以"文化引领、内涵发展"为引领,以承认和尊重每个学生的个体需要与独立价值为前提,以研究和发掘学生的发展潜能为目标,以服务于全体师生的自我成长为方向,在学校课程、教学改革上全面实施"因材施教"战略,量力而行;在管理实践和德育创新方面,制订知行合一行动方案,着力"做学生喜欢的老师,办学生喜欢的学校,成社会喜欢的新人",当然,这种"喜欢"不仅是停留在感性层面的简单的情感悦纳上,更是师生之间、生生之间哲学层面上的理解、认可、共鸣和幸福体验,在校园内表现为孩子脸上自然洋溢的喜悦,老师对教育一份平实的理解、一种可能的追求、一点成全的情怀,在校园外表现为人与人之间的一个微笑、一声问候、一份宽容、一种等待;在队伍建设上,笃信"每个人的自由发展是一切人自由发展的条件",坚持顺水推舟、锦上添花的原则,通过舞台和掌声,追求"如风吹水,自然成纹"的境界。

2. 成人之美,需要制度的保障

良好的制度是无声的号角,引领、激励人最大程度地发挥出自身的正能量。盐阜中学深谙其中门道,在学生成长方面积极尝试和推行学分制改革,不断鼓励更多的学生参加到学校选修课程和校本课程的学习中来。在不断优化"国家课程校本化"的基础上,新开设出许多体验性课程,如"普通人生也精彩"的"百业讲坛"、"中国梦——劳动美"大型劳技活动、"今天我掌勺"校园帮厨活动、"我爱我校"校园亭台题名、摄影竞赛等,以喜闻乐见的形式深受学生欢迎。为了进一步激发同学们学有所乐、学有所长,学校完善了原先的"三好生""优秀学生干部""优秀团员"评比制度,创新建立了"校园特长生"评比制度,定期举行"三个一"特色工程比赛(即"每人一拍,一手好球;每人一帖,一手好字;每人一本,一手好文"),并根据竞赛成绩为获奖者颁发"特长生"证书,凡是获得"特长生"证书的学生不但可以被优先推荐参加省市级比赛,还可以期末免考,一个小小举措,不仅促进了学校特色项目的发展,而且收获了许多意外的惊喜,有些学生从校本特长项目出发,最终走上了艺考的成功之路。课堂永远是教育教学的主阵地,盐阜中学不断改革传统课堂教学的方式方法,先后推出"目标性管理""检测性教学"和"过程性考核"三大制度,以服从、服务学生的实际接受能力,切实提高学校课堂教学的质量。所谓"目标性管理",强调课堂教学要坚持以问题的解决为核心,力求目标明确、任务驱动、基础扎实、有效达成;"检测性教学"强调高度重视教学中的检测和巩固工作,课堂训练要到位,学生问题的点评要到位,现场纠错工作做到位,努力变经验性评价为验证性评价;"过程性考核"强调的是严格执行教学规范和要求,细化教学的常规管理和过程管理。学校还在不断优化练习、作业的设计和后续批阅工作中,切实加强日常教学与信息技术的融合工作,大数据时代的校内资源库建设与使用方面,建立各种详尽的规章制度,努力践行"更适合学生的教育",成就每一个孩子的主体性和幸福感。

　　当然,学校教育需要宏大的制度铺展,更需要鲜活的细节补充。考察盐阜中学,我们注意到,管理层在关注学校发展方向、课程、项目之外,更有一些精心处理的细节,透出人文的光泽和温馨,比如保证学校的饭菜可口便宜,保证学生的睡眠,运动时间合理、充足,在意学生座位安排及舒适程度,关注学生自由交往、展示才能的机会是否充分等等。由于职业的疲惫,现在许多教师的心理也在日复一日的工作中变得粗糙、敏感,甚至浮躁,学校在关注教育教学行为及学生的同时,没有忘记教师这个群体,学校"温馨工程"致力于每个教职工的生日庆祝,总有一些小小的惊喜让人印象深刻。海子曾在诗中说"开始关心人类",老实说,现在真正"关心人类"的学校其实不是很多的,这是文化的悲哀,但唯其如此,"成人之美"才愈现可爱、可贵和宽广。

3. 成人之美,需要项目的支撑

育人的目标总是相似的,不同的学校有不同的项目。难得的是,盐阜中学在校园活动项目开发和凝练的过程中,特别注重发挥学生的主体参与性。一是项目的形成往往来自学生的创意,学校习惯顺势放大项目的效应。如学校的水培花卉项目,原本只是一些爱好植物栽培的女生的爱好,她们将自己的"作品"赠送给老师摆放在办公室,深受师生们的欢迎。生物老师注意到这个不受土地、时间、空间限制的植物栽培技术,不仅可以美化环境,也有益于陶冶学生身心,迅速加以引导,设计出系列活动,水培项目很快蔓延至全校,盐阜中学的教室、办公室、过道,满是学生们心爱的"作品",它们在各种容器中恣情摇曳,顾盼生姿,蔚为一景。二是努力让项目的形成过程成为促进学生品德生长的重要契机。"阳光跑操"校校有,跑操是小事,但小事中有纪律,有风范,有气魄,孕育着大智慧、大精神。盐阜中学政教处的同志在策划学校"跑操"活动方案时,意识到仅凭行政命令,可能效果不一定有多好,学生的事情不妨让学生自己去完成,他们将任务下达至学生会,学生会的孩子特别聪明,在全校组织拍摄校园青春片"奔跑的盐阜",活动方案一公布,从班委会、班集体到全体同学,各班级的主体参与性和荣誉感瞬间被点燃。据说那天,在不大的运动场上,一支队伍接一支队伍,步伐整齐,阵容雄壮,意气风发,口号震天。许多同学表示,学校每天的例行"跑操"活动中,其实蕴含着一种自强不息的精神,它不仅可以促进同学们身体的强壮,还能增强团队精神,增强纪律观念,增强班集体的凝聚力和向心力。三是拓展传统项目,努力为更多的孩子创设成功的舞台。如何开好广场课程,让"十八岁成人仪式"、每周一次的升旗仪式,成为每个孩子衷心盼望的幸福时光?盐阜中学从这个角度开动脑筋,"今天我是升旗手""一百年前的今天""孩子,我想对你说"(家长讲话)"特别的爱给特别的你""国旗班的故事"等子项目纷纷出台,不仅吸引了学生,许多家长也参与进来,与孩子"共度美好时光"!

4. 成人之美,需要校园的开放

学校是个小社会,社会是个大学校。然而,我们的学校教育,囿于种种原因,已经封闭很久了,需要开放。教育的开放,首先不妨从开放校园大门始。每个带露的清晨或温柔的黄昏,盐阜中学操场上,晨练、晚散步的居民总是络绎不绝。有人担心这会影响到校园的卫生状况和安全管理,王军说,学校服务于自己的社区和居民,也是学校成人之美教育的一部分,至于安全和卫生问题,可通过学校的努力予以解决,如前面有人乱抛乱扔,后面的人无声地捡起来丢到垃圾筒里去,这种"一弯腰的高度"学校必须有,而且每个孩子都要自觉养成这个良好的习惯;人多人杂,多安排些户外监控就可以了。盐阜中学的开放,不仅仅是大门的放开,更有课程和课堂的开放:学校不仅大胆鼓励学生积极参与各类社会文化艺术活动和社会实践活动,而且每周都邀请一名社会从业人员,登上该校"百业讲坛",为同学们讲述"社会上的故事",促进师生对社会深度的感知和了解,"正常的社会其实是由普罗大众组成的,能否让我们拨开铺天盖地的'成功学',走进寻常人的人生,分享那些寻常的艰辛、成功和喜悦?能否避免重复建设以节约资源,让社会上大量闲置的文化设施成为我们校外的课堂和课程基地?能否让那些天天望子成龙的家长走进校园和课堂,一起听课和活动,既切实感知孩子学习的艰辛和困惑,又拉近家校之间的距离,形成真正有力的教育合力?"王军校长不断琢磨类似的话题,他想让县处级建制的"盐城市新四军纪念馆"和"盐城市海盐博物馆"成为该校的高中课程基地。"如果这样,既能为学校节约一大笔经费,又可以最大限度地进行革命传统教育和海盐文化教育,校本教材都是现成的,有《新四军英雄传》《盐风古韵》。"王军如此说。

三、成人之美,是一种教育能力

中国佛教有大乘、小乘之别,一般以为,小乘偏于自度,大乘不仅自度更要度人。教育当然不是宗教,但教育在成人之美的情怀上与宗教应该是一脉相通的。"今天我以学校为荣,明日学校以我为荣。"学校把自己办好、办优,成就更多的学生,不就等于成就自己?可见,教育中的人,无论是自度,还是度人,都是需要些道法功力的,没有情怀,无以度人。没有能力,不能成人之美,甚至可能误人子弟。盐城市盐阜中学践行成人之美的教育,始终将教师师能的成全前置于学校的中心工作。

1. 让教师获得丰厚的教育底蕴

俗话说:"予人一瓢须有一桶。"现代教师专业发展的范畴较前无疑宽广得多了,既包含专业知识、专业能力,更有专业态度的养成。所谓专业知识,一般指学科知识、教育学心理学知识和广阔的人文视野。学校一般是十分看重教师的专业水平的,经常有校长抱怨新教师水平差,学科考试成绩还比不上毕业班学生,但考试分数不高,不等于教师的人文视野狭窄,有很多作家语文卷子也做不过学生,但作家依然是作家,因为他有底蕴。一个人的人文视野就是我们常常说的文化底气和底蕴。"腹有诗书气自华",读书无疑是一个人厚实自己获得底气的不二法门。可当前国人读书少了,教师也不例外,谁来引领教师成长?盐阜中学的回答斩钉截铁:"学校。"既然学校靠教师支撑,学校必须发展教师。盐阜中学从教师进入校门的第一天起,就将这名教师的专业成长和学校的前途未来联系到一起,鼓励教师拿学历、评职称、写文章,做到"自上紧"。多年来,盐阜中学一直坚守"学校发展,教师第一"的理念,千方百计促进教师由经验型向学者型过渡。为实现这一目标,学校一方面通过教代会重新修改了学校内部绩效工资分配制度和教科研奖励条例,建构教师自我发展的"情景力场"和"内在力场";另一方面"请进来"、"走出去",不断优化教师"我要发展"的环境和氛围,拓展广大教师的文化视野。王军说,当前教师发展须突破一个误区,即把教师束缚在课堂上;我们反复强调教育"突围",其实首先要解放教师出课堂,如果教师对课堂过于情有独钟,天天猫在这块"责任田"里,他的教育格局必定是有限的。因此,他十分鼓励教师读闲书,研究一些"无用的知识",并且成立"诗意盐阜"教师读书沙龙,开办微信读书群,定期组织读书报告会。他相信,只有自己的同事们能够登上学科的舞台,看到教育发展的大背景,甚至整个社会政治经济文化发展的大格局,学校的整体文化底蕴才会深厚,有主题的校园才会成为一部立体的、多彩的、真正富有吸引力的教科书。

2. 让教师拥有莫大的师爱

彭钢同志在论及校园内师生关系时,有一段精彩的陈述:"与孩子生活在一起的教师,不由自主地接受了孩子赠送的另一个礼物——教育的责任感,一种牵挂孩子、忧虑孩子、操心孩子的思绪和情感。""学生唤醒了教师的关心和关切,建构了教师忧虑和操心的师生关系,从而生发出以关切为指向的教育行动,这就是教育日常生活的本质:学生的健康成长表现为教师的关心与关切,表现为教师的操心与忧虑,表现为教师对学生深切的爱和小心的呵护。"(彭钢:《幸福教育的可能性》,载《江苏教育·管理版》,2014年1月)可惜,当前市场经济和道德约束之背景下,许多同志已经不肯或不敢承认这种表达和叙述:"也就是一个混饭吃的"。有人以职业心代替事业心,如此来为自己辩护。这就是我们的教育令人忧心的地方,感受不到职业的快乐,也没有了职业的担当,更缺失成人之美的情怀。盐城市盐阜中学提出"成人之美"这个教育概念,叫好的人很多,但改变曾经习以为常的教学模式和育人路径要付出加倍的努力,在践行"成人之美"的教育理念的路上,犹豫和观望者多了。学校的领导们没有急躁,因为承认并正视不同意见,本身也是"成人之美"的重要内容之一,关键是实施的改革能够"给人信心,给人欢喜,给人希望,给人方便"。大家相信,只要假以时日,"成人之美"的旗帜持续飘扬,"在爱心和耐心之中逐步成长的孩子们,会让教师变得更有爱心、责任感和成就感,从而获得一种发自心灵深处的教育幸福感"。校长室带领全体同志不断回顾学校办学的传统,认真分析当前的校情,学习教育经典文献,反复观摩成功学校的经验,大家慢慢明白,其实教育就是爱,否则也不可能被称作事业;改变学校教育生态,唯有爱心不败,幸福才能永驻心间。两年下来,学校面貌果然发生显著的变化:校园文化浓郁,课程结构丰富,人际关系和谐,师生享受教育的幸福感持续上升。

3. 让教师学会做事

优秀是一种习惯,落后有时也会成为一种惰性。相对于名牌高中,平心而论,省内一般高中之所以弱势,自身的不足也是显著的。这种不足,不仅表现在学校内部管理的发条始终紧不上,作风粗放,执行力欠缺,更在于优秀教师几乎无法从个体的教育细节中感知幸福教育的存在,获得成长的乐趣。但是,正如"教育者的基本态度是选择适合儿童的教育,而不是适合教育的儿童",学校也不能永远遇上那些天生优秀、做什么事都力求完美的员工,让老师学会做事就是一个课题。盐城市盐阜中学教老师做事的课题名称叫"因为认真,所以优秀":(1)"认真"是一种态度。学校强调今天教师做事的方式,某种程度上,就是学生将来做事的方式。因此,只有当每一人想做事,愿把事情做好,开动脑筋把事做好,火烧眉毛把事做好,教育才会获得基本的存在意义,人格中闪亮的一面才能够得以凸显。(2)大力弘扬讲正气、讲奉献、讲秩序的氛围,将公开、公平、公正的"三公"原则落到实处。为调动起校内一切存在的或潜在的资源,激发全体同志对学生的关爱之心、对事业的负责之心、对社会的感恩之心,学校大力营造有利于认真做事的公正环境,让那些凡事不等、不怕、不靠的人,从自己做起,从脚下做起,从小事做起,做出事情,做出成绩。校长王军习惯说的一句话就是"只有努力才能打动人,只有事实才能改变人,只有成绩才能激励人"。(3)树立正面典型,让每一个人学有标兵。学校不断创造条件,鼓励一部分肯做事、善做事、认真做事的同志先"成长"起来,以先进引领后进,给机会成就后进,很快一支结构合理、作风严谨、勤学善干的队伍就迅速成长起来。目前,盐阜中学143名专任教师,有江苏省特级教师3人,中小学正高级教师1人,盐城市名教师1人,大市级学科带头人、教学能手39人。

4. 让教师勇于接受变革

加拿大著名学者迈克尔·富兰在《变革的力量——透视教育改革》一书中说："我们有一个从根本上保守的教育系统,教师的培训方式、学校组织形式、教育层级运作习惯以及政治决策者对待教育的态度,都容易导致维持现状和难以变革的制度。"这是世界范围内教育完全变革殊为不易的根本原因。然而,正如爱是一种能力可以养成,快乐是一种能力可以感知,接受变革也是一种勇气需要寻找。那么,变革的力量从哪里来呢?来自我们对教育本质正确的理解,对教育规律科学的把握,还来自教育内部出于道德感和责任心生发出来的自觉力、行动力。改革开放以来,尽管基础教育突围屡战屡败,不断受到质疑,但自下而上的教改典型层出不穷,它们必将"终归大海作波涛"。当然,我们的教育者缺乏的不全是学养和奉献,更不是良好的动机,还有宽松、圆融的教育举措、教育智慧。在具体的教育教学活动中,将一种菩萨之心与教育智慧有机地结合起来,盐城市盐阜中学人正确认识自己和自己的学校,自觉顺应教育规律和天道人心,放平姿态,成人之美,立足现实,低空飞行,在成就学生的同时,最终成就了自己,学校在应试教育之风依然炽热的天空下,创造出属于自己的教育风景!

集结号再次吹响
——"学讲计划"在徐州

最近,应李运生副局长邀请,我在徐州中小学校观摩了课堂教学,召开了座谈会,与张德超局长、李运生副局长进行了交流,深感徐淮大地暖风浩荡,春潮涌动。在课改走过十多个年头后,徐州教育人再次吹响集结号,全力推进"学讲计划",打响课堂教学改革攻坚战,形势相当喜人。

一、"真学习"的丰富意蕴

"学讲计划"说的是徐州市教育局《"学进去,讲出来"教学方式行动计划》,"学讲计划"直指课堂教学"教师满堂灌,学生被动学,课堂气氛沉闷,教学效率低下"等突出问题,以转变学与教的方式、彰显教育和生活的意义为主题,努力建构一种"真学习"的课堂生活。"学进去"指的是通过自己学、合作学、质疑学等学习方式,调动学生学习的积极性,强调的是达成"学进去"的结果;"讲出来"是指通过同伴互助的"做、讲、练、教"等方式,用所学的知识帮助同伴解疑释难,解决问题,强调的是在"讲出来""教别人"的过程中,强化所学知识,达成学习目标,发展自身综合素质。"学进去,讲出来"正在走向"真学习"。

何为"真学习"? 可以从谁在学习、怎样学习、学得怎样等方面加以研究。

谁在学习? 似乎不成问题,但只要到课堂去,就会发现相当一部分学生不在状态。"学讲方式"努力确认学生学习的主体性,这体现在:(1)参与性。所有有价值的教育思想、教育模式都强调学习者对学习活动的参与。参与了,学生才"在学习",才可能"真学习"。"学讲方式"从"自主先学"起步,每个环节学生都参与其中。(2)互助性。合作学习是"学讲方式"主要的组织形式,几乎贯穿于整个学习过程,而且也为每个学生参与创造了更好的条件。(3)表现性。"讲出来"是一种生活化的表达,指的是学生在学习过程中,将自己所学的知识,经过充分内化、加工和组织之后,通过同伴互教互助、课堂演示、作业、检测等方式,表达和外显出来,既是一种结果呈现,又是一种能力锻炼。(4)内省性。真正的学习都是学习主体不断反思的过程,"学讲方式"有自学、互学、问学、"教"学、悟学的"五学"步骤,反思、内省有独立的地位,既贯穿全程,也通过内外的多次转换和递进,最终确定学生学习的主体地位。

怎样学习?从过程考察,我以为"学讲方式"很重要的贡献是在还原学生学习过程的完整性,比如,(1)结构的完整性。"学讲方式"的基本环节为"自主先学、小组讨论、交流展示、质疑拓展、检测反馈、小结反思"。通常以讲解为中心的教学,基本忽略了学生的预习性学习,完全忽略了检测反馈后的学习步骤;"学讲方式"显示出结构的相对完整。(2)内化的完整性。专家们认为,教学信息在学习过程中要实现两次转换,第一次是由教到学的人际转换,第二次是由学习到学会的自我转换,这两次转换未必是先后承续的,其实可以理解为同步整体的推进过程,其中最重要的是知识内化实现的自我转换。"学讲方式"突出"讲出来"是用外观的手段强化了内化的目的。(3)结果的完整性。"真学习"很重要的内容是向学习结果学习,是通过对学习结果的反馈展开新的学习。"学讲方式"至少有三次向学习结果学习,第一次在小组,向自己和组内的学习结果学习,第二次是在"讲出来"环节,向自己和班级同学的学习结果学习,第三次则是在检测后的总结反思,又一次向自己的学习结果学习,进而达到提升。伴随整个过程的情感态度与价值观的体现,自然是另一层含义的学习结果完整性,而教学相长则又拓宽了学习结果完整性的内涵。

学得怎样?学习的有效性,与学习主体、学习过程紧密相连,与"怎样学"其实只是换一个角度讨论,从可测量角度看,"学讲计划"比较关注的是:(1)学习目标与学习知识状态的距离。有效教学的意义就在于缩短以至消除这样的距离,"学讲计划"有掌握学情、自主学习、合作学习、学生"教"学、当堂巩固、指导学法六个实施原则,在评价时,学情调研和"以学定教"也是第一位的要点,"研究学生"受到高度重视。(2)学习过程中学习思维活动的质量。还是在课改伊始,我们在讨论教学时就提出,一节课关键看学生有效思维的时间长度。杜威说,教育成长的标准是学生心理活动的质量。心理活动不仅仅是思维,但主要是思维。心理活动的质量,主要是有效思维的时间长度。我在翻阅徐州一中的材料时,发现老师们比较关注挑战性、小步子、快节奏,这就是他们结合本校情况提出的有效策略:挑战性关注思维的强度,小步子关注思维的坡度,快节奏关注思维的速度,其学得怎样似乎不言自明。(3)教学反馈的质量。"学讲方式"采用当堂利用学生练习检测学习目标达成的方式,有助于把问题解决在萌芽状态,同时各地各校在实施时又努力把每日备课的反馈与阶段性教学结果反馈结合起来,对学习的有效性起到了保障作用。

二、"南秀北雄"的行动风格

徐州市"学讲计划"引人注目,不仅在其内容,更在其"作派":全市统一,强势推进。一方水土养一方人,正是"南秀北雄"的文化基因,决定了"学讲计划"基本的行动风格,统个结合,刚柔相济,收放灵活。

政府主导,统一要求,强力推进。"学讲计划"提出:改变教学行为,教师人人达标。一年内,1/3 的教师达到"学讲方式"要求的教学标准;两年内 2/3 的教师达到"学讲计划"要求的教学标准;三年内,教师全面达到"学讲方式"要求的教学标准。改变课堂生态,学校校校过关。一年内全市 1/3 的学校达到"教改达标学校"标准;两年内 2/3 的学校达标;三年内所有学校达标。

徐州市共有 111 万中小学生,有 1 225 所中小学校,以偌大的体量,做课堂改革的同一件事情,其魄力可以想见,而且在每一个推进步骤上,都体现这种刚性统一的要求,尽显"北雄"特征。比如提出赛课推进"入轨",要求各学校要以赛课、评课为抓手推广"学讲方式"。一是要通过三轮赛课基本入轨。第一轮赛课主要去除"满堂灌"现象;第二轮赛课主要矫治形式主义现象;第三轮赛课努力提高老师的课堂设计、组织、引领、调控能力。二是要坚持经常性评课、赛课,持之以恒。再如,为了在全市顺利推进"学讲计划",徐州市教育局建立巡课制度,每天对全市的 15 万节课进行巡视监测,并把基本数据传送到市数据库进行处理。勇武刚毅,全面彻底,大概是"北雄"本色吧。

鼓励创新,价值引领校本建构。"学讲计划"提出,要"充分调动一线教师的积极性,不设框框,不囿于固定的模式"。在一定意义上,"学讲计划"方向性大于操作性,强调的是对课堂意义的追寻,是对人的成长的关注,是对"真学习"的探求。伴随"学讲计划"的推广,徐州市掀起了新一轮深化教育思想学习的热潮,其实是在进行再一次的思想启蒙。老师们的文章很多也都是在探讨策略、方法背后的意蕴。因为是大面积推广,经过反复琢磨,提出比较合理的基本程序,好上手,是必要的。徐州市的"学讲"六环节,既是操作程序,也有腾挪的足够空间。基本环节的开放性,成为"学讲计划"的重要亮点。我们在地处农村的姚庄小学听课,看到老师呈现的是交流预习、互助探究、巩固提高、总结归纳四个环节,加上先学后教也就是五个环节。徐州一中提出的课堂教学规范则是"四步一环":一是以案导学,查知学情;二是自主深化,创设情境;三是点拨精讲,学会提升;四是即练即成,迁移达成。老师们上课时,又可以有相对个性的呈现。统个结合,给予足够空间,这种开放性、灵活性,以及贴近校本后的精细化,大概又是"南秀"风格影响所致。

  贴近现场,及时引导步步扎实。"学讲计划"的推进,重要特点在实。教育行政部门、教研部门自觉贴近教学现场,不断研究发现新问题,及时加以引导,使"计划"迄今保持良好的发展态势。部分抄录李运生副局长所列出的教师疑惑,就能很好地说明问题。李局长列出的有:(1)导学案是什么?需要讨论导学案内容是习题,导学案是教案,导学案的作用是检查预习情况,导学案有模式,导学案必不可少,导学案应该一样,导学案是教师编制的,导学案环节细致为好。(2)怎样促进学生自主学习?需要讨论学生为什么自学不起来,是不是基础知识不足以支撑自学,没有掌握自学的方法,没有自主的意识、习惯,没有自学的动机、兴趣、意志、毅力,没有自学的资料、资源,没有自学的咨询、指导、支持,没有自学效果深层的诊断评价,没有自学的环境、条件,不会计划学习,不能掌控时间,等等。(3)怎样组织合作学习?需要讨论的是什么样的问题需要合作学习,合作学习有哪些功能,合作学习有哪些规则,合作学习中角色如何分配,合作学习的秩序如何维持,合作学习的效率如何提高。(4)"学科味"是什么?需要讨论学科素养是什么,学科素养、课程标准相关表述与教材呈现知识点的关系是什么,自主学习怎样体现"学科味",课堂教学中怎样提高学科素养。(5)怎样才能"学进去"?比如要关注不想学,不会学,学不会,书看得懂但不会解题,学会了但记不住,题目变个样又不会了,学习速度跟不上,粗心等现象。(6)怎样做到"讲出来"?思考为什么要"讲出来",在哪儿"讲出来",从哪里"讲出来",怎样用学科语言"讲出来",怎样反思"讲出来"。其现场的烟火气,问题的精致性,精力的专注度,都有明显的体现,这自然会带来科学推进的扎扎实实。

覆盖所有学校、所有教师、所有课堂,如果大而化之,那只能是空喊口号;针对性、及时性地发现问题,提出对策,就把"学讲计划"组织化的程度奠定在科学性基础上。"南秀北雄"大概才能熔铸出这样的行事特点,可谓风格使然。

三、令人欣喜的开局

徐州市"学讲计划"的实施促发了徐州市基础教育领域的全面改革,从教师理念上、课堂形态上、教研方式上都已经出现了很大的改变。

思想观念新认识。"学讲计划"出台后,全市各个学校围绕"学讲"主题开展了大量工作,自上而下带领教师深入解读"学讲计划"文件,学习相关理论;各个县区学校请专家对"学讲计划"进行理论解读,分层开设"学讲计划"校长论坛、业务校长和骨干教师论坛,加强对"学讲"的理论学习研究,推荐阅读书目,促进教师学习,用"学讲"的方式推进"学讲",要求教师"读进去,讲出来",从理念转变到行为改变到逼着教师教育教学观念的改变。

课堂形态新变化。"学讲"活动开展以来,实施以学生为主体,自主学习、小组合作的方式,教师的讲授时间较以前大为减少。这就要求教师课前要在深入了解学情的基础上,认真钻研教材,精心设计,课中要有效组织,及时反馈,不断生成,使学生真正能"学进去,讲出来"。这对教师也提出了更高的要求。"学讲"课堂上的师生关系出现了明显的变化,教育教学质量有所提高,师生关系明显改变。在教学管理上也锐意创新,开发了"学讲"背景下的智能备课和巡课系统,使现代信息技术更好地为学校教学和管理服务。

教研方式新转型。为了更好地研究、落实和推进"学讲"工作的开展,在全市开设了"学讲"专项课题研究;建立了"学讲"项目工作室,开展专题专项研究;举行研讨课、观摩课、赛课等形式,深入探讨"学讲计划"在课堂教学中的实施;培养先进,树立典型,发挥榜样的示范引领作用;举办论坛研讨,开设教师沙龙,开展教学论文和学习心得的评比活动,促进教师对教育教学的深入反思。

徐州市"学讲计划"基于课改十多年的丰富经验和深刻反思,筹划周全。从推进的情况看,已经是初步告捷。虽然其中有些表述还需要再合理推敲,现场生成的经验走向理论还需假以时日,与改革需求相适应的教师专业素养也亟待提高,但良好的开始意味着成功的一半,我们有信心充满美好的期待!

"科研意识"的生动阐释

这些年来,连云港市教科研崛起的成就有目共睹:"教海探航""师陶杯"论文比赛中成绩骄人,省教育科学规划课题立项数"洼地崛起",国家和省的基础教育教学成果奖评比中榜上有名,"教·研·写"一体化教师专业发展模式已成品牌,学术领军人才培养已成系统化,名师、名校长抱团成长已成常态化。但比起这些,我在翻阅《连云港市重大(重点)课题调研报告选编(2014年度)》时,则更为欣喜。因为它们生动地诠释了"科研意识",并昭示着连云港教育的科学发展更上一层楼。

一、责任意识

这批调研报告是主动布局的收获,本着"高起点谋划调研选题,高要求开展调查研究,高效率为教育决策提供优质服务"的原则,连云港市教育科学研究所紧紧围绕全市教育教学中心工作,对该市教育重点、难点和热点问题开展超前研究和实证研究,针对教育改革与发展的新课题,仅2014年度就立项重大调研课题10项、重点调研课题35项,共有280人次参与调研工作。据了解,调研课题开展一年来,从选题指南的下发到申报论证、从调研课题立项到研究启动、从问卷研制到数据分析、从专项培训到座谈交流、从调研报告撰写到专家论证修改,课题承担人及参与人员做了大量的繁难工作,查找文献资料,研制调查问卷,实地调查访谈,统计调查数据,分析数据信息,进而提出结论,给出对策和建议,等等。其间,许多领导、老师白天忙于正常的管理和教学教研工作,晚上还要学习有关理论知识,收集整理资料,研究统计软件,总结调研经验,他们既备尝了调查研究过程的艰辛,也享受了教育事业发展的愉悦,他们的调研报告体现了作为教育人的责任意识和对教育事业发展的追求。

这种调研的指向是立足现实,面向未来,着力在为教育决策、为教育的改革和发展提供有力的支撑,提供方向引领。这里体现的主动、自觉、担当的责任意识是难能可贵的。冯友兰先生在阐述知识分子的使命感时,曾激赏张载的"横渠四句":"为天地立心,为生民立命,为往圣继绝学,为万世开太平。"知识人、教育人做人的境界,就是往这个方向走,就是主动担当。这批调研课题最大的价值也就在于此。责无旁贷,义不容辞,甚至舍我其谁,主动谋划,高效能地组织,呈现高水平的成果,有助于促进连云港教育的科学发展、优质发展。

近年来,连云港市充分发挥基层教育工作者的科研优势,提高教育科研在行政决策中的作用。2012年,该市就启动了重大调研课题研究工作。这是该市教育科研工作转型升级、强化服务职能的重要举措,教育科研工作已从过去专注教师专业发展、助推教育教学改革,发展成为教育决策的信息库和智囊团,在教育发展中发挥着重要的作用。正如连云港市教育局臧雷副局长所言,教科研部门和研究者要树立一种责任意识,即将课题研究纳入日常工作的重要组成部分,以重大调研课题研究为载体来提升教育教学境界,以重大调研课题研究为平台来提升自身的专业素养,最终将重大调研课题研究内化为一种生活方式。如果这种生活方式和责任意识一以贯之,长期坚持,实在是功莫大焉!

二、问题意识

教育事业的规划与发展,有不少参照维度,比如,长期积累的成功经验,国家和省确定的大政方针,先进地区和发达国家的先行探索,经济社会发展的呼应和要求,但基本的立足点还是离不开教育的现实问题。因此,发现这些问题,凝练这些问题,分析这些问题,就成了教育科研的重要问题。问题导向似乎应该是教科研,特别是关乎教育决策的教育研究的首要要求。问题导向使教育科研具有针对性、聚焦点,问题导向的研究有助于我们透过现象看本质,透过问题找规律,使教育决策更科学,教育政策更精准。

诚如臧雷副局长所强调的,重大调研课题必须立足于实际问题,立足于连云港市当前教育改革的热点、难点问题,通过扎实的研究,为教育主管部门提供科学、合理的咨询报告。连云港市教育科学研究所也正是基于这样的考虑,选择的调研课题主要着眼于宏观发展问题的研究,主要涉及教育领域综合改革、教育现代化推进、教师常态流动、评价体系改革、课堂教学改革成效、教师阅读现状、体育教育现状等一些重点、难点问题,比如《教育现代化市级示范区建设推进策略研究》《连云港市与周边市教育综合实力对比研究》《普通中小学管办评分离的机制研究》《流动教师与现任学校管理融合度调查研究》《新海城区教育管理体制改革可行性研究》《新浦区义务教育教师常态交流机制研究》《普通中小学德育现状调查研究》《对教育满意度的调查研究》《中学生综合素质评价体系构建研究报告》《建构式生态课堂推进情况的调查研究》等。

  连云港市这批重大调研课题,指向事业的内在运行机制,指向教育质量的提升,指向问题的普遍存在,都是真问题、大问题,都是事业发展绕不开而急需化解的问题。这些问题的研究与解决,对于区域内甚至省内外教育事业的健康发展意义重大。特别是基于问题研究的《义务教育城乡教师流动的现状调查与对策建议——基于苏北 A 区 354 名中小学教师的调查分析》一文,得到省教育厅的肯定,被江苏省教育厅 2013 年第 6 期《调研通讯》刊发,"编者按"中说:"《江苏省中长期教育改革与发展规划纲要(2010—2020 年)》提出,'实行县级教育部门统一管理中小学教师制度,区域内教师和校长定期合理流动'。教师流动既是均衡配置教师资源的重要途径,也是促进义务教育均衡发展的有效方式。连云港市朐山中学对苏北 A 区教师流动现状进行了调查,形成了专题调研报告。调研报告分析了影响教师流动的主要因素,指出要以政府为指导、以制度和经济为保障,从加强学校管理环境和教师个人的职业素养等方面构建科学合理的教师流动方式,对各地推动教师流动、加强师资队伍建设具有较高的借鉴价值。"另外,他们基于问题研究的调研报告,如《连云港市教育现代化创建工作密码解读》《生态哲学视域下农村教师专业发展的审视——基于教师专业标准对连云港市农村中小学教师专业发展的调查研究》《城乡教师流动:冲突与融合——基于对连云港市海州区流动教师管理的调查分析》《管办评分离:基于学校视角的调查分析与政策建议——江苏省连云港市管办评分离制度调查报告》《一线教师科研倾向分析及评价对策——以苏北某区 507 名中小学教师的调查为例》等,分别在《当代教育科学》《江苏教育研究》等主流媒体和刊物上发表,引起省内外教育者的广泛关注。

三、方法意识

　　研究方法，是指在研究中发现新现象、新事物，或找出新理论、新观点，揭示事物内在规律的工具和手段。群众性的教科研，从经验走向科学，重要的凭借之一就是找到对路的研究方法，是以研究方法的科学性保证研究的高水准。一般而言，对老师们的田野研究，我们是鼓励为主的，因为我们在关心教育现场知识打开的逻辑时，更关注其间体现的情感关系和价值意义。但对于教育政策的研究，特别是调研报告，人们必须把对数据和证据的要求放到重要的位置上。

　　连云港市这批重大调研课题的研究，是以量化研究为基础的，特别是课题组的分析，是基于数字和论据的，这就使其结论具有相当的说服力。为此，调研课题一定要出去调研，既要重视文献研究，又要去调研、去实践，掌握第一手资料。调研课题的合理性、可操作性一定是第一位的，只有在开门做研究中不断地与研究对象对话才能接地气，才能得出更真实的数字和论据。比如《建立基础教育管办评分离制度的调查分析》，其研究方案的设计比较完整，内容充实，样本数据较大、代表性较高，在此基础上提出"管办评分离制度建立的现实路径在于主体分离、职能分离和责任分离，推行管办评分离制度需要从根本上实现'三位一体'管理模式走向'主体分开'的格局"。这一观点就非常具有新颖性。再如《连云港市基础教育满意度的调查分析》，设计了若干满意度调查指标，进而大规模地开展问卷调查，指标体系和样本选择均较为合理，并运用SPSS软件得出连云港市基础教育满意度的基础数据43组，在此基础上对有关教育政策提出建议，方向和旨意明确得当。还有《关于中小学教师发展性评价体系的调研》，在调研过程中，不仅运用了个案研究、问卷调查、访谈等手段，而且参阅了国内外相关的理论文献，使得课题研究既有实证性，又有理论深度。调研报告深刻、全面、清晰地呈现了当前学校绩效考核评价制度的弊端，也具有建设性地提出了很多好的发展性评价建议。而《连云港市中小学学校体育现状调查》，对研究方法进行了详细的说明，特别是在问卷设计的质量控制方面，交待了研制阶段的技术性数据；问卷调查具有较大的覆盖面，研究者选择了连云港市7个区县的77所学校的2 300名学生和140名体育教师以及领导作为调查对象；研究者按"体育课、阳光体育锻炼一小时、学校体育场地器材配备与资金投入情况、监督与评价机制、学生对学校体育的认知"等五个方面全面展示该市学校体育的现状,为连云港市的学校体育留下了阶段性的、重要的历史资料,具有较高的决策与研究参考价值。这样的课题调研报告还有很多,都体现了一定的方法意识。

当然,这样的研究还需要教育现场的还原,因为在教育现场,数字和论据才会鲜活,背后的意蕴才能为人们更好地领悟;这样的研究还需要积累,因为很多数字和论据的力量,在于其积累的厚度,相信聪慧的连云港同仁,对这些是有足够关注的。臧雷副局长在对连云港市2014年重大调研课题工作给了了充分肯定的同时,也对该市2015年度课题调研工作提出明确要求:要树调查研究之风,明确调研工作是谋事之基、做事之需、成事之道;思调研课题之源,思发展之需,思改革之需,思破解之需;行研究之法,调查研究要体现科学之真、规范之举、方法之准;求研究成果之效,求成果之认,求成果之用,求成果之化。

顺便提及的是,运用正确方法,要防止调研课题工作先入为主的错误倾向。这种错误倾向,使得有些老师在调研中往往带着已有的观点去找论据,用头脑里的想当然去剪裁事实,习惯于先定调子、先画框框,把调研活动当成一种时髦、一种展示、一种效应,甚至作为哗众取宠、禀报政绩的一种手段。调研工作的最大特性,是基于现实,需要立足现实,依据现实问题,从大量事实中归纳、概括出观点,提出解决问题的方案。同时,调研报告的撰写,也要防止报喜藏忧的现象发生,既要防止不尊重事实、文过饰非、回避矛盾和问题,也要防止有调无研,只将调查了解得来的情况进行记录、照单全收,缺乏去粗存精、去伪存真、综合分析,没有从理性的高度总结出经验、规律或理论来。科学的调研报告,应有调有研,实事求是,这样才能具有真实性和针对性。

科学是第一生产力,教育兴市,必须先兴教科研。连云港教育人深知这一点,王家全局长力主"教育要兴调查研究之风,管理要取科学决策之道",分管局长和职能部门不断策划重大研究项目。从连云港市教科研的运行质态看,其蓬勃生机是我常常为之感动的。科研兴则教育强,我们也因之对连云港市教育改革与发展的明天,寄予美好的期望!

本文系作者为《连云港市基础教育重大(重点)课题调研报告选编(2014年度)》所写的序言。

第三辑

播撒温暖阳光

让思想照亮人生

帕斯卡尔说,人是会思想的芦苇,人因思想而伟大。教育最精彩的譬喻,就是点燃孩子思想的火炬。这里所说的思想,主要指心智活动,指思维。如果思想与具体的人联系在一起,思想就形成了理性认识的架构范式,就成了有体系的观念形态。江苏人民教育家培养工程很在意培养对象教育思想的提炼,不少培养对象也在这方面下了功夫,这是因为点燃了这样的思想火炬,整个人生都会是亮堂堂的。

探溯文化的源头。"工程"一期小学校(园)长组的各位,都形成了自己的"思想",其表述有的是教育哲学,有的是教育口号,有的是教育主张,都是基于自己对教育规律的基本认识,有教育实践中持续、稳定地表现出来的观念、信条。这些"思想"成了学校建设的文化旗帜,也成了学校特色的核心元素。记得"工程"启动时,专家组很重要的一件工作,就是引导大家向前贤致敬,通过梳理学校发展史,寻找自己的文化基因。记得在南京市鼓楼幼儿园那五彩缤纷的会议室里,我们和崔利玲园长一起盘点她们的"家当"——"好东西不少啊!"后来在同伴们的启发下,崔园长找到最重要的宝贝——陈鹤琴先生的"活教育思想"。陈鹤琴先生是鼓楼幼儿园的创始人、中国幼教之父。他的"活教育思想"至今仍然具有强大的生命力。在方向明确后,崔利玲园长和她的团队这几年把"活教育"做得风生水起。孙双金是2003年从丹阳调到南京市北京东路小学的,他经常讲到"两块铜牌的故事"。北小有两块弥足珍贵的铜牌,一块刻着"心心相印"(语出陶行知),一块刻着柳斌先生的题词"含爱生情怀,有教育智慧"。怎么继承北小的文化传统?孙双金从这两块铜牌读出"情"的重要性,而当下教育缺少的就是"情",于是成为梁思成先生早就批判过的"半人教育",在这样思想的基础上,孙双金提出"情智教育",就成了自然而然、水到渠成的事情。

恰如我们在组内研讨时反复强调的,尊重传统,梳理校史,主要不是为表达一种敬意;我们更侧重于面向未来,更应思考的是把学校带到一个什么新的地方去?把孩子带到一个什么新的地方去?庞朴先生曾比较过传统文化与文化传统的异同,在他看来,传统文化是静止的、旧的、良莠夹杂的;而文化传统是有价值的、动态的、活的,是至今仍蕴含在人们生活中的。学校文化的内在性根植于学校传统,但同时又应答时代呼唤,我们探溯的那些"宝贝"都不是文化化石,它们都是在不断变化的历史情境中仍然具有生命活力的。所以,校长、园长们的继承其实是以当下教育为语境的。孙双金的"情智教育"与前任校长的努力一脉相承,但又突出地体现了对完整的人的培养目标的追求;鼓幼的"活教育"作为陈鹤琴先生的幼儿教育思想的文化流响,也已经被赋予时代的斑斓色彩。李伟平的"生活关怀"与自己生命的"向上翻"(牟宗三语)联结在一起,钱阳辉的"乐学教育"浸润着儿童文化,芮火才的"自由学校"、戴铜的"幸福教育"、杨金林的"上教若水",都是在诉说着自己对教育理想的追寻。"我们来到世界,为了看太阳。"在他们教育思想的深处,都蕴含着对培养时代新人的渴盼。

让理念与实践相互激荡。理性认识形成了架构范式,它本身就是从实践到认识,又从认识到实践,不断循环式前行的产物。一线校长老师的教育教学思想,是实践性理论,是在长期实践探索中生成的理性认识,其形成的过程,就是理念与实践不断对话、相互激荡的过程,就是理念与实践在双重探索中融为一体的过程。崔利玲园长提出,陈鹤琴先生的"活教育"很重要的理论支点是"幼童本位",钱阳辉认为无锡师范附属小学"乐学教育"的深化,理论背景是儿童文化。于是他们都下功夫去研习、思考。作为一个"坐在路边鼓掌的人",为了更好地与他们交流,我也曾围绕"理解儿童"进行文献梳理,开过讲座,发过文章。李伟平校长在主政常州市局前街小学后,在实践中逐步形成"教育是一种生命关怀"的思想。在金生鈜教授的指点下,李伟平系统地进行了关于生命教育的理论研习,把自己教育思想的内在追求表述为:尊重生命的独特性,唤醒生命的自主性,激活生命的可能性,培育生命的共生性,实践生命的超越性。记得工程启动之初,组里组织"送教周总理家乡"活动,第一次开展关于"幸福教育"的对话。此后,戴铜校长每次碰到我们,都和我们讨论对幸福教育内涵的新认识，现在他把"幸福"的内涵阐释为一种教育理念、一种教育目标、一种教育实践、一种教育生活，显然形成了自洽的完整表述。杨金林校长常常给我眉头紧锁的印象，熟悉之后我才知道，他的紧锁眉头不是不开心，而是在思考。在选择了"水"作为学校的文化意象，提炼出"上教若水"的教育思想后，他进行了广泛的文献搜集和理论学习，终于把"水文化"阐说得比较明白。钱阳辉校长在鼓励老师们创造教学风格时，提出要做理论功课，要经过"抽象的贫乏——丰富的杂乱——清晰的结构"这样不断建构的过程。他自己，他在工程的同伴们，这几年其实也都经历了这样的过程。

难能可贵的是，这些人都不是坐而论道者，他们明白，教育家的培育是与改进专业实践联系在一起的，所以，他们把更多的精力花在实践体系建构上，花在学校教育实践的日常生活的进步上。钱阳辉近几年把"乐学教育"的重点放在聚焦儿童文化的课程开发与实践方面，并在课程开发、实践中较好地处理了核心知识与背景知识的关系、直接经验与间接经验的关系、一般发展与特殊发展的关系、认知过程与情意过程的关系、教师主导与学生主体的关系，使学校的课程质态达到较高的水平。李伟平的"生命关怀"建构了完整的实践体系，使自己对生命教育的认识融化在学校组织、制度、课程教程、教学、活动、文化之中。戴铜的"幸福教育"做的比说的多，做的比说的好。听薄俊生介绍"发展性课堂的教学"，常常有回到教育现场的感觉，因为他把"过程"清晰地呈现出来，让人似乎看到打开了的课堂。没有课堂实践的丰厚积累是做不到的。芮火才的教育梦是创办"自由学校"，他的坚守与执着，使得美梦在某种意义上能够成功。与以往不同的是，培养对象今天的实践是想明白后的理性选择；在实践中碰到新问题，总会自觉地去学习、研讨，去寻找理论根据，从而在一个更高的平台上展开实践。在他们这群人中，有多位获得江苏省基础教育教学成果特等奖，获得国家级基础教育教学成果一、二等奖。"天道酬勤"，这首先是对他们辛勤耕耘的肯定和奖赏！

"寻找属于自己的句子。"经常有同行提出，现在一些优秀的校长、老师，都在提出自己的教育思想、教育主张，有这个必要吗？这种倾向是好还是不好？我的观点是，名师、名校长凝练自己的教育思想，其价值不在有没有，有与没有都不能与好或不好挂钩；关键在"对不对""做不做""像不像"。"对不对"就是要看他们的理性表述是否符合教育基本规律，是否是一种努力抵达教育本质的跋涉；"做不做"是看这些理性表达是否有实践根基，如果说的一套做的是另一套，还是不说为好；"像不像"是看这些理性表达是否属于他们自己,海明威认为作家创作就是"寻找属于自己的句子",校长办学、教师教学亦然,特别是自我阐释时,更要说自己的句子,"像"自己这个人。

"培养工程"小学、幼儿园的校(园)长们,提炼教育思想的过程,其实也是认识自己、发现自己的过程,所以这些理性的表达是有"文如其人"感觉的。李伟平提出"生命关怀",我在局前街小学曾请几位老师说些校长的故事,我于是明白,伟平是多么善解人意,替人着想。崔利玲赞成的让儿童活泼泼的生长,其实也是她天性的表征。经常听到芮火才在一些大型研讨会上,与别的论者"反弹琵琶",你就会感受到"解放""自由"是他的性格使然。孙双金的"情智教育"、戴铜的"幸福教育"、钱阳辉的"乐学教育",熟识他们的同行都能体会到,他们的教育思想都是源自心灵的生命自觉。有些提法别人也有,但进入到其理性表达与实践建构的内部,你还是能清晰地辨认出"这一个"。薄俊生为人内敛,温文尔雅,他的"发展性教学"更像"农业",他的教育管理更似"中医"。于是我们可以认定,他们找到了"自己的句子"。

这种寻找的过程,远不是文字表达所能涵盖。这是认识深刻与实践进步的过程。在这方面,他们更多是以架构、范式的内在肌理表现的。比如"情智教育",孙双金早已提及,但内涵与现在已不完全一样。以"情智教育"说,孙双金原来的"招牌菜"是"四小课堂":"小脸通红""小眼发光""小手直举""小嘴常开"。现在他把"情智教育"表达为:让教育充盈审美的愉悦,让教学充满思维的挑战,让教学充溢丰富的安静。"四小"还在,但"四小"并不是总的概括,并不是唯一追求,而是"淡妆浓抹总相宜"的一种形态,于是也就站得住了。杨金林是泰兴市襟江小学的校长,进入"工程"后,他逐步打通了学校地域特点、办学文化传统与水的联系,使其教育思想更"襟江"。在研讨过程中,受大家的启发,他把母性确定为"水文化"的第一核心元素,又把教育的母性特征概括为无私的滋养性、无偏的悦纳性、至尊的亲和性、至诚的成全性。可以说,这种"寻找"往"襟江"近了一步,往教育的本质进了一步,多少有些理论发现的美感。

苏霍姆林斯基说,校长的领导首先是思想的领导。我以为作为校长的人生,首先也是思想使其具有光泽、光亮、光彩。江苏省人民教育家培养工程的校长们,正在用自身的实践生动地说明这一点。

本文发表于《中国教育报》2015年3月14日。

斯霞的意义

在斯霞老师诞辰100周年的日子里,我们相聚在一起,追思、缅怀这位伟大的人民教师,诉说对她的挚爱和敬仰,阐说她丰富的教育思想,论述在当下中国学习斯霞的价值所在。我想,各位学界同仁、各位老师,在演讲中都突出了一个主题,就是在领会、强调,并且要继续领会、更加强调斯霞的意义。

斯霞是一座丰碑。她是一座大写的"人"的丰碑。作为一个人,斯霞一生坎坷,但从来没有向黑暗、困难和挫折低头。她坚守自己的信仰,坚守自己的理想,坚守自己的学校,坚守自己的课堂。用94年的时间长度,用堪称"伟大"的高度和宽度,书写了一个大大的"人"字。她是一座人民教师杰出代表的丰碑。作为一名人民教师,钟爱教育,关爱孩子,酷爱语文,热爱教学,成为她基本的生活方式和深刻而美好的生命体验。作为一名人民教师,她从未停止过探索和实践,在某些领域,比如识字教学领域,成为分散识字教学流派的主要代表人物,是非常了不起的。

斯霞是一个宝库。首先是她的教育哲学"童心母爱"。什么是童心?我想至少是有童真、好奇、想象力、创造力等等。这些在孩子是天然的,但作为一名老师,作为一个成人,甚至老人,依然童心未泯,童心永驻,十分难能可贵。"母爱"是师爱达到极致的表现。爱自己的孩子是人,爱别人的孩子就是神。我是从斯霞老师这里,理解了"教师是一个神圣的职业"的意蕴。真正的爱在弗洛姆看来,有四个基本要素:关心、责任、尊重、认识。我们在讨论师爱时,还要强调博大、无私、公正、艺术,这些我们在斯霞老师的实践中都可以体会到。她的"童心母爱"是我国教育哲学思想库中一颗璀璨的明珠。其次是她的语文教学思想。斯霞在识字教学、阅读教学、作文教学、课外阅读指导等方面,都有成功的探索和独到的见地。比如识字教学,她提出"字不离词,词不离义""随课文识字教学",是开先河的创造性贡献。第三是斯霞教育孩子的艺术,无论是做班主任还是在语文教学实践中,斯霞用心去发现孩子的优点,耐心地做细致入微的工作,都让你感觉到这是最恰当的、最温暖的,这就叫"好雨知时节,当春乃发生"。

斯霞是一所教师发展学校。斯霞亲自带过那么多的老师,斯霞精神深刻地影响着她工作多年的南师附小,斯霞留下那么多值得我们反复回味的著述,学习斯霞定会促使我们的专业素养有所提高。南师附小正在做这项工作,还应该有更多的机构、更多的人做这项工作。同时,在学习斯霞的过程中,还应注意一些需要重点关注的地方。比如,儿童立场。斯霞的"童心母爱"很重要的就是让我们形成一种基本的教育立场:坚定地站在孩子的一边!她自己上课和指导青年教师时,会关注到教室的后面,看田字格和字的大小,强调写的字一定要保证坐在最后排的孩子也看得清清楚楚。这就是立场!再如,源自心灵的教学,"师爱"不是一句口号,更不是一句空话,很重要的是落实到一节一节课上,是要让我们自己和孩子流水一样的日子更有意义。因此,要从心灵深处改进教学,要让教学透亮起来,心灵与教材之间没有遮隔,教材应当是"通体透明,形神兼备";教师与学生之间没有遮隔,可以进行心灵与心灵的对话;教师自身的知识、情感、精神之间没有遮隔,是一个融通明亮的活泼泼的生命体。这种感觉,我们观看斯霞的课时会自然产生。这时候的教学实践,一定会有童心在其中,有师爱在其中。斯爱如霞,我们和孩子们都会有更好的发展。如斯,斯霞老师在天国一定也会发出会心的微笑。

本文摘自作者在 2010 年 12 月 10 日纪念斯霞诞辰 100 周年"童心母爱薪火相传——'斯霞讲坛'高层论坛"上的总结发言,发表于《江苏教育研究》2011 年第 1 期。

立德·立功·立言
——记语文教育家顾黄初先生

顾黄初先生在扬州师院中文系星光璀璨的教授群里,是唯一以研究语文教学法名世的。《左传》有言:"太上有立德,其次有立功,其次有立言,虽久不废,此之谓不朽也。"顾先生是集立德、立功、立言于一身的。师风可学,他的道德文章深深地影响着一代代的学子,影响着语文教育战线上的后来者。

一、立德:高山仰止,景行行止

和几位同窗忆起先师,总感到先生的基本形象就是一位士大夫,尽管他的思想见识走在时代的前沿,但就为人性格而言,他的身上是有传统学人古色古香味道的。借用儒家学说的用语,照亮了先生一生的,也照耀受他影响的人们的,是一个"仁"字。"仁"是生活中最高的德,是生活的理想,又是可以切切实实践行的道。《论语》中关于"仁"有很多的论述,譬如:

子贡曰:"如有博施于民而能济众,何如?可谓仁乎?"子曰:"何事于仁,必也圣乎!尧舜其犹病诸!夫仁者,己欲立而立人,己欲达而达人。能近取譬,可谓仁之方也已。"(《雍也》)

樊迟问仁,子曰:"爱人。"(《颜渊》)

问仁。曰:"仁者先难而后获,可谓仁矣。"(《雍也》)

顾师是深得儒学精髓的,顾师之"仁"为众多后学树立了榜样。

1. 不甘平庸,自强不息

"己欲立而立人,己欲达而达人。"首先要自己"立"起来。《中庸》述孔子之言,说:"力行近乎仁。"自己"立"的过程,就是"力行"的过程,就是"先难而后获"的过程。顾先生中学时代立志专攻戏剧文学,因著名戏剧理论家、翻译家陈瘦竹先生在南京大学中文系执教,顾先生中学毕业报考了南大中文系并被录取。到大三时,由于当时国家要尽快解决中学师资匮乏问题,国内所有综合性大学各学科学生提前一年毕业,分配到中学。1953年,顾先生被分配到苏北农学院附属工农速成中学当教师,尽管非兴趣所在,原来的学术愿景成了画饼,但顾先生还是很快就全身心投入工作,努力做一个称职的老师。1954年春天,当教师才半年,顾先生就给《光明日报》寄去题为《人生新起点》的文章,表达心愿,文章发表时改为《走在铺满鲜花的道路上》。顾先生此后的路并非铺满鲜花,但这篇文章确实反映了先生积极向上的心态。1956年工资调整,顾先生是全校两个跃级提薪中的一个,可见工作之努力、业绩之突出。顾先生后来进了扬州师院,组织上安排他做函授教员,顾先生拒绝平庸,立志"努力当好一名称职的、让接受培训的在职中学教师留下深刻印象的函授教师"。我初次见到先生,就是在泰县(现姜堰区)师训班(后改为教师进修学校)组织的培训活动中,那时我二十三四岁,以民办教师身份负责全乡小学语文教师的培训,知识的饥饿程度可想而知。正是顾先生和师院中文系其他老师的讲座,为我推开一扇窗户,让我知道原来语文教学的世界是那么的广阔,以至恢复高考时,我填报的所有的志愿都是扬州师范学院。"文革"结束后,顾先生自告奋勇地选择了筹建语文教学法教研室的任务,经过多年努力,使扬州师院成为我国研究语文教学法的一方重镇。顾先生曾在一篇文章中说:"在过去20多年的教学生涯中,宏观环境似乎没有给我提供多少好的机遇,我总是在常人认为是'贫瘠'的土地上翻土下种,争取获得一般幸运儿在肥壤沃土上获得的同样的收获。这种'争取',当然很艰难,而且也未必能如愿,但毕竟养成了我一种淡漠于机遇而依赖于自力的习惯,这也是一种收获。"顾先生在语文教育研究中卓然大家,其实也有机遇的缘由,人常说庸者放弃机遇,弱者等待机遇,强者抓住机遇,智者创造机遇。顾先生是创造机遇、立己立人的人。

2. 忠恕待人,助人以成

子曰:"参乎!吾道一以贯之!"曾子曰:"唯。"子出。门人问曰:"何谓也?"曾子曰:"夫子之道,忠恕而已矣。"(《里仁》)

> 子贡问曰:"有一言而可以终身行之者乎?"子曰:"其恕乎!己所不欲,勿施于人。"(《卫灵公》)

所谓忠,就是尽己之力以助人;所谓恕,就是不以己之所恶施于人。忠恕合而为仁。以"忠恕"理解仁,就是对人尊重,替人考虑,又帮助他人立人。顾先生逝世时,我的同窗王安琪送的一副挽联是:"一代大师温良恭俭诲人不倦万千桃李受恩惠,两袖清风经史子集潜心教研七七春秋颂风骚。"这道出了后辈学子的共同心声。顾先生做函授工作,主持编辑过几十期《语文函授》月刊,为众多中青年教师的脱颖而出提供了机会,上世纪 80 年代扬泰地区的语文特级教师,多半是因为在《语文函授》上发表了他们的处女作,受到鼓舞,从此走上联系教学改革实践进行科学研究的道路的。在漫长的语文教育研究生涯中,不知多少人请教过顾先生,先生总是尽可能给予指导和帮助。在扬州师院读书以及毕业后从教的 10 年,我许多次到师院南门教工楼的顾先生家中,记得先生为了安静,要的是顶楼,从底楼到顶楼,楼梯两侧都堆放着煤球,每次穿行在煤球构成的拱道,步入先生家中,都受到老师、师母的热情接待,每次向先生请教人生的、学术的问题,先生总像读文章讲求知人论世一样,总是帮助我分析背景、环境、情境,然后再进入具体话题讨论,还常常设身处地说自己的想法。后来想起,我理解这是先生对学生最大的尊重。先生在为我的拙作《语文教学艺术论》撰写的序言中曾记下其中的一次长谈:

> 那是 1982 年的夏天,九俊刚从扬州师院中文系毕业,被分配到泰州师范工作。用一句文绉绉的话说,他正站在一条人生的新的起跑线上。他问我,今后应该干些什么,又应该怎么去干。我知道他在中文系学习期间,志趣在文艺评论方面,已有多篇论文在文学报刊上发表,而且思路活跃,常能见人所未见,在这方面确有发展前途。现在被分配到一所师范学校工作,其工作的性质和内容决定他今后不可能倾注全力去从事文艺评论,他要解决一个志趣转移的问题。我当时建议他在艺术论和教学论的交汇点上开辟自己新的研究领域,而把这种研究的落脚点放在语文教学上。艺术论,是他原有的志趣,并已有了一定的基础;教学论特别是语文学科的教学论,是他今后的工作需要,是他为培养合格的小学语文教师所必须肩负的任务。从艺术论的视角去窥探教学论的奥秘,把教学论的丰

富内容提到艺术的高度来加以剖析,从而提高语文教学论研究的品位,对他来说可能是一个"于己合适而又于人有益"的目标。他年轻,而且素有"不甘平庸"的秉性,听了我的一番话,精神为之振奋,说:"您这番话正合我意,我就决心这么去干。"

我在泰州师范学校的 10 年,正是在先生指引下,坚持不懈,做出了小小的成绩,后来组织安排,走到行政机关,待江苏省教科院组建时,又有机会回到业务岗位,其实是回到顾师为我定下的路标前行。

3. 言传身教,春风化雨

仁者爱人,仁又是最高的德。顾师之仁,在爱人,更是学生们人生的导师。我的同窗徐林祥教授,在兴化中学任教 11 年后调回母校做顾先生的助手。徐林祥曾在专著的后记中写道:"顾先生是我治学的导师,也是我为人的楷模,如果说这些年我多少有些进步的话,也是与恩师的言传身教分不开的。"徐林祥说过他第一次申报副教授未能如愿时,顾师尽管也觉得有些不公平,但他并未利用自己的身份去打招呼,而是激励徐林祥加倍努力。先生说:"譬如人家出一本书,你要出两本、三本,人家发两篇文章,你要发四篇、六篇。所谓责己严,待人宽,这才是真功夫。"可见,先生时常是以德行的磨砺要求自己的爱徒的。在我与顾师交往的过程中,少不了有许多知识的困惑是在先生的点拨下解开的,但具体的问题都记不清了,只记得过一段时间就想到要看看先生,听先生说说,今天想来,先生对我们的帮助更吸引我们的,是对人生的引导。记得先生经常说,扬师院中文系与北大中文系不一样,与南大中文系也不一样,大多数毕业生注定是要做中学老师的,最重要的是要脚踏实地、不甘平庸。在我毕业时,先生为我人生定向时,特别强调一个青年首先要有奋发向上的精神,进而阐说:"这种精神,在实践上要解决好两个问题:一是要找到一个于己合适而又有益于人的目标,即在人生的坐标上找到自己恰当的位置;二是要为实现现实目标而不懈追求,决不为一时的困难和挫折而轻易改弦更辙。"先生的这些观点都是源自心灵的,是他自己不断向前向上的人生体验。还记得有一次,先生出差到泰州,住在乔园宾馆,我那时还不会骑自行车,就让一名学生骑车带我去乔园看望先生,聊到夜深时告别先生,先生说:"你们学校在东郊五里桥,下次如果是晚上就不要过来了。"送至门口时,先生又说:"九俊执弟子之礼足矣!哈!哈哈!"意想不到的是,随着爽朗的笑声,先生快乐地把巴掌拍到了随我去的那位学生后背,也许先生是无意,我那名学生却理解这抚背一掌是顾先生对他的教诲呢!

二、立功:辛勤耕耘,功绩卓著

与许多从事教师职业的人一样,顾先生主要的功绩是培养学生,无论是函授时教授过的在职老师,还是扬师中文系听先生讲过教学法的一茬茬学子,还有听先生讲座的高师教学法培训班的学员,听先生的课,都是如坐春风,受益终身。但作为著名语文教育家的顾先生,又超越了一般的老师,他的功绩主要是在语文教育研究方面的卓识与洞见。

1. 语文"三生观"

1996年,顾先生在《关于语文教育研究》一文中,将自己多年关于语文教育的思考概括为三个基本观点:语文教育是提高全民族素质的一项奠基工程,语文教育改革根本的指导思想是"贴近生活",语文教育必须走民族化与科学化相结合的道路。2005年10月,顾先生在首届江苏省语文课程与教学论专业研究论坛上,第一次提出语文教育的"三生观";2005年12月,顾先生在南京师范大学与香港教育学院联合主办的"新时期中国语文教育改革的理论与实践"国际研讨会上,着重阐述了"我的语文教育生态观"。2006年,顾先生应《湖南教育》约稿,发表了《生命·生活·生态——我的语文教育观》,系统地阐说了"三生观"。

(1) 语文教育生命观。顾先生先是提出"语文教育是提高全民族素质的一项奠基工程",强调了语文在社会系统中的重要性;进而又提出语文教育生命观,揭示了语文教育在个体生命历程中的重要性。顾先生的论述是从"人之所以为人"这个角度展开的,在社会语境里、教育语境中讨论"人"。众所周知,这个"人"是具有双重生命的,这个生命是本能的,又是超本能的;是生物性的,又是文化性的;是自在的,又是自为的;是种生命,又是类生命;是个体生命,又是社会生命。顾先生紧扣"社会人"的本质,揭示了语言(言语)和思维对人作为生命体的重要意义。他认为,作为"社会人"是需要交流的,语言活动和思维活动几乎是共存的、同步的,因而也是贯穿生命始终的,语文教育就是要从人的这个本质特点出发,致力于三件事:第一,要在交流的"量"和"质"上下功夫,包括口头语(听说)和书面语(读写)的交流,循序渐进,"由简单到复杂,不断加深交流的内容;由近及远,不断扩大交流的范围;由低到高,不断提高交流的层次"。第二,要在思维发展和锻炼上下功夫,由形象思维到逻辑思维,由直觉思维到灵感思维,由形式逻辑到辩证逻辑,不断提升学生的思维品质。顾先生专门讨论了理论思维的特点,并对如何"发展和锻炼理论思维"提出很好的建议,早在1982年,先生就发表《发展学生的理论思维——兼谈加强经典著作教学的现实意义》。可见,先生对这些问题的思考是一以贯之的。第三,凡需要进行语文教育的任何学段,都要抓"感悟"程度的由萌生到发展到成熟的逐步强化和深化。

(2) 语文教育生活观。顾先生先是提出"语文教育改革的根本思想是'贴近生活'",后来又补充说:"语文教学的改革也得寻找它的'根',这'根'就是实际生活中语文运用的情况。"顾先生自谦说,"卑之无甚高论"。真理总是朴素的,顾先生的语文教育生活观是相当深刻的洞见。语文就是生活,即使是课堂,其实也只是生活的一部分,语文教育的目标就是培养学生高水平语文生活的能力。就"淡化语法"的争论,顾先生基于语文教育生活观,也提出自己的见解。顾先生借一些前贤的认识和实践,倡导"语文知识一是力求精要、好懂、有用";二是"语法、逻辑、修辞以及词句篇章的有关知识,可以结合的内容要尽可能结合起来教学"(张志公语)。要重视语法的动态研究,动态研究似乎更能联系实际(吕叔湘语)。在顾先生看来,只有真正在生活中发挥作用的语文,才是鲜活的语文、有用的语文、科学的语文、本质的语文。

(3) 语文教育生态观。顾先生借用生态学的理论,紧扣生物、环境、关系、发展四个关键词,建构了自己的语文教育生态观。顾先生认为,第一,语文教育研究的重要对象是人,是有生命的人,语文教育首先要关注学语文的人,以学生为主体,让学生主动地发展。第二,语文教育的环境是母语的环境、生活的环境、规范的环境、学校的环境。优化语文教育的环境,就是优化语文教育的生态。第三,环境是动态的,会变化的,语文教育的研究也必须不断更新,语文教育在内容和形式方面产生具有时代新质的变革,语文教育才能与新的现实相适应。

2. 语文教育史研究

顾先生于1981年发表《试论叶圣陶的语文教育观》,1982年发表《且看前辈留下的脚印——早期"中学语文教学法"教材述评》,由此开始了他对现代语文教育史的研究。迄今看来,顾先生的语文教育史研究的开拓性、丰富性仍然是无人能出其右的。我的同窗徐林祥教授等曾对先生的语文教育史研究做过全面梳理,从中可见顾先生的研究至少包括:

（1）专人研究。顾先生对叶圣陶先生进行了长期的持续的研究，发表过 20 多篇论文，并出版了《叶圣陶语文教育思想讲话》，以至因仰慕、热爱叶圣陶先生的人格和学养，后来自己也加入了叶圣陶先生为首的民进党。除叶圣陶先生外，顾先生还对蔡元培、刘半农、梁启超、胡适、王森然、黎锦熙、夏丏尊、朱自清、陈鹤琴、艾伟、阮真、于在春等人的语文教育思想也进行了原创性研究，收在本书中的第二篇文章《语文教育家研究》已经延至对当代一些著名语文学人的研究。

（2）专书研究。顾先生对语文教育史的一些重要著作进行了专门的研究。如上世纪 20 年代王森然编的《中学国文教学概要》，30 年代阮真编的《中学国文教学法》，40 年代蒋伯潜编的《中学国文教学法》，以及 40 年代孙起孟、顾诗灵、蒋仲仁合编的《写作进修读本》等等，顾先生都进行过专门的研究，总结出其基本经验和特点。比如对前三部著作的研究，顾先生总结出今天仍有借鉴价值的四条经验。一是"教学法教材的源头活水，在于历史的现实的丰富教学经验及其理论概括"；二是教学法教材应当"在理论观点上反映出当代哲学、教育学、心理学、语言学、文艺学等等相关学科的新的研究成果"；三是"应该在阐述某些理论观点时提供必要的典型调查材料或数据统计材料，以及其他有关的教研资料，以加强教材的科学性，并提高实用价值"；四是"鼓励个人和个别学校编著材料"。

（3）教育科学实验研究。19 世纪末 20 世纪初，受"欧风美雨"和社会变革的影响，各种教育科学实验包括语文教育科学实验一时风起，比如直接受外国思想思潮影响的秩序教学法、设计教学法、道尔顿制实验、分团主义教学法，都有移植性的实验；从传统教育中汲取经验，自主探索开展实验的导学教学法、比较教学法、"集体习作"实验等等，有些取得显著的成果；还有对语文教育改革提供心理实验的。顾先生都专门写过文章，评判得失。新中国成立后，特别是改革开放后，一些有影响的语文教育改革实验，如斯霞的"分散识字"实验，段力佩的"八字教学法"实验，刘朏朏、高原的"作文三级训练体系"实验，钱梦龙的"语文导读法"实验，等等，顾先生在研究中都非常关注。

（4）重要问题研究。如"历史分期"问题，"中学生语文程度低落"问题，"文言、白话教材比例安排"问题，顾先生都进行过深入研究，并提出深刻见解。

（5）史料研究。顾先生对语文教育史进行广泛的搜集和整理，甚至对中国职业教育史也进行过开创性研究。本书第六编收录的先生的四篇文章正是这方面的成果。先生说他是"突然转向"，我想，一定是先生在搜罗语文教育史史料时，发现了职业技术教育史弥足珍贵的史料,便以高度的责任感顺带拓宽了自己的研究领域。

3. 语文教材建设

1980年,顾先生发表了《改革中学语文教材之我见》,提出在统一教学大纲前提下,允许教材"百花齐放"的设想。此后,先生对语文教材建设做出了多方面的贡献,他与人合著了《语文教材的编制与使用》《语文课程与语文教材》;受教育部之聘,自1985年至2000年担任全国中小学教材审定委员会中学语文学科审查委员;还应聘担任人民出版社特约编审、课程教材研究所学术顾问。非常巧合的是,苏教版初高中语文教科书的主编都是扬师中文系的毕业生。洪宗礼老师当年试图从语文教学的诸多问题中突围,创出一条新路,就是经顾先生指点迷津——"编教材"。洪宗礼老师从此开始了他的"洪氏教材"的创业之路,顾先生生前一直担任初中语文教材编写组和"中外母语比较研究总课题组"顾问。2002年底,我和丁帆教授合作主编高中语文教材,我曾向先生汇报过编教材的想法,先生连说几个"好"。我说等有了整体模样再去请他指教,记得必修本刚形成、选修本还未出,先生就捎信来要看教材。这其中固然有他对扬师中文系学子们的牵挂,更重要的是他对教材建设的重视与关心。

由于顾先生的学术贡献和社会贡献,顾先生担任了多种社会职务,受到了多项奖励,可谓功成名就。顾先生是第三届、第四届、第五届、第六届民进扬州市委主委,主持民进扬州市委工作17年。顾先生先后当选为第八届、第九届、第十届民进中央委员,第七届江苏省人大代表,第六届江苏省政协委员,第八届、第九届全国人大代表,第三届、第四届扬州市人大常委会副主任。顾先生生前曾担任中国教育学会语文教学法研究会副理事长兼学术委员会主任,中国高等教育学会语文教育专业委员会首席顾问。他的研究成果先后获江苏省第三次、第五次哲学社会科学优秀成果奖。1996年3月,上海《语文学习》"世纪回眸"专栏誉之为"影响当今语文教坛人物"。2002年10月,有关方面与扬州大学联合举办了"顾黄初从教50周年暨语文教育思想研讨会",与会代表对顾先生语文教育实践和理论研究中形成的特色鲜明的语文教育思想给了予高度评价。2003年教育部特授予他"感谢您为我国中小学教材建设做出贡献"的奖牌。

三、立言:真知灼见,谨严清通

作为一位知名学者,顾先生的立德、立功是与他的立言分不开的,但从"文"的角度看,顾先生同样给我们做了一个好的样子,他的言说的风格值得我们很好地学习。

1. 拓荒性的研究选题

顾先生从来认为自己是"不敢偷懒"的,当他发现语文教育史研究少有人涉猎时,便毅然和几位同道开始了这方面的研究,他曾在语文教学法课程青年教师专研班主讲"中国语文教育史";独立或合作完成了多部著作,如《现代语文教育史札记》《叶圣陶语文教育思想讲话》《中国现代语文教育史》《二十世纪前期中国语文教育论集》《二十世纪后期中国语文教育论集》《中国现代语文教育百年事典》等等,筚路蓝缕,居功至伟。他的语文教育史著作奠定了他作为现代语文教育史研究开创者的地位。顾先生逝世时,天津师范大学吴格明教授的挽联是:"巨制鸿篇里多少真知灼见大师一去流不完心底潸潸别泪,流年碎影中一片高风亮节浩气永存望得见云端落落长松。"浙江大学刘正伟教授的挽联是:"一部札记传颂百年,两卷论集惠泽千秋。"其中都包含着对顾先生语文教育史研究公允的评价。

2. 说自己的话

顾先生不止一次对我说过,别人的话是用来听的,不是照着说的。他有时似乎又对学生降低要求,要我们不要"重复别人说过十次百次的话",研究"要有新的内容、新的发现、新的开拓和新的视角"。人总是以自己为标准要求别人的。在20世纪末,顾先生就形成语文教育"三生观"的基本思想,本世纪初又以论文的形式完整地表达出来。他建构自己语文教育思想体系就是说自己的话,说自己有深刻理解、深刻剖析的话。"生命观"是从"人之所以为人"的角度谈语文教育的重要性;"生活观"让语文回到生活之中;"生态观"强调语文教育的环境建设。"三生观"是顾先生对语文学科独特的理解,是直抵学科本质的。即使在今天语文课程改革深入推进的语境里,"三生观"仍然是具有指导意义的。其实,顾先生的许多著作和文章,都具有发现的意义,都给我们带来新的东西。1987年《师范教育》第7期,开辟了"小学语文教材教法辅导讲座"的专栏,编辑部请顾先生拟定了12个专题,并约请他写了第一讲"浅谈教学目的的确定",顾先生说,教学目的具有多种性质,如定向性、层次性、相对性。顾先生又说,确定教学目的有三个依据,一是国家的教育方针以及国家对各级各类学校规定的培养目标,二是本学科的性质和教学内容,三是学生生理、心理的特点和学生的学习规律。记得当时带学生实习时,发现他们写教学目的都是随意为之,我也说不清楚怎样指导他们,看到顾先生的文章才感到豁然开朗。1993年我主编的《小学语文备课大全》在北京师范大学出版社出版,每册收录名家的三四篇理论文章,我向先生索要这篇关于如何确定教学目的的文章,先生慨允,《大全》收录了这篇文章。我至今认为,关于教学目的的各种性质,至今许多相关文章仍然没有顾先生说得清楚。记得有一次看到先生谈游记散文的教学提炼出"游踪、风貌、观感"三要素,十分欣喜,自己上课时就努力按先生的建议做,无论是教和学,真如先生说的,有了些"真趣和真味"。我相信,一定会有如我等者,长期从顾先生的真知灼见中受益颇丰。

3. 为现实服务的价值取向

"文章合为时而著",顾先生是踏着时代的节拍前行的,如果把他的各类研究打通了看,一部当代语文教改史的脉络依稀可见。即使是对史的研究,他也有鲜明的价值取向,他说:"我并非为研究史而研究史,我的目的是鉴古而铸今,推陈而出新,旨在为改革语文教育的现状服务。"比如,他基于"史"的深度,参与讨论作文教学改革的出路,他努力让老师们从历史深处听到先辈们探步的足音,从先辈们那里学到解决问题的方法。关于实用文的写作,顾先生就在梁启超、蔡元培、夏丏尊、叶圣陶、黎锦熙等前贤的基础上,提出了自己的见解,给中学作文教学以切实的指导。再如课堂结构改革研究,顾先生在考察历史的基础上,提出"定向——自读——研讨——归纳——应用——反馈"的基本流程,既有历史的纵深感,又有鲜明的时代感。

4. 谨严清通的语言风格

顾先生要求我们不要说不疼不痒的话,不要说玄妙空洞、不切实际的话,他自己正是这方面的典范。他的文字谨严质朴、清通冶炼,行文如水流泻下,顺畅洁净。比如有的老师课堂导语很"花",很煽情,而顾先生则更注意从文体特点和具体学习情境出发,他为《蝉》写的教学导语是:

> 说明文的内容十分广泛,从宏观世界到微观世界,从具体事物到抽象事物,凡是人类已经认识或发现了的事物和事理,都可以成为说明的对

象。《南州六月荔枝园》说明一种果品,《一次大型的泥石流》说明一种自然现象,《现代自然科学中的基础学科》说明自然科学中一些学科的相应关系。说明对象各不相同,说明文的写法也多种多样。我们今天要学习的《蝉》这篇课文,其写法就更有自己的特色。学习这篇课文的目的之一,就是要悉心揣摩这种说明文在写法上的特点。

娓娓道来,质朴自然。视野是宽阔的,要求又是很具体的。

顾黄初先生 2009 年 3 月 9 日在上海因病逝世,享年 77 岁。顾师去世后,几位在扬州工作的同窗和师母一起筹划着先生遗作的出版工作。

2002 年先生在人民教育出版社出版了《顾黄初语文教育文集》(上下卷)。这次先生的著作冠以《顾黄初语文教育文集外集》,凡 160 万字,在江苏教育出版社的大力支持下,分两大卷出版。几位同窗推举我为先生的著作写序,徐林祥教授还寄来相关资料,回想起先生许多的指点和帮助,虽有些诚惶诚恐,但也不敢推托。写下以上的文字,诉说对恩师的崇敬、感激和怀想,更是向远在天堂的顾师献上一瓣心香。

本文系作者为《顾黄初语文教育文集外集》所写的序言,发表于《中学语文教学》2014 年第 3 期。

教育科研的范例之作
——试评洪宗礼老师的《母语教材研究》

洪宗礼先生在"九五""十五"期间,主持中外母语教材研究的国家课题,前后历12年,现在推出《母语教材研究》(洪宗礼、柳士镇、倪文锦主编,江苏教育出版社出版)皇皇10卷,近600万字,给我们带来许多的惊喜和震撼。

一、研究的"预设"

这里的"预设"加了引号,是别有所指的,因为我想在这里讨论的不是课题研究预先设定的目标、任务、内容、方法等等,而是指课题背后隐性的一种预设。新课程讨论教学问题,经常涉及"预设与生成",在我看来,应当认识到有两次生成,两种预设。两次生成,一次是指教学设计阶段使教学的预设超越教材,超越教参,超越自己,成为生成性预设;另一次是指课堂上的现场生成。两种预设,一种是大家注意到的,显性的;另一种则是隐性的,未必有所意识的,这种预设可能是经验的,也可能是观念的、性格的、文化的等等。相对而言,隐性的预设更具本质性、强制性、弥散性。对洪宗礼研究这种文化现象进行解读,了解其隐性的预设是必不可少的。这种"预设"是研究的背景,而且是深刻的背景,它其实已经给研究带来很多规定性,预示着某种必然性。

1. 人格的预设

洪宗礼先生在《语文教育随想录》中主张:"教师要永远站在学术前沿和道德高地上。"他身体力行,已经站在这样的"高地"上,这里的道德高地,主要体现在他对母语教育及其研究表现出一种高度的主体道德自觉。这可以从三个方面加以认识。第一,深刻的教育理解。什么是"自觉"？冯友兰先生说:"我们知道自己在做一件事情,便是自觉。""知道"在洪宗礼这里,就是一种深刻的教育理解,洪宗礼毕生致力于语文教育研究。他深知母语教育及其研究意义何等重大,"迷则为凡,悟则为圣",悟到了,就有点神圣的意味,就必然自觉了。第二,积极的实践文化。在我们传统的实践文化中,"坐而论道"是一个明显的倾向,所谓"坐而论道",就是习惯于把困难一项一项摆出来,以此作为放弃行动的借口,它有时会使我们陷入一种无法自拔的低谷当中;因为有困难,所以不能干;因为不能干,所以更困难。洪宗礼老师开始编初中语文教材时,曾动员我联手编小学的,我望而却步,洪老师却真刀真枪地干起来,干成了,而且干得如此漂亮,他用行动改善了我们的实践文化。第三,执着的态度。执着是信仰的标识,内在是信仰,外在是执着,看准的事情,坚定不移做到底,所谓"不抛弃、不放弃",是一个改革者重要的品质。洪宗礼一路风雨走下来,有数不清的理由打退堂鼓,包括适可而止,激流勇退,等等。贵在坚持,他坚持下来了,所以可贵,所以宝贵,所以高贵。

2. 经验的预设

传统是人们存在的基础,"成见"不可能被悬置,洪宗礼关于"母语教材研究",有着丰富的"前结构"。在课题启动之前,他自身一直在四个方面努力,一是做一名语文教师,二是做一名研究者,三是做学校分管教学的校长,四是做教材主编,这四个方面的经验对于洪宗礼都是很重要的。作为一名语文教师,对于语文教学有深刻的体验,很多问题可以联系到具体的教学情境思考。这对于应用研究是一个基本的条件。民间有一句俗语,指责有人不干活只会批评人,是"站着说话不腰疼",洪宗礼显然不会犯这个毛病。作为一名语文教学研究者,本身就形成了教学反思的习惯,很多成果都是基于自我行为的追问。这是从个体研究走向组织团队研究,从小研究走向大研究的基础。作为一名做了20年分管教学的校长,洪宗礼以前较少提及,我以为,这种行政组织的经验也很重要,否则难以统筹各方"神仙",难以协调各种意见,难以应付冗杂的事务,也难以适应不可避免的扯皮。然后洪宗礼开始编教材了。有了学术统筹的实践,有了民间形态的领导经验,我想,这方方面面,对于洪宗礼主持这样一个大的工程,都是必要的铺垫。

3. 行动的预设

洪宗礼关于母语教材的研究,启动于1996年,集大成时是在2007年,以10卷本《母语教材研究》为标志。但洪宗礼首先是一位实践家,不管有没有什么研究,他都在进行语文教育改革的实践。恰逢国家于2001年启动基础教育课程改革实践,围绕国标本教材的编写和送审,他自然会进入课程改革的历史轨道,语文教师的"出身",又使他更多从一线教师角度去考虑课程的具体实施,"研究"的意识和素养则让他从一个更广阔的视角去反思、追问,探索母语教育的基础问题。我说这些的意思是在强调,不管有没有课题,洪宗礼都在做,都会或多或少地做,但事实上,他在实践的同时还在做课题,这些"行动"就给他的研究带来了"直观"的视角。良好的现场感虽然也可能在一定程度上影响判断,但总体说来,那种与实践相伴而来的真切感,那种与体验共生互长的对事物本质性的领悟,是局外之人难以达到的。

二、研究的内容和意义

洪宗礼的母语教材研究取得了丰硕的成果,具有多方面的重大的意义。

1. 里程碑

袁振国先生在序言中有一段话说得很精彩:"所谓里程碑,并不是说以后就没有了,也不是说以后没有人能超越它了;而是说以后继续从事母语教育研究的话,这项研究你不可能不回顾,不可能不涉及,也不可能绕过去。如果你要超越它,你就不能不正视它,也就是说,你不能不重视它的存在,不能忽视它的资料、方法和结论。"为什么说这项研究是一座里程碑呢?这主要是由研究的成果和价值决定的。10卷本《母语教材研究》的内容,主编们概括为五个方面的成果和十条共识,正是这些构成了研究的里程碑意义。

五个方面成果是:

其一,扫描百年来我国各时期母语教育,尤其是母语课程教材建设的全景,展示我国丰富多彩的母语教材文化长廊,分析研究我国母语课程的历史演进、理念更新、教材变化和文化建构,并探求其动因,在一定程度上揭示了我国母语课程教材发展的规律。

其二,首次引进40余国母语课程标准和教材,并由众多国内外学者介评了原汁原味的母语教育、母语课程教材,打开了一扇扇千姿百态的全球母语教育之窗,探求了不同历史文化背景、不同社会制度、不同经济发展水平和不同民族心理、民族传统的国家母语教材建设的各自特点和共同规律,为我国当前和未来的母语教材建设提供了可资参考的经验。

其三,国内外 160 余名专家联合攻关,分 30 多个专题对母语课程的目标、功能、地位、性质及母语教材编写的思路、策略、理念、内容、体系等,做了全方位、多角度的理论探讨,初步形成了我国母语课程教材理论的雏形,填补了这一领域的空白,从而为我国母语教材当代建设及长远发展奠定了良好的基础。

其四,以历史唯物主义、辩证唯物主义思想和国内外先进课程论、教材论为指导,对当前母语课程教材建设进程中有争议的若干理论问题,诸如国际性与民族性,科学主义与人文主义,工具性与思想性,基础与发展,继承与创新,传统回归与现代诉求,课程的综合与分科、必修与选修,教材中的语言因素与文化因素等等,进行哲学思考,作了有针对性、有说服力的分析,有不少已达成了一定的共识。

其五,在 21 世纪初我国基础教育课程改革,特别是母语课程教材改革的实验进入关键阶段之际,本项研究在理论上对改革方案作了有力的支撑和补充,在实践上为它的完善提供了某些有益的历史经验和国际借鉴。

十点共识是:

(1) 必须从母语的性质、功能和教育发展的全局来认识母语学科的地位和作用。

(2) 要运用历史唯物主义观点,动态地认识母语教材发展的历史轨迹。

(3) 应以母语教育的价值目标和功能目标的统一观,理解母语学科的特点。

(4) 母语课程标准(大纲)的编制应体现民族化、科学化、人本化、现代化要求。

(5) 优化母语教材的内容和结构是母语课程教材改革的一个重点。

(6) 要辩证地认识和处理母语教材中语言因素和文化因素的关系。

(7) 母语教材建设要审时度势地把握世界母语课程教材发展的趋势。

(8) 要把创造能力培养作为我国母语教材建设和研究的突出主题和重点内容。

(9) 必须坚持教材多样化的方针,构建中外比较视野下的汉语教材多种模式。

(10) 要逐步完善教材审查、评估制度,积极推行教材循环使用、赠送制。

2. 交响曲

《母语教材研究》内容丰富,作者众多,专题各异,但不是冗杂的堆砌,而是有其内部的结构、体系的,可以说,它是一部雄浑的交响曲,这种交响曲的特征可以从以下几个方面来认识。

第一,皇皇十卷,有鲜明的主题贯串发展。正如交响曲从贝多芬到勃拉姆斯所发展的,它是一个整体,这个整体是由主题贯串和凝聚的。《母语教材研究》的主题是对母语教材建设和母语教育规律的探索和建构,在课题主持人看来,围绕这个主题,要着重研究以下主要问题。

(1) 如何从我国国情出发,在继承我国百年语文课程教材建设的优良传统和吸收国外母语课程教材新鲜经验的基础上,奠定我国创新母语课程教材的理论基础。

(2) 如何建构适应时代需要和符合学生特点的创新母语课程教材体系,并据此体系设计出符合汉语文特点的新一代母语教材。

(3) 在当今的历史条件下,如何实现语文课程教材文化的重建,以及建立什么样的语文教材文化。

(4) 语文教材如何体现继承传统和改革创新、科学理性和人文精神、弘扬中华民族优秀文化和尊重多元文化的统一。

(5) 在中外母语教材比较的视野中,探讨如何建构语文教材模式,以及采用何种策略才能实现语文教材模式的多样化。

怎样展开研究呢？课题研究分为两条线、三板块、十专题。

两条线:

一条线是纵向研究我国清末至今一百多年来不同时期各个阶段的多种版本语文教材及教学大纲;另一条线是横向研究世界五大洲45个国家和地区的母语课程教材。

三板块:

一是"回顾与总结"。回顾我国现代语文课程的百年历史,总结历史经验和教训,为新世纪语文课程教材的发展和理论创新奠定基础。

二是"译评与借鉴"。译评国外母语课程标准、教材和研究论文,打开世界母语教育千姿百态的窗口,为我国当代和未来母语课程教材的改革提供借鉴,也使我们能够站在国际母语教育的平台上与世界展开对话。

三是"比较与创新"。比较研究中外母语课程标准、教材,目的是在反思中谋求突破,在借鉴中寻求创新。突破和创新,既可表现在语文课程教材理论上,又可落实在指导教材编制的实践中。

十专题:

"回顾与总结"四个专题:

中国百年语文课程教材的演进

中国百年语文教材编制思想评析

中国百年语文教材评介

中国百年语文教科书课文选评

"译评与借鉴"四个专题：

外国语文课程教材综合评介

外国语文课程标准译介

外语语文教材译介

外国学者评述本国语文教材

"比较与创新"两个专题：

语文教材编制基本课题研究

中外比较视野中的语文教材模式研究

这些构成了《母语教材研究》的内在结构体系，正如交响曲要求结构严谨、乐思统一，《母语教材研究》也因此形成了相对严密的内部体系。

第二，《母语教材研究》中许多微观的、局部的研究都是一种体系化的构成。《母语教材研究》有相当多的综合的、整体的、宏观的研究，也有不少内容呈现的形态是分散的、局部的、微观的、平面的，但跳出这些微观的研究，用联系的观点审视这些研究，我们看到这些微观的研究，都是体系化的成果，都体现了体系化的意识，以卷四《中国百年语文教科书课文选评》为例，164篇课文，看上去只是举例，其实也很费考量，比如：选材的代表性，编著者从搜集到的数百类教科书的上万篇课文中遴选出有代表性、有较大影响的课文，小学54篇，占33%；初中80篇，占48%；高中31篇，占19%；白话文110篇，占67%；文言诗文55篇，占33%；文学作品96篇，占59%；外国作品19篇，占12%（统计有交叉）。可以说，从比例看，就是力求反映全貌的。之所以选择这些课文，或是某一时期被多种版本教科书选用，或是不同时期被教科书多次选用，或是富有时代精神、极具时代特质、有广泛影响的课文，或是集中反映了知名编者编辑思想和编制特色的典型课文。用教育科研的眼光来看，这些课文都是样本，这里采用了关键个案抽样的方式，着重对有影响的个案进行研究，只有这样才能让我们更加逼近事物的本质，更好地利用研究，合乎逻辑地推导出其他个案。也正是从这个意义上，我们才能体会研究者强调的："课文选评"既非一般意义上的读本，也不是优秀课文的选辑，而是中国百年语文教科书课文的研究史著。

3. 资源库

对母语教材进行研究,资料之丰不言而喻,可以资源库喻之,并且呈现出鲜明的特点。

丰富性。两条线的梳理,一纵一横,客观上会带来很多的资料,以 10 卷本看,大多的研究都基于一种资料集成,有的还是极为稀珍的资料。10 卷本第二部分"译评与借鉴",评介外国语文课程教材、外国语文课程标准、外国语文教材,以及外国学者评述本国语文教材,范围之广,资料之全,前无古人,正如袁振国先生所说,以后谁从事中国母语教材研究,都绕不开这个课题和这 10 本书,其中就包括绕不开这些丰富的资料。

思想性。这些资料不是简单的堆砌,而是以研究者深邃的目光,比较、遴选而来的,可以说,选甲不选乙,在研究者都有自己的考虑,都有其难以替代性。另一方面,这 10 卷本本身就是思想的资源库,因为它集中代表了当今母语教材以及母语教育研究的最高水平,有些识见可以说是会产生广泛而深远的影响的。比如,钟启泉先生在序言中对语文学科基本性质的阐说,顾黄初先生对我国语文教育百年理论跋涉的概括,刘正伟先生对语文和语文教育现代化历程与相互关系的梳理,韩雪屏先生对外国母语教材规律性的探索,特别是三位主编的十点共识,相信都会对母语教材研究及母语教育的理论和实践双重探索,产生广泛而深远的影响。所以,从某种意义上说,《母语教材研究》的资源库意义,首先是因为它是思想的丛林。

原创性。母语教材研究的资料大都具有原创性的特点,其表现是:第一手。现在做研究很多人的资料引用都是二手或多手,《母语教材研究》很多都是第一手资料,特别是外国课程标准和语文课程教材的评介,直接以第一手拿来,费力之多可想而知,其中尤其难得的是"外国学者评述本国语文教材",作者为外国学者,评述的主要是他们自己国家的语文教材,原生态在这里其实代表着一种做学问的境界。其次是:第一次。《母语教材研究》的许多理论文章,是从本书逻辑体系出发专门撰就,在本书中第一次面世,构成了原创性的理论。再次是:第一线。这里的研究者都是活跃在课程教学理论研究,抑或母语教育理论与实践探索第一线的,都是这些研究领域的领军人物和中坚力量,他们的研究成果直接反映了学科建设的前沿状态。因此,"原汁原味"在这里是很见分量的。

互文性。一切文本都是互文的,在《母语教材研究》的 10 卷本中更是如此,那些资料,那些思想,研究的指向可能仅仅是教材,抑或是课程标准、课文等等,但显然它们对别的研究都有潜在的价值,都具有意义性。用这个观点看待这个资源库,就可以更好地理解10个1相加,远远大于10了。

生成性。10卷本《母语教材研究》形成了一个大的情境。这个情境本身就构成了对话的场域,细心的读者可以注意到,在有些问题上,10卷本包容了不同的声音,这是因为主持人认为,这些意见都具有价值,有些问题还难以形成定论,探索与研究还"在路上",用这种开放与包容的意识来表述研究成果,这是很少见的,是很有勇气的,它本身就激励读者参与其中,对话其间。当然,更多的是因为10卷本的思想深刻而鲜活,特别是与当今母语课程改革的现实情境紧密联系,一定会引发阅读者的对话、建构的热情。

4. 瞭望站

母语教材研究从诸多角度展开,取得丰硕成果,使我们对母语教材的过去与未来、本土与世界有了更清晰的认识。

(1) 广度。《母语教材研究》宽阔的视野是由历史意识与世界眼光形成的。该课题纵向研究的时间,从1897年到2006年,长达110年;横向研究的母语课程材料覆盖45个国家和地区,这样的宽广度在世界母语教材研究史上,都是罕见的,在这个宏大的背景中,去探索、建构母语教材建设和母语教育的规律,使研究具有了科学性的基本特征。

(2) 高度。站得高,看得远。《母语教材研究》"站得高"体现在两个方面。一个方面是政治高度,这主要体现在以"三个面向"作为根本的指导思想,"三个面向"在这里是手段与目的的统一。我们研究的目的,是要使我们的学科建设、学术建设"面向现代化,面向世界,面向未来"。怎样才能达成这样的目标呢?我们的路径也是"三个面向"。所以说"三个面向"是课题研究的根本指导思想,是恰如其分的。另一则是学术高度。有的专家认为,教育科学研究有三个视角,一是"前科学"的视角,亦即经验的视角;二是"教育科学"的视角,即把教育整体当作对象进行系统研究,可以用教育科学解释教育现象;三是"超科学"的视角,即在某种意义上超越了通常的教育科学理念,能从哲学、文化等角度审视教育的理论与实践。在《母语教材研究》中,我们看到不少部分达到了"超科学"的层次,研究者们能够从文化学、哲学,以及从时代精神等高度展开研究,给我们带来更多的整体的观照和本质的呈现,把我们引向学术的高地。

(3) 深度。主要是指对规律性、本质性、方向性的探究和把握。宏观层面上的十点共识,微观层面的个案研究,都体现了研究者在这方面的努力。

三、研究的方法及启示

收获丰硕的母语教材研究的组织形式和研究方法,同样给我们许多启示。

1. 应用性研究可以取得多重效应

尽管母语教材研究不乏理论建构,但总体上看还是一种应用性研究。根据一些专家的意见,基础理论研究与应用性研究的区别主要是:

类别	前提	向度	关注点	结果
基础理论研究	基于理论假设	指向他者	重视结果	扩充知识
应用性研究	基于问题	指向本身	重结果也重过程	解决问题

按照这样的分类,我们认为,母语教材研究是包容了一部分理论建构的应用性研究。在有些人看来,基础理论研究与应用性研究是有雅俗之分的。这是一种严重的学术偏见。基础理念研究和应用性研究本身并无高下之分,在母语教材的研究中,恐怕还没有哪一种基础理论研究可以与《母语教材研究》相提并论,而且它带来了集合式的效应。第一,它推进了问题的解决,母语教育与母语课程教材的许多问题因研究而廓清。第二,它的过程性影响是积极的重大的。正因为这样的研究有基础教育课程改革的宏观背景,有国标本母语教材建设的行动背景,研究的过程效应不断伴随改革的进程体现出来,"过程"与"结果"同样重要。第三,这项研究客观上起到扩充知识的作用,这是基础理论研究的题中应有之义。但应用性研究并不排斥对新知识的建构,《母语教材研究》在这方面有许多可喜的收获。

2. 科研团队的建设重在和谐协作

"天时、地利、人和"都被洪宗礼遇到了,"凡事和为贵",民间的团队合作更是如此。"母语教材研究"集中了160多位专家、学者,就像一个交响乐团一样,怎么能调动这么多的器乐演奏家的积极性,充分发挥各种乐器的功能和表现力,塑造音乐形象,奏响交响曲,是一门大学问,要有大才能。洪宗礼做到了,其成功在选人和运行机制两个方面。

在选人方面,可以概括为"四个圈子"和"三条标准"。洪宗礼先生在谈到教材编写和课题研究时,谈到过"四个圈子":第一个圈子,泰州中学及原县级泰州市的几位骨干;第二个圈子是扬州及其后的地级泰州市的一批骨干老师和教材编写、教学研究的专家;第三个圈子是江苏省高校专家、学者,中学的教授级高级教师、特级教师;第四个圈子则扩大到全国。从"过程性"成长看,这四个圈子的概括是准确的,但随着国标本教材建设的深入,特别是母语教材研究项目的启动,"圈子"的地缘因素逐渐弱化,学术之缘"学缘"的影响逐渐加强,如果还以圈子说,我们则是看到新的"四个圈子":第一个圈子是工作班子,是工程的组织者、策划者,是指挥部;第二个圈子则是学术层面构成的紧密联系层,几乎所有重大的问题、有所争议的问题,都要经过这个圈子的充分的讨论和酝酿;第三个圈子是项目承担者们,范围延伸到境外、国外,指承担具体研究项目的人士,当然第一、二个圈子中也必然包括了项目的承接任务;第四个圈子则是老圈子中的"老人",他们也许没有承担什么新任务,但他们一直关注工作的进展,而且可能会根据主编的不时之需,参与某些工作。这里的两种"四个圈子",一个着眼于历时性,一个着眼于共时性,圈子的变化,说明学术层次的跃升,事业的不断发展,但人脉关系、深厚友谊却是持久不变的。圈子的变化,从某种意义上说本身就是一部历史,是一部饶有意味的历史。但不管是哪种圈子,洪宗礼选人都有严格的标准,我们可以将这些标准主要概括为三条:一是有公益之心,不是为名为利而来,至少是不能仅仅为名为利而来,要有奉献精神;二是水平相当,教材编写和课题研究都是一种专业对话,人才选用也是质量第一的;三是结构优化,洪宗礼曾列举过,在圈内各种人才中,有的是教学专家、学科专家、教育心理学专家、网络教育专家、作家、评论家,即使在语文领域,或阅读(含古今中外作品),或写作,或口语交际的拔尖人物组成"非常集体",各有其位,各司其职,各展其长,融为和谐协调的整体。

  人选好了,怎样运作也是有大学问的。在我看来,洪氏教材和课题研究的运作主要靠三条:一是项目制,以项目制为抓手,以责任制为保证,以匹配性为标准,分工明确,无所推诿;二是构建专业对话的平台,组织学术素养深厚的学者参与讨论,倡导民主平等的对话氛围,尽可能做到集思广益;三是立诚为本,以真诚对待人、感染人、打动人,许多意见摆不到一起去,一些专家也未必什么都听洪宗礼的,但大家会想想,"老洪不容易""他也难",洪宗礼说为了化解尖锐的意见,他宁可自己多受点气,但另一方面还应看到,正因为洪宗礼无私无我,立志办一件大事,所以其他专家也会因之甘愿与其合作。精诚所至,金石为开,你诚他诚大家诚,你开他开大家开,才有了这样喜人的局面。

3. 科研要提倡"十年磨一剑"的精神

母语教材研究真可谓"十年磨一剑",没有这种深深的板凳功夫和如琢如磨的水磨功夫,这项研究的成功几乎是不可能的。现在的社会是高度功利化的,有些人一年能出版几百万字,而洪宗礼的团队高手云集,力量雄厚,12年才"扬眉剑出鞘",这种"扬眉"是一种舒心的展颜,是内心喜悦的表现,这种科学态度尤其值得提倡。

四、"洪宗礼们"仍需努力

《母语教材研究》是一座里程碑,里程碑前面还有新的里程,母语教材建设和母语教育的问题,还有许多问题需要探讨,"洪宗礼们"还需继续努力。比如:

1. 语文教育科学化的路究竟怎么走

许多同志都关注到语文教学的目标系统比较模糊,建议更科学一点,特别是在中外母语课程教材比较的背景下,当我们看到某些西方国家的内容体系完整、目标体系清晰时,这种感受会更加强烈些,但中国人以"形象思维"为特征,汉字是一种表意体系,中文里有许多弱语法、非语法、反语法现象,简单照搬肯定不行,那么语文教育的科学性之路究竟应该怎样走?

2. 语文教材怎样积极应对信息化时代的变化

社会已经进入信息化时代,它给我们的生活和学习带来很多变化。根据有些国外学者的见解,起源于希腊的时代,其文化意义是地方的;起源于意大利的印刷时代,其文化意义是西方的;起源于美国的视听时代,其文化意义是全球的。在万维网上,"主体间性"得到最普遍的体现,因为网络社会就是个体间的共在。我们置身于信息化,面对万维网,仅仅把它当作一种工具,是远远不够的,怎样在"我与它"关系的基础上,不断激活网络世界中潜在的主体性,形成"我和你""我和我"的关系,怎样适应万维网带来的深刻变化,推进教育变革。同时,"万维网"对"语文"带来的冲击首当其冲,汪丁丁等学者认为,万维网有两个典型的技术特征,一是超文本,二是网络记忆体逐渐取代大脑记忆体,从而将思维平面化。这些都会向我们提出新的课题。

3. 语文教育的发展怎样与相关学科的发展同步

总体上说,语文教育与其他学科发展相比,是封闭的、滞后的、迟钝的。比如,中小学语文教师体裁的意识很强,但是这种认识往往是平面的、狭窄的、僵化的,而作家、评论家们谈到体式早已有新的、整体性的理解,如文类文体、语体文体、主体文体、时代文体、破体与变体等等。怎样让语文教育与相关学科联通,相关学科的进步怎样及时地转化为语文课程教学改革的资源?这些也值得我们重视并能采取切实有效的措施。

4. 语文课程教学有许多问题

"剪不断,理还乱",也有许多问题说易行难,在操作层面不易展开,整体的生产力水平总是不高。能不能花力气就某些基本问题做些工作,一方面加强理论探索,力求说清楚,让一线老师知其所以然,另一方面组织专业团队对优秀教师成功的教学案例进行研究,在经验转化为技术方面作出有益的尝试。这里举一例子,就是语言与思维的关系,大家都说很重要,学生思维能力的培养,大家也说很重要,但前者言之难详,后者说易行难。在比较研究的视野里,我们更加认识到需要克服内容设计的隐忧和训练时机的随意,但真正让语文教学打开学生的思维之门,还有待我们的继续探索。

5. 母语教材研究让我们融入到全球化视野

中外母语教材建设与母语教育改革的比较研究,应当是共时性的,我们需要持续地、更加深入地、综合性地跟踪研究。怎样组织这样的研究?谁来做这样的研究?政府和民间都应当重新唤起使命感、责任感和紧迫感,应当有一批批的"洪宗礼"勇敢地挑起重担。

本文主体部分发表于《中学语文教学参考》2009年第8期,全文收入《这就是教育家:品读洪宗礼》(教育科学出版社2009年版)一书。

性格使然向"自由"
——芮火才记略

在火才同志主政的学校里,人们会看到不少新鲜事,比如,学生的课桌凳是可以随身高的不同而升降的,午觉时间学生可以在睡觉与泡书吧之间自由选择,学生可以选择老师,等等。这些都源于火才同志执着的追求和勇敢的探索——他在进行着"自由学校"的实践。

他为什么会执着地进行着"自由学校"的实践探索呢?这也许是个非常复杂的问题,但在与火才的交流中,我还是能看出一些道道来。

一、情怀

有人说,人有三个东西最重要,一是脑袋,二是情怀,三是本领。在这三者中,脑袋是说思想,心肠是说情怀,我是把心肠放在最中之"最"。对于一个社会人,尤其对于一个教育工作者,而且又是一个教育"干部",情怀实在太重要了。教育就是爱的艺术,教育的本质就是大爱。芮火才同志对教育是有特殊感情的,他说自己就是喜欢教师这个职业,他曾向我强调,喜欢就不需要任何理由,也讲不出任何理由,就是本能的选择,就是发自内心的愿意。参加工作后,他渐渐能说出喜欢的理由了,因为他感觉到教师这个职业特别有意义,教育总是激发孩子向上,总是滋养孩子的灵性,总是在生成孩子的积极可能性。教师,也是一个人感恩社会非常理想的选择,也是富有情趣、充满挑战、需要不断创新的,这就使自己也能更好地发展和成长。从事教育30多年，芮火才甚至感觉从事这个职业也是上帝的恩赐，他甚至认为自己的天赋和素养就是适合做教师。因此，火才的教育情怀渐渐成了潜意识、下意识、无意识，似乎天生如是，人性使然。因为喜欢，感觉又非常适合，所以他就很享受做教师、干教育。在具体的工作中，也就比一般人少了一点浮躁，多了一点淡定；少了一点功利，多了一点精神追求；少了一点随波逐流，多了一点坚定和坚韧。于是他的"自由学校"，不仅仅是心向往之，而且是把蓝图转化成闪烁着理想光辉的现实。火才的教育情怀特别之处或与一般人的不同在于：不仅仅是或从根本上不是因为教育说起来意义重大而向往之，而更多的是兴趣使然，是内在的自然追求，这使他的教育情怀从传统的价值取向上看也许并不高尚，但相对比较纯粹，也因此不需要背负太多的精神压力。

在我看来，火才对教育的特殊感情和他在农村从事多年教育工作密切相关。他师范一毕业就被分配在他老家所在的乡镇工作，五年换了四所学校——两所村小，一所农村初中，一所中心小学，条件都非常艰苦，面对的都是社会底层百姓的子女，每天和孩子的接触都是对自己教育良心的拷问，日复一日的没有任何世俗意义上回报的认真工作就涵养了他教育的良知，使得他对教育的爱由最初的对弱者的本能同情变成了一种习惯。

二、理解

理解是关乎思想的。我一直认为，有什么样的教育理解就有什么样的教育行为，对教育理解的深刻和独到就决定了教育教学可能达到的高度。火才同志进行自由学校的实践探索，就是一个教育理解不断深化的过程。初为人师时，他把教育理解为控制，孜孜不倦地竭尽所能，想把学生培养成听话的人，培养成社会所期待的人，试图寻找到放之四海而皆准的教育程序，而结果不但事与愿违，而且学生的发展受到严重的影响。接着，他又把教育理解为服务，把学生的需要作为开展教育工作的逻辑起点，认为教育就是学生合理需求不断得到满足的过程，是不合理需求不断得到校正的过程，也是单一和浅层次需求不断得到丰富和提升的过程，收到了许多意想不到的收获，一时间还造成了不小的影响。但他并没有就此满足，他坚定地认为，服务远不是教育的真正意义所在。后来在理想跋涉中不断前行的芮火才，又把教育理解为解放，提出建设"自由学校"的愿望，认为教育的根本目的是促进学生的自我认知、自我觉醒和自我生长,对传统教育进行了一些颠覆性的改变,收获了许多惊喜。在"自由学校"的实践中,他对一些基本问题反复思考,力求想清楚,说明白,做正确。在我们的圈子里,火才的言论总是独抒己见,有时还带有火药味,而他的从教经历也是不断认识自我、拾级而上。如果仔细琢磨,他思想的进步,是有其必然性的:他具有反思精神,能不断反思实践中存在的问题,努力尝试改变自己,有时甚至否定自我;他是注重学习的,在我们见面时,他不止一次要我推荐阅读书目,尽管我不能如他所愿,但可见他是勤学的人。持之以恒的学习,使他的教育理解不断提升,自然产生改变现实的冲动,形成他对教育的新认识;他是具有批判性思维的,对众口一词、人云亦云的东西总是皱紧眉头、加以拒绝的,对行政推行一些简单做法和风靡一时的时尚模式,能够保持谨慎的怀疑和适当的距离,因而不会自我迷失;他是有坚定信念,因热爱而生成理想,因理想而校正航向,永远铭记教育的终极追求,以学生是否获得真实的、快乐的、全面的成长作为一切工作的出发点和落脚点。惟是,"自由学校"就成了他发乎内心的实践。

火才对教育独特而不失深刻的理解,和他的童年生活经历、工作环境和学习方式等有着很大的关系。他小时候父母从来不管他,既不批评也不赞美,一切顺其自然;他在农村工作的五年,从来没有人会去直接指导他,也从来没有人会去约束他,后来所在的实验小学,也有着宽松和开放的文化传统,这使得他的思维很少受框框的约束,思想也因此比较自由,认识问题常常与众不同。他的阅读面比较广,任性而读,喜欢问为什么,敢于质疑,养成了思考的习惯。这几年他经常主持一些学术论坛活动,不少知名人士常常被他追问得满脸通红、难以招架。

三、执着

我认为一个人能否成就事业,除了思想、情怀、本领外,还需要执着的意志。情怀生成信仰,执着则是信仰的标识。有了执着,信仰、理想才能落地生根;有了执着,也才会生成气节,才会卓尔不群。陈寅恪"独立之精神,自由之思想",顾准成为"用鲜血做墨水的笔杆子",陶行知办教育如同"背着爱人在游泳",都是因信仰而人格闪光。火才倡导、践行"自由学校",不能执着,一周都可能坚持不下来。从他的实际情况看,怀疑、质疑者有之,按照考试定输赢的干扰者有之,不理解自然会更多,但他都不为所动,"咬定青山不放松"。他有了内心深处对信仰的坚守,对理想的坚持,所以能以执着的意志一路前行。因为对是不是当校长并不是特别在意,所以他并不在乎上一级教育行政部门对自己的评价;因为对教育有着比较专业的理解,所以不盲目跟风,更不去东施效颦;因为比较淡定,心理素质较好,所以当改革尚未被外界认可时还能我行我素。正是有了执着,所以情怀才可以包裹师生的生活,思想才可能在教育现场发芽生根成长,也才会有活泼泼的"自由学校"的样子。

当然,如果我们进一步追问,他的执着从何而来?我认为更多的还是他对教育的情怀,因为纯粹,因为兴趣,所以外在评价和环境对他实现自己对教育的理想影响就不大,对教育自然的喜爱就像一股"心流"引导着他不断前行。

四、睿智

睿智即本领。作为一名校长,所谓睿智,一是对教育问题有着特殊的敏感,能准确抓住当前教育存在的主要矛盾。在火才这里,他对控制的教育观深恶痛绝,有所见,有所思,都是义愤填膺、慷慨陈词;二是善于捕捉问题的核心点,无论在宏观,还是在微观,火才都是要言不烦、语语中的,表现出很好的悟性和洞见力;三是善于抓住解决问题的杠杆点,找到最优匹配的具体化的操作策略,这样就能使问题迎刃而解。火才的睿智是出了名的,创办"自由学校",想有多难就有多难,但是火才却是游刃有余的。例如,什么是"自由学校"?这是一个十分复杂但又很难说清楚的概念,但火才从"自由"和"教育"两个维度进行了阐述:从"自由"的维度,他认为"自由学校"就是"环境自由、主体自由和社会自由的学校",从"教育"的维度,"'自由学校'一方面是让学生可以充分享受自由的学校,另一方面是让学生学会自由的学校",这样的理解虽不能说有多全面和深刻,但却是十分的简洁和富有个性。人们常说"站着说话不腰疼",即是指某些事说起来容易,做起来难。"自由学校"说起来不容易,做起来更困难,但火才善于把复杂问题简单化,他认为建设"自由学校"的基本途径有两条,一是让学生充分地享受自由,二是让学生学会选择,并把如何让学生享受自由和学会选择逻辑化为若干建设项目,使得"自由学校"的实践有了可操作的抓手。这些建设项目包括"由心而生的制度""以问题为中心的自主探究课堂""自主设置评价项目""自主选择学习时间""自由选择学习内容""设置自由舞台"等。我认为火才的"自由学校"实践路径虽然表面看起来简单了些,但却是抓住了"自由学校"的本质和核心。

火才的睿智并非天生，除了因为思想自由、善于学习和思考外，还与他在不同岗位上的实践锻炼和长期进行课题研究关系密切。他既在小学工作过，也在初中任教过；小学除语文没有教过外，其他所有学科他都教过；在最薄弱的农村学校待过，也在城区最负盛名的学校工作过；学校除总务主任没做过，其他所有的"官"都体验过。从"九五"至"十二五"先后主持过四个省级重点课题，做得都比较认真。不同学校、不同岗位长期扎扎实实的实践探索和教育研究既丰富了他对教育的认识，也提升了他发现问题和解决疑难杂症的能力和水平。

我在多个场合说，教育现在是呼唤英雄，也应该是英雄辈出的时代。正是许多有志者奋臂疾呼，健步向前，坚冰才能被打破，理想也才可能与现实相伴。办"自由学校"无疑是英雄壮举，火才也因此表现出某些英雄气质。我认为这是极为突出的，值得激赏。尽管火才不总是做某些学校的校长，比如他前几年当了副局长，听说最近又准备重操旧业，比如将来他也许又去拨弄另外的事情，但只要从事教育事业，我相信他是不会失去英雄本色的。因此，我们对于火才是有理由充满期望的。

当然，如果火才的学习和研究能更深入和深刻，进一步提升改革、创新的策略水平，也许他的教育之路能走得更远。

本文系《江苏教育研究》"幸福教育的样子"专栏文章。

站起来的儿童数学

在江苏人民教育家培养工程活动中,我认识了庄惠芬老师,和她多次进行交流、讨论,一路看到她数学教育思想的提炼和发展,不断分享她对数学课程的理解和领悟。在我看来,庄惠芬老师倡导的"站起来的儿童数学",是她对数学学科特质的独到发现,是她凝练教学思想形成的"自己的句子"。

一、挺立的儿童精神

迄今为止,儿童的成长密码还远没有被我们成人完全发现。庄惠芬老师在儿童数学学习的路上,逐步从对"群体儿童"的控制走向对"个体儿童"的关注,从对"应然儿童"的假设走向对"实然儿童"的思考,从"发展儿童"走向"儿童发展"。对儿童的认识,庄惠芬老师有着自己独特的理解,她认为儿童首先是"玩童"。玩是儿童的天性,玩是儿童的兴趣所在,这就意味着儿童的数学学习是伴随着做、学、玩合一的过程。其次,儿童是"丸童"。虽然他们个小,但能量很大,这就意味着我们要去发现儿童的无限潜能。再次,儿童应该是"完童",即"完整儿童",意味着要有儿童的全面发展体系,促进儿童知识、身体、能力、智慧、人格等的完整培养。于是她提出了"站起来的儿童数学"这一教育主张。

挺立的儿童精神,通过对儿童脑、耳、眼、口等的解放,注重动脑、动手、动口,促进儿童自由而又主动地发展。站起来的儿童数学,真正以儿童为中心,尊重儿童,理解儿童,发现儿童,让儿童在做中学、学中思、思中创中获得成长。站起来的儿童数学注重做、学、玩合一,思、创、行一体,在数学学习中不断经历再创造的过程,不断建构起自己的数学世界。

二、立体的数学内涵

儿童数学站起来,自然是立体的,这样的理解极富想象力,谓之洞见也不过分,而且又是直抵数学学科本质的,所以站得住,立得稳。众所周知,数学是研究数量关系和空间形式的科学。以数学学科的核心概念、核心素养来说,大多基于空间形式、数量关系的理解来展开。庄惠芬老师把握这一基本特征,在教学过程中引导学生建构数学图景。如抽象概括,可以看作最基本的数学思维方式,庄老师让学生从实际情境、数学情境出发舍去具象与具体,保留数量关系和空间形式,逐步形成数学问题,建立数学模型,进而拓展应用。庄惠芬对数学建模探索已久,她常常带领儿童针对现实世界中有待解决的问题,从数学角度发现问题,提出问题,解决问题,通过转化过程,归结为一类已经解决或较易解决的问题。这样的学习旅程就把平面的、单一的数学变为立体的结构化的数学。

再如几何直观,是指实物和图形的联系,建立"数"与"形"的联系,运用图形描述问题、探索思路、理解结果。"数无形时少直觉,形少数时难入微;数形结合百般好,隔离分家万事休。"(华罗庚语)很多人佩服庄惠芬老师培养出来的孩子特别会画数学画,特别会说"数学话",特别能解决"数学问题"。因为庄老师借助直观形象的操作,引导学生经历从具象的操作,建立起对思维过程对应的图像或方法,指导学生在构图、读图、用图中建立表象,体悟图中的信息与思维的过程,逐步建立起新知的知识形象,让儿童的思维能力在形象思维与逻辑思维的转换中不断发展抽象能力,让儿童的数学学习从结构走向建构。儿童头脑中的知识结构组织得越好,就越利于保存和应用。

三、站立的课程品质

华裔科学家丘成桐说:中国文化倡导的"真善美"与数学追求的"真善美"不谋而合!这里的真善美不是三件事情,而是三个维度;发现内在的具有这样的品质,三个维度让数学课程站起来。有的老师的数学课程是平面的,是一维的,是枯燥而冰冷的,因为他只关注知识教学,只是不着要领地求真。庄惠芬则在育人和学科两者的融合中站立,追寻儿童数学的真善美。

"求真",让孩子拥有数学的头脑。从数学中寻找真理的力量,放手让他们自己去实验,自己去争辩,自己去探索,学会从数学的角度思考问题。借助存在于数学中的"真"培养他们客观地认识世界,建立真理的最初印象。"臻善",汲取数学的精神养分。数学本身所具有的道德力量是丰富巨大的。作为探索真理的事业,数学造就了一种人本文化的独特人格气质,一种负责的人文精神:不懈地探索真理,坚持真理,为真理献身。庄老师教学时十分注重让学生领悟数学的精神内涵,培育科学精神。"尚美",分享美妙的数学世界。数学的美是客观存在的,哪里有数,哪里就有美:方法的优美,过程的优雅,思路的简洁,视角的独特,不同方法的殊途同归、探索过程的一波三折,问题结果的出人意料……这些在庄惠芬的课上可谓俯拾即是、信手拈来。

从新课程视角看,所有的课程都是按照三维目标设计的,这里的三维目标指的是知识与技能、过程与方法、情感态度与价值观,它们与真善美的三维是相通的、相融的。看了庄惠芬的数学课,既有对儿童数学学习起点的准确把握,又有对儿童数学自主建构的有效引领;既有数学情境童趣的彰显,又有动手探究做数学的体验;既有数学思想方法的渗透,又有学习能力的形成。无论用怎样的"三维"观照,这里的数学课程都是生趣盎然地站立着的。

四、立地的教育原理

"站起来的儿童数学"之"站起来",是对儿童生命成长规律的把握,是对儿童数学学习特点的理解,是对儿童数学教育原理的构建。"站起来的儿童数学"不仅从哲学上找到依据,而且还借鉴心理学、数学教育学等研究成果,构成高视野、接地气的基本原理。

1. 数学建模原理

在庄惠芬老师看来,数学即模型,数学建模就是让儿童经历问题情境——发现问题——建立模型——检验——解释、应用与拓展的过程,把现实世界中的实际问题加以提炼,抽象为数学模型。在这个过程中,让儿童获得概念模型、方法模型、结构模型等等。"站起来的儿童数学"抓住模型思想,就是抓住了数学的建构,就能够高屋建瓴,鸟瞰数学,深入实际,开辟一条对数学、对儿童学数学本质把握的儿童数学教育的新路径。

2. **自我建构原理**

"站起来的儿童数学"关注儿童的内在价值,强调儿童的主体存在,从而建构儿童完满的人格。站起来的儿童数学,为不同个性、不同水平的儿童提供相应的思维场,让儿童在数学观察、积极尝试、发现问题、大胆猜测、主动验证、得出结论的过程中自主建构,让儿童通过不同的方式发现问题、探索数学、体验成功。

3. **全脑思维原理**

庄惠芬老师认为,人脑包括左右两侧半球。一般来说,左脑的主要功能是言语、书写、分析、逻辑推理、数学运算、抽象思维、形成概念等,具有连续性、有序性、分析性的特点;右脑的主要功能有空间方位辨别、几何图形识别、形象思维、开展创造性和综合性活动等,具有连续性、弥漫性、整体性的特点。儿童数学学习的过程需要直观形象,也需要逻辑抽象,需要二者很好地结合。

4. **情理交融原理**

庄惠芬老师的数学是有温度的数学,因为她认为数学是情趣与理趣的交融。如果数学缺失了情感,它就只是冷冰冰的知识体系;如果教学缺少了情感,就没有想象、发现、创造和美感。追求"融情于理,融情于智,润泽生命"的儿童数学,是基于儿童的认知特点和学科特性,把师生的情绪、情感、情意、情趣融进数学的学习中。真挚的情感会深深融入到儿童的内心世界,更好地促进儿童的成长。

五、带得走的学科素养

日本学者米山国藏说:"因为不管人们从事什么工作,深深铭刻在头脑中的数学的思想精神、数学的思维方法和看问题的着眼点等,都会随时随地发生作用,使人们终生受益。"在庄惠芬与儿童一起创造的数学世界中,儿童的数学素养是流淌在儿童的血液里的,是带得走的。

带得走,是因为数学育人。庄惠芬老师认为数学教育要适应儿童,要基于对每一个儿童生命的独特理解,要让每一个生命挺起自己的脊梁自由成长。她注重启迪儿童追求人生意义,培育儿童对智慧的钟爱、对创造的渴望和对完整涵育人格的追求。儿童的数学学习,是潜能的开发,是智慧的启迪,是创造力的展开。所以庄老师以学为起点、以思维为核心、以素养为旨归让儿童建构自己的数学现实。于是,在庄惠芬的数学教学中,学数学的儿童得到了充分的关照和滋养。

带得走,是因为拥有学科素养。数学教学就是立体把握数学这门科学以及教育这门艺术的规律。在儿童学习数学的过程中,教师传递给儿童的力量不仅仅是学了什么,而应更关注是怎么学的。她让儿童用数学的感觉体验社会,用数学的视角认识世界,用数学的技能表达生活,用数学的方法解决问题,用数学的联系构造世界,用数学的方式思考问题。数学是思维的体操,庄惠芬十分关注学生数学思维能力的培养。在追寻数学本质的过程中,则创造性地提出了"图像思维""非逻辑思维""系统思维""操作思维""辩证思维"等,学会思维,学有思想。

带得走,是因为课程文化的力量。"站起来的儿童数学",站起的是文化。庄惠芬的数学教学超越学科,超越课堂,她的课有童、境、味、韵。有品位,有文化,是她自觉的追求。于是,我们欣喜地看到,庄惠芬所带领的孩子们总是充满对事物的好奇、对世界的喜欢、对问题的探究、对生命的激情,充满着自信,充满着对理想的追求。正是这种站起来的儿童数学,让儿童自在地屹立,自如地行走,自由地奔跑,自主地发展。站起来的儿童数学,期待能让儿童拥有一双用数学视角观察世界的眼睛、一个用数学思维思考世界的头脑、一种用数学方法解决问题的能力、一腔用数学思想改造世界的情怀,让儿童因拥有数学学科素养得以站立。

六、大写的教育人生

站立的儿童数学,最关键的是教师自己的站立。庄惠芬一直"向着明亮那方"努力大写自己的教育人生,实现了对数学教育完整的立体建构。

1. 关爱学生

庄惠芬认为,自己生命的激情都在孩子们的身上。她曾经为了帮助一个因为父母离异而性格变异的孩子四处奔波,磨破嘴皮为孩子寻找失落的爱;为了帮助一些贫困的孩子,她不止一次地给孩子买衣买鞋,订报购书,义务为孩子辅导;为了家访一个逃学的孩子辗转寻找不慎出了车祸,头上缝了整整八针,不顾医生和学校领导的劝阻又站上了讲台。在数学教学中,她能从孩子成长的需要出发,使每一节课都是和孩子们共同创造的情感之旅,满腔热情地投入到与孩子们在一起的分分秒秒。她用真挚的爱书写着生命的篇章。

2. **勤于阅读**

庄惠芬说好日子更是精神的,读书可以让每天过得舒坦些。多年来,她把读书作为基本的生活方式。为了深造,还曾脱产到苏州大学,师从朱永新教授做访问学者。她曾"自娱自乐"地盘点读书的好处,诸如同事认为读书后的她更有气质了,思想渐渐激活了,课堂有新改观了,著书立说也敢尝试一把了……高尔基说书籍是人类进步的阶梯,庄惠芬说"对这句话我要点100个赞"。

3. **痴迷讲台**

一路走来,庄惠芬从教师、课程中心主任、副校长到校长,她一直坚守在教室带班,坚守在儿童的课堂进行生命的创造。很多人听了庄惠芬的课,都有两种感受,一是非常希望能把自己的孩子送进庄老师的班级,二是惭愧自己同样的课堂却不能给孩子那么多的力量。有人问庄老师为什么会这样?庄惠芬说:"我一辈子在备一节课,而每一节课想的都是如何为儿童的一辈子服务!"多么可贵的这两个"一辈子"呀!庄惠芬老师常常说,一节课也许就能影响孩子一生,我们的每一节课都要让孩子看到一棵树后的森林、一滴水的大海、一粒沙中的世界。

4. **乐于研究**

庄惠芬坚信,研究是教师这个职业的应有之义。为了追寻一条适合儿童快乐成长的数学教育通道,她带领她的团队,成立了基于建模思想的"数学三材开发室",尝试通过资源的搜集、选择与重组,优化整合形成校本化的教材体系,同时个性化汇编学材内容,开创性设置习材内容,让不同的学生获得不同的发展,满足不同的成长需要,形成特有的"三材体系",使国家教材的校本化从隐性走向显性,从无形走向有形。她们又开设数学文化百家讲坛,在不同的学段,开设了数学与历史、数学与体育、数学与社会、数学与未来、数学与科技、数学与文化、数学与思维、数学与成就、数学与自然九大系列的百家讲坛。庄惠芬说,讲台之外,我总是反思自己和他人在课堂上的得失,去总结今天和昨天的课堂,去思考将来的设计方向,结合生动的课例,去深刻地剖析。她注重把自己的思考积累成行走轨迹,为自己也为喜欢数学教育的朋友留下一点点咀嚼的东西。她曾6次获得江苏省"教海探航"一等奖,到全国30多个省份讲学100多场,成了一些青年教师追逐的教学偶像。她相继有100多篇论文在《人民教育》《江苏教育》《教学与管理》等刊物发表,专著《魅力数学课堂》《基于建模思想的小学数学教材解读》《走向儿童生命成长的多元素质评价》相继出版。

当然，庄惠芬的教育人生远不止这些，比如她曾经主动申请先后5次赴西部支教，她的名师工作室名声远播、人才济济，她在网上也是小小的名人。正是这种全方位的努力、立体式的生长，成就了她的不凡。正是她自己把"人"的一撇一捺写得刚健遒劲，于是她的儿童数学也就自然而然地站立起来。真正的教师应当是先立己后立人，真正的教师应将学科与生命融合。庄惠芬老师努力铸就大写的教育人生，而她的教育人生，主体内容就是对数学学科本质的探寻，于是，"站起来的儿童数学"，就成了顺理成章、水到渠成的事情了。

这种"站立"的精神使庄惠芬的人生更有意义，尽管一路艰辛、一路劳作，但终究内心充盈着对儿童成长的幸福与期待。庄惠芬用创新筑高了自己的品格，也筑高了数学的生命，同样，用站立的情态构筑了儿童的精神高地和生命的高度。显然，"站起来的数学"是对传统数学教育的扬弃，是对课程改革理念的坚守与实践，是对既有教学模式的超越与创新，更是对当代儿童数学教育的立体建构。

儿童教育的发现与探索，儿童数学教育的改革和突破，需要一大批有着自己独特理念、有着大胆改革实践、有着独树一帜的思想建构的人民教育家！我们应为有这样一批走在拥有着教育家情怀、走在教育家成长路上的优秀教师感到自豪，也应为他们的发展和成长给予更多真诚的关注与支持。

本文系《江苏教育研究》"幸福教育的样子"专栏文章。

对话之美

海明威说:"作者写作就是寻找属于自己的句子。"海德格尔认为:"语言根本上惟发生于对话中。"(海德格尔:《荷尔德林诗的阐释》,孙周兴译,商务印书馆,2000年版,第42~43页)李震老师"生命化语文"就是他"自己的句子",他的"句子"在"评点体"这种对话中,则得到了酣畅淋漓的表现。

对话,首先是人的各种关系存在,是"我"和"你"的关系存在,是两个或多个主体的心灵的交往、灵魂的对语。我自己和一些同事讨论对话之美,我以为关键在"三新",首先就是在于对话创造了人与人新的关系,使人在视域融合的过程中建构了新的价值共同体。按照马丁·布伯的观点,"我——你"是真正的对话关系,是"我"与"你"之间活生生的精神相遇的关系,"没有任何概念体系、天赋良知、梦幻想象横亘于'我'与'你'之间","一切中介皆为阻碍"。(马丁·布伯:《我与你》,陈维刚译,三联书店,1986年版,第27页)在教育的情境中,这种关系的构成则需要主导者体现出伦理意识。波士顿大学的教育学者马丁主张,20世纪的教育应当追求教养基础,应当用"3C"代替"3R"(读、写、算)。马丁主张的所谓"3C"就是"关怀"(care)、"关切"(concern)、"关联"(connection)。这段材料,我是转引,是佐藤学教授在阐述追求学习的快乐时,在讨论教学即对话的语境中引述的。(佐藤学:《学习的快乐——走向对话》,钟启泉译,教育科学出版社,2004年版,第21页)李震老师评点的这些教学案例,记录的就是体现生命关怀意识的对话,体现了他的语文教学价值观,他的"选材"大都是因为在这样的教学中,师生与文本,师生、生生之间,通过深度对话,走向精神的交融,形成情感共同体。张永庆老师教学《北方》,引《感动中国的作家》一段话导入:"读着他的诗,你会流泪,但还没读完,你就会抹去眼泪,以实际行动去争取自我的也是民族的自由与解放。"李震老师给予充分肯定,认为张老师首先在整体上把握了情感基调,又带领学生通过诵读、体悟,步入《北方》特有的感情氛围,而孩子们对诗中场景的还原、拓展,确实时时处处可以感受到精神共鸣。在这里,师、生、诗人、评点者,都驰入并创造出新的意境,"你""我"之间构成了"相遇——相知——相融"的关系。在评点中,李震老师作为主导者,他具有"在场"或努力还原教育现场的主动,其评点也鲜明地体现了"3C"的情感温度,他对这些老师创造性劳动的尊重、欣赏时处可见。以首篇对华雪珍老师教学《望月》的评点为例,李老师毫不吝惜地用"非常"点赞。"月亮出来了,安详地吐洒着它的清辉。"这是语文文本中的一句,大概也恰如华雪珍老师课堂教学的意境,通过李震老师的评点,我以为这句话间接地书写出李震老师对这个教学片段欣赏的愉悦心情:安静的、透亮的、舒缓的,那种惬意和舒坦美得难以言说。李震老师对对话的理解,就是"心灵与心灵的交流""思想与思想的碰撞"。我相信,通过"评点"的对话,李老师和华老师,李老师和所有评点到的老师们,关系在提升,在升华。

我所理解的对话之美,第二是新的共识。戴维·伯姆认为:"对话仿佛是一种流淌于人们之间的意义溪流,它使所有对话者都能够参与和分享这一意义之溪,并因此能够在群体中萌生新的理解和共识。"(戴维·伯姆:《论对话》,李·尼科编,王松涛译,教育科学出版社,2004年版,第6页)在李震老师的评点中,我们经常看到这种"意义之流"的潺潺流响。在评点王金涛老师教学《九色鹿》时,李震老师非常欣赏这样一个教学片段:

> 教师问:"虽然只有一句话,但这样一句话非常有嚼头,信不信?"然后再追问:"不要光说信,你嚼嚼看,看看你能嚼出哪几个词语有味道,从中又能嚼出什么味道来?一个字一个字地去读,联系上下文去读。"

在我看来,这也是李震老师整本书酝酿诞生的过程,他特别善于发现那些"有嚼头"的素材,然后又能把这些语料中有价值的东西,还原到公共知识的层面,联系到教者教学风格,提升到学理高度,"嚼出味道"来,使被评点者,使读者,从中受到教益。以对华雪珍老师教学《望月》的评点来说,李震老师精辟地分析了华雪珍老师教学对话中"话轮"的生动表现。李老师向华老师和本书的读者介绍,"话轮"是在对话过程中,说话者在任意时间内连续说的话,其结尾以说话者的角色互换为标志。教师或学生在语文课堂上表达了自己的观点或呈现出一定的信息之后,倾听者必然会有行为反应,这样双方或多方就产生"话轮"。(刘虹观点)结合华老师教学《望月》第二段,李老师有这样的分析:

> 第一个学生认为"景物特别美丽",是从描写方面建构了自己的应答话轮;第二个学生认为这段话运用了"非常美的语言",是从语言运用方面建构了自己的应答话轮;第三个学生认为"画面特别美,意境也很美",是从情景交融的角度建构了自己的应答话轮;第四个学生认为作者"心情也很美",是从抒情方面建构了自己的应答话轮。教师以"哦,原来这段话有这么多的价值值得我们去品味啊"小结,这是对上面四个学生应答话轮的肯定评价……

我相信,华雪珍老师听了这样的评点,我们大家听了这样富有教学力度评点的对话,都会在对"话轮"的理性认识上更加明晰。本书中,李震老师的评点多有对启发人们认识的深化,而且如"洞察文本的生命世界""寻找叙事的空白,聚焦语言文字的运用""有深度的体验言语形式的音韵美",等等,更多地贴近语文本体的特点,对话共识则更多地体现了探索语文教学本质的收获。李震老师认为张长松老师教学《最后的常春藤叶》,鲜明的特色是"理解和品味言语的形式"。结合张老师的教学,李震老师"进入"课堂,深入教学肌理,加以剖析,对张老师的教学实践作了很好的提炼,给人以点带面的感觉。管开兵老师教学《渔父》,李震老师给予的评价是"拥抱滋润我们思想和心灵的母语"。何以实现呢?李老师在评点中作了概括:怎一个"读"字了得!有齐读、自由读、个别读、分角色读;有疏通文句的读,有理解感情的读,有揣摩形象的读,有体会意境的读;有要求声音洪亮的读,有要求吐字准确的读,有要求语调和谐的读,有要求感情饱满的读,有要求酣畅淋漓的读。在与管开兵老师的对话中,李老师更有精辟的评点:"我相信,你这样做,让学生读出了'屈原'和'渔父'的形象,读出了屈原和渔父对话的意蕴,读出了渔父'鼓枻而去'的情趣。有了形象感,就会产生想象;有了意蕴感,理解就不会肤浅;有了情趣感,阅读过程就会伴随着趣味。"读这样的评点,真令人有大快朵颐的感受,这样的共识,不仅在李、管两位,也会自然在他们与读者之间形成。正是因为这些贴近语文本体特征的评点,体现有把人们对语文课程的认识推进一步的努力,我认为本书在一定意义上具有语文课程论教科书的价值。

  人常常是以自己为标准评价这个世界的。这本书,更是如此。李震老师是"生命化语文"的倡导者,运用"字思维"深入探究语文学科性质,他建构了"以目标整合为取向""以经验关注为取向""以过程开放为取向""以情意沟通为取向""以丰盈生成为取向"的生命化课堂操作模式,提出"字里乾坤、主体参与、理解整合、体验感悟、视野融合"等教学实施策略,在理论与实践的双重探索中取得了颇为丰硕的成果。通过"评点",李震老师其实是在与一批优秀的语文老师进行生命对话,恰如他在评点洪宗礼老师语文教育思想时所说:"洪先生对学生学习主体地位的确立,对学生学习方法的引导,就是要使语文教育教学走进生命、融入生命、体验生命、完善生命。语文课上的学生所接触的语言、文字符号,都内化着人类积累的经验,成为人能够诗意存在的文化栖居地。语文的学习,需要对这些语言文字激荡着个体的热情、力量和憧憬,需要生命的'我'敢于超越当下的'我',通过认识语言事实,进而把握语言规律,使生命的'自我'滋润起来。"无疑,这是李震的夫子之道,李震老师的教学如是,教学研究亦如是。在这本"评点"中,李震老师通过对话,也使生命"自我"更加滋润,也就达成了我主张的对话"三新"之第三:新的自我。仅以对洪宗礼先生的评点来说,李震结合洪氏庞大丰富的语文实践,对语文生命化课堂作了如下归纳:一是坚持"文本性"的语文观,每个汉字都与人的生活、生命有关,即使是生物或非生物,也都是从"人"的角度赋形的,坚持"文本性"就是坚持语文的"生命性";二是抓住汉字表意的特质教学,因为"表意"是汉字的生命和本质特征,文化性也是汉字的包蕴;三是生命主体在语文课堂上所获得的"意义"是整个生命系统共同参与的结果,课堂上要以整体性意义建构学习为基础;四是语文生命化课堂需要以体验为中心,"体验是经验中见出意义、思想和诗意的部分",它"与意义相连"(童庆炳),语文学习的体验,就是对生命意义的探寻;五是生命化课堂需要民主与关怀,需要沟通与合作,它可以让学习主体感受到从未体验过的敞亮,必然能提升生命质量的层次;六是生命化课堂教学内容要回归生活世界,接应丰盈学生精神原野。这些概括比之以往,给我更通透更简洁的感觉。

  戴维·伯姆说:"对话并不仅仅局限于两人之间,它可以在任何数量的人之中进行。甚至就一个人来说,只要他抱持对话的思维与精髓,也可以与自己形成对话。"在评点中,李震老师是在与洪宗礼、华雪珍、张长松、张永庆等老师对话,也是在与自己对话。相信被评点的老师透过李震老师温暖的文字,会对自己的教学实践有更深刻的认识,而李震老师则在这种对话中,同时与自我对话,使自己的"生命化语文"不断得到新的提升,从而也在不断实现他新的语文人生。

  本文系作者为《李震评点生命化语文教学》(现代教育出版社 2015 年版)写的序言。

作者面孔与教育情怀

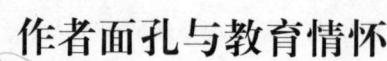

"作者面孔与教育情怀",这是化用昌桂一本专著《读者面孔与教育平媒》而给本文起的题目。因为多种原因,本人应约为友人出版物作序的自不在少,但是,为一个同乡、同窗更是同心的作者在短时间内出版的两本书作序,这当属个例。

我与昌桂是同乡。我们的出生地都在"三泰"之一的泰县,虽然行政区划几经调整,现在,他的家乡所在地陈庄和我的家乡所在地董潭仍然同属于泰州市的姜堰区(为此,我们曾约定:陈庄和董潭分别为两人各自的笔名,并且一直沿用至今)。1978年10月,又因为同一份考卷改变了我俩的人生,各自从所在乡镇中学民办教师的岗位上洗脚上岸,来到扬州师范学院中文系求学,在同一口锅里吃了四年饭后,又各奔东西。如果把面孔定义为一个人的职业身份的话,那么,昌桂应当说是至少有过三副面孔:教师、党政机关干部、教育媒体人。但可贵的是,无论哪副面孔,都无法改变他对教育的挚爱,改变他对研究与写作的情怀。大学毕业以后,我分配到泰州师范学校,他去了泰县教师进修学校。那时他就开始了教学研究与写作的探索,我们也常来往两地,为一些问题通宵达旦地进行讨论,这些情景在我给他《读者面孔与教育平媒》的序中亦有提及。之后,他到当时的姜堰市委宣传部工作并任副部长,而且业绩不错,倘若沿着这条仕途走下去,应当会有不错的前景。但是,当他有机会到江苏教育报刊社工作时,他还是毫不犹豫地选择回归教育,做了一个教育媒体的编辑记者。虽然,人生没有返程票,但还是多次有人询问过他:舍弃仕途而来一个单位做爬格子的工作,后悔过没有?他都坚定地摇摇头。其实,不需要问他为什么,因为这两本书就是答案。如果没有对教育的情怀,没有对写作与研究的挚爱,是不会在编辑记者这个岗位上"一站到底"的,更不会有如此丰满的收获。而当一个人一旦对他所做的工作充满了热爱的情怀,并且把它当作喜欢的研究来做,无论怎样的辛苦与投入,也无论他在哪个岗位上,他都会感到温暖而幸福。这就是今天的昌桂,定格为一个教育媒体人展示给我们的幸福的精神面孔。

《读者面孔与教育平媒》是昌桂 2010 年出版的专著,承蒙他邀我作序,现附录如下:

昌桂兄与我相识相知已 30 多年。过去,我在泰州,他在姜堰,都从事语文教学,常常为一篇课文怎么教,或者什么由头都没有,每月至少一聚,做彻夜长谈。后来,他到宣传部工作,写作了许多大文章,我为他的业绩骄人而高兴。再过些年,我和他先后调到南京,相聚的时间更多,自以为对他是比较了解的。但这次还是让我吃了一惊。因为我也在江苏教育报刊社工作过,《读者面孔与教育平媒》里的思想我则没有或很少。我现在主要做教育的研究,我想,昌桂本身就是一个鲜活的案例,他告诉我们,怎样才能把自己捧的这碗饭吃得喷香,怎样才能把常见的事做得比较生动。

第一,勤于实践。就像优秀教师是靠一节一节的课站立起来一样,做教育记者、教育编辑,自然要靠访、编、写的实践立足。昌桂兄有一支生花的妙笔,他的一些篇什经常为大家津津乐道;昌桂采访也是一把好手,因为他常常会有自己的发现;昌桂的编辑是"用心"的,我曾看到他说起某些策划和编辑案例时眉飞色舞。确实,要想感动别人,自己先要感动自己啊!

第二,精于理论。"实践出真知",昌桂对读者和教育报刊说出那么多道道,作为同一岗位的亲历者,我真有些汗颜。这才是把工作当学问来做啊。在这里,读者面孔得到了完整而鲜活的展现,教育报刊的特色和规律得到了恰当的揭示和提炼。我想,更为重要的是,在编辑与读者、报刊与市场等方面,在昌桂的理论阐述背后,是他把主客观体的关系理解得很透彻,认识得很到位。比如编者与读者,有着一种主客体的关系,人与人的主客体关系是可以互逆的、转化的、融通的。正是有了读者意识,编者与读者才能够融为一体,才能编出真正受读者欢迎的报刊。正因为有了这方面的理论自觉,昌桂的工作才具有了创造性。

第三,视野宽阔。昌桂的经历很丰富,特别是在宣传报道方面,曾在一个县市担纲"第一小提琴手",这使他从事教育宣传多了些明显优势,能够从经济社会发展的全局看问题,具有宏观视野、市场意识。从事教育宣传,他又密切关注宣传,关注出版整个行业的发展,关注各类教育报刊的发展。我想,这是他工作中创意迭现,认识上高人一筹的重要原因。

第四,热爱事业。昌桂和我同学,已经到了谦虚也不能进步的年龄,但还是谦虚了,说自己没有达到把工作当事业来做。在我看来,昌桂如果没有很强的事业心,工作就不可能那么出色,更不可能有那么多成熟的理论表达。弗洛姆在讨论爱的艺术时说过,要想把一种事业当作艺术,非常重要的就是这一点,精通这门艺术是自己最高的旨趣所在。因为挚爱,才会有追求,才会去研究、去发现、去创造。任何行当的优秀者都是如此。昌桂兄亦然。

近几年来,除了教育新闻写作外,昌桂的思考与研究领域又进一步拓展,他对学校文化和教师反思写作与专业发展进行了深入的调查与研究,并不乏新的见解。他结合自己长期从事教育媒体管理和教师培训的工作实践,写成《名教师是写出来的?——基于专业发展的教育写作路径与方法》一书。该书问世以来,据悉,读者反响也相当不错,我想这个中原因何在?我在这本书的"序"文中给予了自己的解读。为方便各位评判我的解释是否有些道理,现在就附上这本书的"序"文。

有人说,知识人有三件宝,一是头脑,二是心肠,三是技艺。头脑是说有思想,心肠是说有情怀,技艺是说有操作的本领。听昌桂兄谈教育写作,我想真正的教育写作人,是应该有这三件宝的;真正研究教育写作的人,也是具有这三件宝的。

在我看来,三件宝中,一副好心肠最重要。毕飞宇创作长篇小说《推拿》,取得了巨大成功。在谈创作体会时,毕飞宇说:"对于作家来说,理解力比想象力更重要。"这句话在文学圈子里颇有争议。毕飞宇进而说:"想象力是才华,理解力是情怀。"诚如斯言!《推拿》是写一群盲人按摩师的,如果没有尊重、热爱他们的情怀,毕飞宇不可能走进他们的精神世界,更不可能抒写出他们美丽的心灵。教育,教育写作,都应当是情怀至上的。教育的本性就是爱,就是温暖一个个心灵,就是引导孩子精神的发育与成长。教育就是一个大爱的事业,对于其中优秀的一群人,只要爱之深,就会有一种教育写作的表达。哪怕有时是出于功利的研究和写作,也应当甚至必然是日久生情的。确如神学大师所言:"研究如果不能转化成爱,还要研究干什么?"遍览当今基础教育界的名家,哪个不是充满着对教育的挚爱?无论他们的课堂,还是他们公开发表的文章、正式出版的书籍,"盈盈一水间",都充盈着对教育的至爱!

头脑自然也很重要。决定一名教师是否超越教书匠,很重要的是看他是否具有思想。一个在教育方面,在教育写作方面,有一定建树,进而有一定影响的教师,都是"思想者"。他们对教育往往有自己系统的基本的看法,对学科往往有自己独特的理解,这些见识已经内化在他们的教育实践中,表现出一定的倾向性、稳定性,有些甚至已经上升到教育哲学的层面。他们的教育写作,其实就是一种思想的表达。以荣获首届国家基础教育教学成果奖特等奖的李吉林老师来说,她的情境教育历时35年的探索,每进一步都是基于思想跋涉的重大突破,仅在顶级教育理论权威期刊《教育研究》上就先后发表了9篇长文。可以让人想见她探索的九重境界。人们赞誉李吉林的情境教育是一座"富矿"。矿藏就是情境教育的理论建构;人们评价说,情境教育是在国际范围内教学理论的"中国声音",这声音就是李吉林老师对课程教学的深刻洞见。教育写作其表现形式可谓丰富多彩,它们能公开发表,能滋养同行,能推进研究,能广受赞誉,其凭借的一定是思想的力量。

知识人的第三件宝是操作的本领。比如一位名师,他的教学表达,他在教学表达中体现的教学技艺,也是很重要的。如果没有本领,他的情怀和思想也是表现不出来的。教育写作,怎么写是一个重要的问题,比如用什么体裁,以至具体的语言形式,都很有讲究。昌桂在论著中有丰富的阐说介绍,让人很长学问。以我自己的体验看,实践出真知。教育写作很重要的是在自己的笔耕中,用心去写,用文字去积累,用反思去提升。我在读大三时,碰巧发过几篇文学评论的万字长文,不要说同学们有些刮目相看,向来低调的自己也有些飘飘然。有一次把一篇文稿送给一位老师看,这位老师扫了几眼,就说:"你为什么用这么多关联词?是上气不接下气吗?"老师的一席话让我终身受用,从此注意尽量少用关联词语,其结果是文章通畅了许多,课也时被同行赞有行云流水之感,更潜在的是自己的思维品质因此得以提升。当然,这方面我缺乏系统的思索,远不及昌桂兄说得头头是道。

昌桂兄谈教育写作,按照规范的表述,关于教育写作的写作,是属于"元"系列的。教育写作者拥有的这三件宝贝,昌桂兄自己就有。我之所以说以上这些话,是因为我对昌桂的了解。他曾经在基层学校包括党政机关等多个岗位工作过,之后,又长期从事教育媒体的业务管理工作,虽然看起来离开了学校,但他不忘初心,对教育的情怀,对教育写作的情怀,始终如一,这是常常令我感动的。他的思想敏锐而深刻,比如教育写作,我翻过他的书稿,确实大有名堂;他的本领,是在为教育写作建"学",这么完整的体系,这么生动的表述,洋洋大观,又让人感到很是熨帖。因此,这本书对于有志于教育写作的教育人而言,肯定是开卷有益、大有裨益的!

丁昌桂所著《读者面孔与教育平媒》《名教师是写出来的?——基于专业发展的教育写作路径与方法》,江苏凤凰教育出版社先后于2010年、2015年出版,本文系作者根据两书的序言整合而成。

走向"真学习"的"循环——差异教学"

"循环——差异教学"是淮安市孙朝平等老师原创的教学模式,每次参与观摩、研讨,都感觉到它的不断成熟,都能意识到它正在逐步走向"真学习"。

一、"循环——差异教学"的主要内涵

"循环"指在课堂教学中,学生个体或群体围绕课程学习目标,将本课时学习内容作为一个整体,个体先独立自学一遍,有所收获;然后,小组同学经过小组内讨论或全班展示,围绕全部学习内容中各自的疑难问题再学习一遍,有所提升;接着,教师依据课前预设与课堂生成,就自学与讨论中存在的疑难问题和没有明晰的问题作启发式讲解与引导,帮助学生再学习一遍。"自学、互学、指导学"三种不同形式的学习,都有所得,都是在原有基础上的递进学习。

"差异"指班级授课制条件下,学生个体在学习基础、学力、兴趣、动力等方面是不同的,他们的学习目标、内容、进程、方式也不同。"个体自学""同伴互导""教师解难"将学习的时间、空间、内容、进度的选择权、控制权交由学生个体掌握和控制,基本实现了学生的差异发展。

"循环——差异教学"的含义是:以学生的差异性发展为目标,以课程标准为依据,用"目标定向——个体自学——同伴互导——教师解难——练习检测——补充学习"六个环节构成课堂的结构和流程,规范引导教师与学生的课堂行为而形成的

一套教学体系。

"循环——差异教学"学生学习与教师教学过程模型如图1、图2。

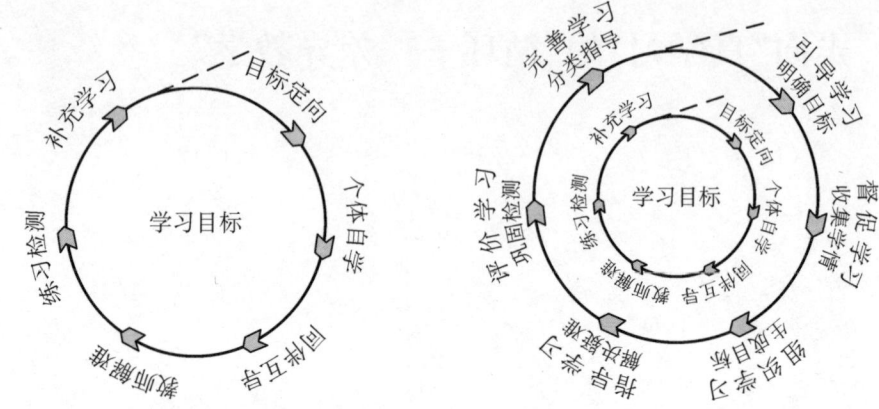

图1 "循环——差异"学生学习过程模型　　图2 "循环——差异"教师教学过程模型

二、循环——差异教学如何实现"真学习"

何谓"真学习"？我认为至少应该有以下几个表征：(1)参与学习。学习者个体应该参与到学习活动中。有确定的学习任务，有参与学习的愿望，有对学习质量与过程的监控与评价。参与学习是"真学习"的前提与必要条件。(2)完整学习。从学习内容看是完整的，与学习主题联系的，包括国家课程标准规定的三个方面：知识与技能、过程与方法、情感态度与价值观三个方面的内容。从学习方法看，应该包括自主的、探究的、体验的、合作的、接受的等等，既有自主学习、探究学习，也应该有小组合作学习、教师指导下的接受学习，多种学习方法合理优化，互相补充，更好地促进学生发展。(3)个性化学习。适合学生个体的发展需求，体现学生水平与个性的差异。只有适合个体的目标，才能激发学习的兴趣，产生学习的动力，促进个体的发展。学习方法适合学生个体的风格与特征，照顾到学生学习方式的"异"，有了学习内容的可选择性，学习进度的自我控制。只有目标、内容、方式、进程的个别化选择，学生个性化学习才能得以实现。(4)有效学习。从结果看，达成了课程标准的要求；从过程看，学生更多地处于积极的思维状态；从长远判断，有利于学生的可持续发展。

任何一种教学方法、教学策略、教学模式，只要能够达成"真学习"的几条标准，就是实现或部分实现了"真学习",而不管其"名气"或"出身"如何。

"循环——差异教学"是如何落实教学要求,实现"真学习"的呢?

充分调动与发挥学生的主体作用,使全体学生参与学习。"循环——差异教学"构建了"三轮循环"学习的课堂学习框架,"个体自学"阶段,以学生个体学习为主要学习形式,教师起全面督促、个体帮助作用,这一阶段占课堂三分之一的时间。"同伴互导"环节,学生在群体氛围中学习,也占了课堂三分之一的时间,这样安排,使学生主体作用充分发挥,特别是班级后二分之一或四分之一的学生不能"想学就学,不想学就不学",转化为目标、任务引领、同伴互导下的不学不行,不想学也要坚持的动力、压力,从而全程参与学习,到了"教师解难"环节,处于"愤、启"状态,能自觉地投入到学习中。

全面优化学习方式与学习内容,为学生的完整学习创造合适的课堂环境。从学生学习方式的选择来看,"循环——差异教学"选择了"自学→互学→指导学"的多元方式,使"过程与方法、情感态度与价值观"目标的实现有了物质基础。在整个课堂教学过程中,将课时内容整体化,而不是强行"切块分割",使得学生真正成为"有思考的学习者",实现了"理解学习"。正如崔允漷先生解读的,实现了"人际转换"与"自我转换"的二次信息转换的完整学习。

可选择的学习目标、方式、内容、进程,保障了学习个性化的实现。"循环——差异教学"确定的学习目标分"A、B、C"三个不同层次,供学生自我选择。自主学习、探究学习、合作学习、有指导的接受性学习都有选用,使得学生总有适合自己的学习方式,同时,对自己不擅长的学习方式,有一个接触、适应、提高的过程。课堂的学习内容与学习进程都由学生自己掌握,所有这些都表现在课堂六个环节安排的统一结构之下及学生自我实施上。

扎实的教学环节确保教学有效性。"基于课程标准明确学习目标→编写学案(包括编写学案、学案备课等)设计教学目标→三轮循环学习落实学习目标→练习检测评价学习目标达成度→补充学习强化学习目标",从这一教学链条可以看出:首先基于课程标准确定三维教学目标,使得课堂学习目标明确,方向准确而正确;使用精心设计的与课堂操作相同结构的学案作为学习载体,使学习过程扎实而有抓手;三轮循环学习使得学生处于积极的思维状态;课堂检测评价使学生的学习充满挑战,激发学习积极性。这样的课堂教学能使全体学生"在学习",更多的学生"真学习",确保了教学的有效性。

"循环——差异教学"经过几年的发展,取得了令人瞩目的成就:培育了一所实验学校;形成了理论与实践体系;锻炼提升了一支教研员与教师队伍;引领与推动了一个区域的课程改革。目前,在淮安市各县区都至少有一所学校参与实验和探索,组建了"循环——差异教学"学校联盟,大规模组织教学实验。

三、"循环——差异教学"生发机制

课程改革呼唤更多的经验,需要涌现更多的理论与实践都有建树的典型。经验与典型的产生是需要一定的机制和土壤的。那么,我们不妨回望一下"循环——差异教学"生发的原因与机制,以期对在课程改革路上的教育同行有所启迪。

1. 执着的教育追求,坚定的课改理念

孙朝平研究团队在回忆当初课堂改革动因时,说得最多的话是:"我们没有太高的追求,也没有什么远大的目标,只是看到学校课堂上存在一些学生厌学、不学而无所事事,游离于教学之外,一些农村学校教学质量低下,而感到难受,总觉得自己应该、也可以做点什么来改变这些状况。"这些朴实的语言,反映了改革者内心的教育良心、教育责任心的积聚与涌动,是改革的强大动力源所在。

同时,研究团队广泛学习国家课程改革文件,大量借鉴各地课堂改革成功经验,相信国家改革的路子是正确的,坚信课堂改革蕴含着巨大的能量,相信新时期教学方式、学习方式变革的重要性与必要性,有着坚定的课程改革的信念和意愿。

执着追求,坚定信念是推动课堂教学改革的不竭动力。

2. 不断优化的研究共同体建设

"循环——差异教学"在开始时称为"六步导学",由淮安区的教研人员依据多年教学实践,借鉴各地改革经验,学习课程改革文件和教育理论,总结本地课堂改革中的成功做法,形成了课堂"六步环节"和学案编写样例,同时组织一线教师在实践中摸索验证。随着时间推移,省市教研人员观摩与指导课堂,让实践者受到了鼓舞和肯定。后来,为了更多地总结、提升,江苏省教科院的专家进入了指导行列。再后来,为了在更高层次上提炼这一经验,华东师范大学课程与教学研究所崔允漷教授团队深度介入,对这一研究成果进行了全面的概括与建构。

这期间,每一次观摩、指导、研讨,都是研究团队相互激发、相互激荡、相互激励

的过程,随着研究共同体的优化、扩充,研究成果也得到进一步完善与发展。

3. 行政(教研)大力支持

课堂教学改革存在巨大阻力,一方面是学校、教师既有体系与做法的惯性阻力,另一方面新生事物在开始生长时存在很多弱点和不完善之处,万物皆如此。在"循环——差异教学"改革过程中得到了来自行政部门(包括上级教研部门)的大力支持,能发展到今天,这一巨大推动力功不可没。在模式研究的初始阶段,不少校长、老师不能用正确的态度看待这一教学创新,非议、阻力也很大。当地教育行政部门下发《研究课堂教学、落实高效课堂要求》的红头文件,引导一线教师学习教学理论,探索课堂实践,以科学态度判断教学改革创新,有效化解了各种非议。"循环——差异教学"研究共同体之所以能够吸纳教学行家、教科研专家参与其中,与上级教研部门的牵线搭桥密切相关。他们总是在研究需要深入之时,强力助推,联系、邀请相关专家,指导会诊,不断提升"循环——差异教学"的研究水准。

四、"循环——差异教学"发展建议

"循环——差异教学"虽已建立了一定的理论体系,有一套属于自己的句子和逻辑,也有雄厚的实践基础,但是,任何一个教学创新总有继续发展的过程,教学研究永远在路上。

(1) 确保模式的开放性。"循环——差异教学"要面向学生,研究自身体系内的更多变式,面向不同学科,体现学科特点,面向学科的不同课型。班级的条件是多种多样的,如何根据不同类型的学生群体安排教学各个环节呢?就"个体自学"环节,要体现学生发展"上不封顶,下要保底",需要研究的内容就很多,要有生命力,就要开放,不能僵化,要研究面向不同条件的学校和学生如何操作,有更多的变式,有更多的实践样本。

(2) 使普遍与个例相互促进。如何总结一线教师在教学实践中成功的做法,使其成为可供借鉴的经验,进而上升为公共知识,使更多人受益呢?在教学研究中,往往有一些个体在实践中有率先突破,取得良好效果,那就要及时发现,科学总结概括,上升为公共知识,为社会公众认识并学习借鉴,推动社会发展。相反,公共知识一般做法如何被个体所理解、接受,先进的经验如何被推广,公共知识如何被个体认识并运用,普遍与个案要能互相促进、转化。

(3) 深刻研究核心素养,推动教师专业发展。教师是教育发展的基石,只有高素质教师才能引领教育发展,"循环——差异教学"要在教师专业发展上下大力气,花硬功夫,着力培养一批在省、市级有影响,有较高学术素养的教师代表,他们要能说明白"循环——差异教学",能够创造性地操作"循环——差异教学"课堂,是各学科教学的行家里手。这个教师群体首先要研究学生学科学习的核心内容,抓住核心素养,引领教师专业发展,促进师德师能同步提高。

(4) 继续加强"循环——差异教学"研究共同体建设。根据我的了解,每一次与专家的对话,孙朝平团队总是在"拒绝→反思→提升"的路径中不断成长,说明这个团队是开放的、民主的、对话的。这个共同体是"循环——差异"获得初步成功的重要支撑,往前走,要继续加强共同体建设,不断通过有效对话深化认识、深度推进,创造更大的成绩。

红梅花儿开

年轻的时候,我会把一句话当作人生的座右铭,那句话就是:最好走的路是下坡路!回想起来,这句座右铭对我的成长、发展起到了一些警策作用,但自己还是常有慵懒、散漫的时候,做得是远远不够的。好在我熟悉的许多同志倒似乎深悟此道,他们一路上坡,汗流浃背,气喘吁吁,矢志不渝,坚持不懈,于是逐渐欣赏到山阴道上目不暇接的景致,还在期盼更生动更精彩的高峰体验。这其间有不少意气风发的年轻朋友,王红梅老师就是其中一位。

解读王红梅老师成长的人生轨迹,感悟名师的人生智慧,我们可以看到她是一名智慧型的教师,兼具了知识、理性、情感和实践智慧的教师。回顾她的专业发展过程相当生动,点点滴滴蕴含着勤奋与智慧。

王红梅上学时是个好学生,做老师后努力工作,逐渐成为一个好老师,成为名教师、特级教师。什么是她的动力源?在我看来,是上进心。总是想向上、向前,这其实是人生最重要的内在品格,也是教育最可贵的内在品格。俄国象征派诗人巴尔蒙特有诗表白:"我来到这个世界,就是为了看见太阳。"也有人说:"如果没有想象,今天永远和昨天一样。"王红梅则认为:"教育是我的理想、我的信仰。"王红梅在概括自己专业发展生涯时,曾划出一个主动发展阶段,其实,在我看来,她迄今都是在自加压力,主动发展。学历从中师到研究生,优课从校内到省外,做教师充满爱心对待每个学生,做教学骨干全心全意带好每个人,做特级教师专攻钻研,探寻教育智慧。可以说,她一直都是在怀抱着自己的理想,一步一个脚印地爬坡,在创造着每一个新的一天，于是才有了"太阳每天都是新的"。

　　下坡的路可以散散漫漫，悠哉悠哉，但上坡则很费气力，很是辛苦。王红梅要上进，她对明天有着美好的想象和期待，于是她必须更多地努力，更多地付出。仅以读书来说，她基于学科本体，触角伸向文化、文学、哲学，仅读书笔记就写了30多本。她不断地从诸多文化资源中汲取，多元一体；她坚持写日记，在日记里记录自己的生活，记录自己所思所感，竟然已经积成百万余字。所谓"腹有诗书气自华"，王红梅亦然。关于"写"，我曾和一些同事交流过四句话，这几句话都不是我说的，但都是我有深刻体验和高度认同的，第一句是，"写作是唯一的，在你和不可能之间"；第二句是，"写作是对自己的一次正式访问"；第三句是，"好东西都是聪明人用心做出来的"；第四句是，"研究若不转化为爱，还要研究干什么？"这几句在王红梅身上得到生动的印证。读写是王红梅成长的一个侧面，她的爱学生、带学生、教学生，她的上课、磨课、研课，她的名师工作站，等等，都可以见证她的辛劳和刻苦，都可以见证她人生跋涉的身影，这可是不好走的路啊，但这是上坡路！

　　王红梅的教学主张是"基于全脑理念的语文学习"，这一主张的形成经过了21年的时间：21年在课堂一线的拼搏历练，上百节语文公开课，不间断的语文教学理论学习，主持或参与的十多个课题研究，发表或获奖的百余篇文章，不同阶段提出不同的语文教学口号，等等。在此基础上，她尝试着把零星的分散的内隐的语文学科的理解、语文教学理念转化为自我的外在的语言表达。正应验了乔布斯说过的话："你必须相信生命中的点滴会在你的未来以某种方式连接。"同样的道理，王红梅在教学实践中的点滴就在她未来的教学生命中以某种方式连接，这种方式就是她所提炼出的自己的话语——"全脑语文教学"。

　　全脑语文教学的意义并不局限于语文学科知识的掌握，更反映在这是一种与脑的最佳自然学习方式相一致的学习取向，这一神奇的范式被称为全脑的或基于脑的语文学习，已经对全国范围内一些教师与学习者形成令人着迷的影响。现在，她还基于来自神经科学、脑科学、心理学学科研究成果的实践操作，提出了能够将学校转化成为完全的学习型组织的途径。

　　从1996年的基于成功智力理论，渐渐地"全脑"这个词进入王红梅的话语系统，成为实践指向。"全脑"及"尝试"这种理念与实践方法把她领上了一条围绕脑的自然学习的最佳方式创设与变革的道路，这可能是最简单和最为关键的教育改革。

她的教学主张是在课堂中生长出来的。有了方向,就需要路径,她探寻出了自己的全脑语文的教学路径,系列的公开课的尝试让她更加明确了语文教学的价值所在,即为了孩子思维能力的提升和心智的荣耀。她总结了这样的关键词句:第一句是"创设最佳环境",第二句是"让学习者做好准备",第三句是"运动和练习的作用",第四句是"关注记忆与回忆",第五句是"重新思考评估"。于是她努力创设适合脑的课堂、适合脑的纪律、适合脑的教学计划,进而产生了适合脑的课程。这样王红梅的名字已经与"基于脑的改革"联系到了一起,未来更多的将是她在常态教学中对全脑教学的实践和领悟。

王红梅自己的座右铭是"天道酬勤",与我当年选择的座右铭有着不少相同的意蕴,"梅花香自苦寒来",在我看来,精神意义上的"香"是结果,也是过程。王红梅如今是"红梅花儿开"了,有了很多的荣誉,在国内有多家教育部门聘请她作为"全脑教育"的指导专家,每到一处与教育同行的交流,她总会带给大家更多的思考和收获。看她对自己成长历程的回顾,刻苦与幸福是同在的,所谓自己想做的事,再苦也是乐,何况贯注上坡途中那种精神的愉悦和享受就是一种幸福的体验啊!所以她认可自己是"桃李园中的快乐歌者"。有了这样的认识,我们对王红梅的明天必定会有更好的期待,衷心祝愿王红梅一路都是上坡路,"无限风光在险峰"哩!

丰厚的思想　通透的实践

学术专著《中学语文生态型教学建构》是陈秀征老师多年来读书、思考与实践的结晶。他提出的生态型教学主张及付诸的实践,体现出了鲜明的特点,也给我们带来有益的启迪。

一、丰厚的思想内涵

其一,体现了生态整体主义的思想。生态、生态学以及衍生的相关概念,都是以生态整体主义为思想基础的,它强调在考察生态的某个对象时,不仅观照其本身,还要置之于自然系统中审视它对生态整体的影响。陈秀征老师的语文教学打开了生活之门,基于生活、生机、生命的思想关照。他借鉴生态学理论及思维方式,考察语文教育教学问题,运用生态学的原理和方法,审视语文教学的过程和方法,主张师生在整体观、系统观、和谐观以及可持续发展观的指导下,充分体现和运用生态智慧开展语文教学,遵循丰富生活、富有生机、丰盈生命的教育原则,提出以生命、生活、生成、生机为特点的生态型语文教育思想。并以生态型教材、生态型课堂、生态型活动的建构为主阵地,以生态型评价为督导,以生态型教研为助推,系统地建构,超越了具体的教学环节和教学因子,形成了自己的教学体系。

其二,包含了质量、品质的意蕴。生态伦理学的三个中心词,是美国生态学家利奥波德提出的,"和谐(integrity)""稳定(stability)"和"美丽(beauty)",生态思想家根据这三个中心词的英文拼写简称为"ISB"或"3Y原则"。可见,生态学包含着生态文明的价值取向。陈秀征探索的语文生态型教学以生活实践为教学依托,以和谐生成为教学形态,以富有生机为教学特点,以发展生命为教学目的,追求让教学回归生活、让课堂充满生机、让学习丰盈师生生命。陈秀征的建构体现了生态学的本质追求,突出人,突出生命,期盼创造民主平等的氛围,让课堂充满生机和活力,更好地促进学生语文素养的提高。他提出语文生态型教学要遵循生命原则,就是指教学要以尊重学生的身心发展规律为基础,不断健全学生的人格,丰富学生的情感体验和提高学生的人文素养。如他将语文教育目标阐释为培养能运用语文听、说、读、写的中国心。为此,他首先将工具性分为语言性与交际性。其中,语言性突出培养言语人和思维人,交际性突出培养听说人和读写人。其次,把人文性区分为立世性与传承性。其中,立世性又分为培养社会人和世界人,传承性又分为培养文化人和祖国人。传承性尤其受到重视,这是基于目前我国母语教育和文化传承面临的种种危机而提出的,语文生态型教学就是要实现"十年语文课,百年中国心"的语文教育目标。综上,陈老师的研究体现了对自己学科的本位、本源的关怀,体现高品质的价值取向。

其三,提升了教学环境的地位。在传统的教学论中,教学是由教师、学生、教材、环境四要素构成的。环境这个要素是相对次要的、被动的。从陈秀征老师的实践看,在教学生态中,多种生态因子相互依存,相互制约,多元互动,环境这个元素的地位也得以上升,有主动介入的功能。教学生态系统是以学生为中心由四个圆圈围成的同心圆。学生居于第一圆圈中心,即同心圆点。教师、同伴、教材为第二圆圈内容,教室(教室环境)、组织(班组形式)、技术(多媒体、网络等)为第三圆圈内容,理念(课程观、课标)、政策(考纲、管理)、生活(自然、校园的物质与文化环境、家庭以及社会)为第四圆圈内容。同心圆由里往外逐圈受限。在课堂生态结构中,针对学生这个课堂生态主体(同心圆点)而言,其他元素都是学习环境,课堂生态主体与课堂生态环境之间通过物质循环、能量流动与信息流通,课堂生态各要素有机联系、相互作用,从而形成有活力的课堂生态结构。如陈老师把课程标准设置的三级课程结构,进一步发展为"师生同创课程"。这种课程既包含创建新的课程,也包含创造性地使用三级课程,即把各种课程都转化为"我的课程"。相应的,师生共同开发出了"师生同创教材"。比如,针对课本教材对文化传承的挖掘过于狭窄、偏于柔弱的情况,增加爱国抗压、哲学思考、科学意识、进取精神等内容的选文,并增选天津地域特色名作。这种开放、发展的生态型课程与教材,更关注了学习的生态环境、学生的可持续发展,这是生态型教学的关键。

二、通透的实践模式

其一,内容实在。实践模式忌花哨,陈秀征老师的实践模式可谓洗净铅华。为什么做,做什么,怎样做,句句言之有物,步步扎扎实实。以课堂说,陈老师追求的语文生态型教学的课堂是充满智慧、活力与生机的课堂。为此,他提出课前要做到"四个清楚":一是对于学生要学的内容是否有自己的解读和体会;二是能否预想并了解学生对要学的内容可能产生的体会和问题;三是设计了什么样的环节和活动来引导学生全身心地投入到学习中;四是从别人对本课内容的解读与设计里学到了什么。课堂上要进行"四个关注":兴奋点、疑惑点、重难点、成功点。并且充分利用这四点的生成与转化机缘开展并推动学生的自主学习、合作探究和个性化展示。教师是否很好地抓住并充分利用这四个基本点,影响着生态型课堂的教学效果和教学质量。课后要进行"四个诊断"。围绕四个关注点,教师还要用四个问题来随时诊断自己的课堂教学是否体现了生态型:一是师生课上就所学内容生成了什么新成果和新问题吗?二是设计并采取的活动和环节合乎并推动学生的情感发展、能力提升和智慧生成了吗?三是接下来该有哪些具体的调整和改进以促进学生语言和思维发展、情感与智慧的丰富?四是有没有根本性的问题作为本节课或下一个学习阶段努力的方向?这样,使生态型教学建立在学术积累上,不断行动改进,持续发展。陈老师的实践模式中的课堂教学"三个四",可以看出是在长期的课堂实践中反复磨砺,花上水磨功夫,逐步提炼而成,因此才能水落而石出。

其二,表述清晰。实践模式忌混沌,陈秀征老师的实践模式清晰透亮。以全态全程的作文教学论来说,他创意地创建了魔方模型,旋转起来是六个面,展开则是"物——意——文——改——发——人"六个环节,每个面(环节)的内容和意义也说得清清楚楚。下面来具体说说陈老师的生态型作文教学魔方模型。魔方的六个面,代表作文训练全部流程的"物——意——文——改——发——人"六个环节。"物"指学生生活于其中的物质环境的各因素,是作文的源泉;"意"指学生作为主体对"物"客体产生的体验、情感、哲思,它使学生产生写作欲;"文",指学生基于生活观察及思考而写作的各种文体的文字或成文;"改",指师生对作文的种种修改;

"发",指将学生作文展示、交流;"人",指学生通过写作和交流发表,体会到思考生活、参与生活、写作育人的写作幸福感。六个面,组成一个魔方,"物"在下平面,"人"在上平面,其他四个依序居于魔方中间的四个平面,每个面内的方格内含有不同线索方向的节点来代表不同的内容。上下平面放置的目的是强调:"物"为写作的源头,"人"是写作的归宿。每个"面"中的节点,下(左)层为基本点,中上(中右)层为分解的具体点或新鲜点,每个节点都可再细分和具体化,可以与时俱进。如"物"面,左方格内分别为阅读来源(课文、书刊、名著),中方格内分别为生活区域来源(家庭、校园、社区),右方格内分别为新事物来源(新技术、新潮流、新热点)。如"意"面,下层方格内分别为由"物"激发的思想层次(体验、情感、哲思),中层方格内分别为情感状态(困惑、兴奋、神往),上层方格内分别为思想内容(个人情感、社会正义、民族感情)。"文"面,下层方格内分别为文体(记叙文、议论文、应用文),中层方格内分别为写法(写人叙事、立论驳论、平实性、文艺性),上层方格内分别为技法(心理、归谬法、画图表)。"文"面,下层方格内分别为修改主体(师改、自改、互改),中层方格内分别为时间和方法(即改、延改、笔改),上层方格内分别为修改内容(改词句、改段层、改立意素材)。"发"面,下层方格内分别为发表操作(发谁的,发在哪,怎么发),中层方格内分别为内容和平台(优秀文、亮点文、问题文、班级平台校内外、组班校家),上层方格内分别为成果及影响对象等(文集:已班校;文章对象:有关人员;由谁发:组班已师)。"人"面,左方格内分别为工具性(言语人、思维人、交际人),中方格内主要为人文性的传承(传承人、祖国人、个性人),右方格内主要为人文性的立世(社会人、世界人、创新人)。每面内的层间可能会有分类时的交叉。陈老师用数学思维诠释作文教学,做得非常精致。

其三,易于操作。实践模式忌玄乎,陈秀征老师的实践模式易学易用。具体到每个概念是什么意蕴,每一个步骤怎样操作,并以案例加以说明,有助于学习借鉴者快捷上手,熟练运用。如他所建构的作文教学魔方模型,可以让教师很轻松地看清楚:平时作文教学处在什么样的生态下,它的上下游各需做什么,学生甚至某个学生存在什么写作问题,发力点在哪里,及有什么样的发力路径。模型关注了作文训练的全态全程,将传统的节点训练置入了系统的动态而融通的训练体系中,有助于引导学生思考生活与真实表达,优化写作育人的方法与途径,从而改善写作教学的生态。

本文发表于《中国教育报》(2013年12月4日),收入本书时有所充实。

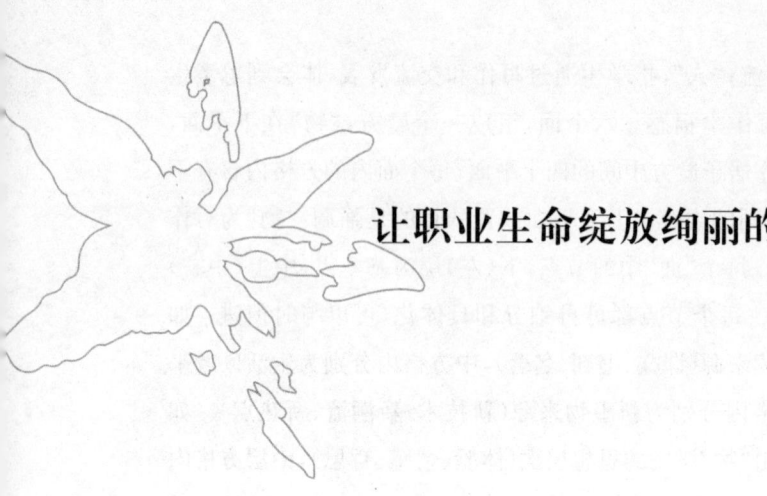

让职业生命绽放绚丽的光彩

吉桂凤是我的学生,在江苏省泰州师范学校读书时,给我留下的印象是淳朴、腼腆的,算不上显山露水。20多年过去了,吉桂凤成了江苏省小学英语特级教师,并且是中国教育学会外语专业委员会教学指导与教师教育委员会委员、江苏省教育厅基础教育教学指导委员会小学英语学科专家委员。她的爱人(也是我的学生)是一所高职院校的行政一把手,他们育有一对双胞胎儿子,一副根正苗红的样子。这使我常常感慨吉桂凤的不容易,不简单,不得了!

吉桂凤的成功首先在于她学习型的生活。她是中师起点,教英语更是半路出家,硬是挤牙膏式的利用时间,先后取得小教大专、中文本科、英语大专、英语本科文凭,又被选派到英国培训。假期还在北京新东方学英语,不仅合格了,而且"双打"了,而且优秀了。寒来暑往,吉桂凤的付出可想而知。2002年去郑州观摩全国第二届小学英语优质课竞赛是她从事小学英语教学第一次参加的教学研讨活动,那次学习让她大开眼界,白天听课,晚上熬夜整理笔记,回来后不仅将他人有益的教学策略、教学方法等应用在自己的教学活动中,还将自己学习的感受及思考敲打成文字,写下五千多字的文章发表。从那以后,每一次外出观摩学习、现代化的网络教学视频及经典案例都成了她的学习资源。算计时间,节省时间,合理利用时间,也成了她的习惯。即使是等待孩子放学的点滴、零碎时间,她也会充分利用。他们家书房的灯常常是小区里熄得最晚的。她对我说,她最感到遗憾的是,双胞胎儿子幼时总在睡觉前念叨:"妈妈什么时候有时间可以给我们讲故事啊?"难能可贵的是,吉桂凤不单仅仅为学历而阅读。这十多年来,她系统地阅读了教育理论书籍,包括思维导图的研究,也是系统阅读了英国心理学家东尼·博赞《思维导图》系列丛书后产生的想法。她的阅读一直"向上走",注意啃些似懂非懂的教育名著。在阅读的过程中,写下了200多万字的读书笔记,记载了她自己的体验和收获。"腹有诗书气自华",正是阅读,使她精神世界逐步丰富起来,使她的人生意蕴丰厚起来,于是她的淳朴中有了睿智,她的腼腆更多地为优雅所替代。

  吉桂凤的成功还在于她研究型的教学。吉桂凤的英语教学是从观摩借鉴起步的。观摩借鉴是教师专业成长必不可少的阶段。但是,这样的过程因人长短不同,因人成效各异。原因在于从什么角度去借鉴,如果仅仅是模仿,仅仅求形似,就可能导致仿真致死,一味描红,把自我失去了;优越致死,以多媒体炫技,教学的本质没有了;精致致死,刻意求精致,雕琢气太重,自我束缚,创造力就消亡了。吉桂凤的观摩学习是带有思考的,她关注从整体上学习精华、本质的东西。她认为学习名师,首先是理解,然后是吸收,再次是创造。于是她的观摩借鉴中有了"新我"。吉桂凤英语教学的成熟来自磨课。她自己对教学设计总是如琢如磨。这使她每天都在研究,每天都在进步。对于一些教学大赛,她更是当成关键事件,努力促进自己质的飞跃。转岗从事小学英语教学的第二年和第三年,她作为学校唯一的英语教师义不容辞地参加了小学英语优质课竞赛,从辅导区到北片区再到海陵区,两年六轮比赛,从设计教学方案,到制作教具,再到试教修改,最后定稿参赛,所有的一切都在学习、实践的基础上不断反思琢磨,最终获得辅导区第一、北片区第一、海陵区第一。两年的赛课经历,让她的教学水平、教学技能和做课件的能力水平有了大幅度的提升,也让她快速地跨入了小学英语教学这块有待开垦的土地。2008年她再次以城东小学、海陵区、泰州市赛课第一名的成绩获得了参加江苏省小学英语优质课竞赛的机会。三易其稿的省赛,她收获的不仅仅是一等奖的证书,更大的收获是新课程改革背景下教学理念的大幅度转变。她说,磨课的过程是课堂进步的过程,也是教师专业提升的过程。她还向我介绍,磨课不仅仅是磨语言,磨技能,更重要的是磨观念,磨心理,真正是"甘苦自知"。吉桂凤英语教学卓有建树得益于英语教学中思维导图的应用。思维导图是以主题为中心,把抽象的信息变成容易记忆的、有高度组织性的、彩色的图,将各级主题的关系用相互隶属的层级图表现出来,在主题关键词与图像、颜色等之间建立记忆链接,充分运用左右脑的机能,利用记忆、思维的规律,实现左右脑的协调发展,帮助人们改善思维,提高学习效率。通过研究,她认为应用思维导图的小学英语教学,有助于学生从问题焦点出发,突破思维定势,从多个角度并按照不同的规则对知识进行归纳、对比和串联,形成具有一定内在联系的语言知识链,加强思维的深度与广度,能有效提升学生的综合语言运用能力,促进学生全面发展。她的教学经验在"国培"班介绍时引起了轰动,她的研究成果以万字长文的形式一次一次地在英语教学的权威杂志发表,她的课题"思维导图在小学英语教学中的应用研究"成功申报江苏省教育科学规划课题,并已顺利结题。现在她又梳理、凝练了自己带领教学科研团队运用思维导图开展教学实验和探索的成果,推出了一本扎扎实实的专著《思维导图与小学英语教学》,为一线的小学英语老师们奉献了小学英语语篇教学、词句教学、综合板块教学、单元整体教学以及板书设计和家庭作业等各个环节的具体做法和注意事项,每一部分都图文并茂、系统全面。更重要的是,她的学生对学习英语更有兴趣了,她的英语教学更有成效了。

　　吉桂凤的成功又在于交响乐式的共同体。范仲淹曾勉励在泰州为官的好友滕子京"君子不独乐"。吉桂凤作为校、区、市三级小学英语名师工作室领衔人,其本意也在于"万紫千红春满园"。团队的每一位成员在价值层面上都有认同感,大家都致力于提高学生英语学科素质,提升学生综合运用语言的能力,并力求在教学过程中做到知识与技能协调并进,过程与方法和谐统一,情感态度与价值观同步发展;课题研究的每一个专题,吉桂凤都是身先士卒,第一个拿出应用思维导图的示范课,同时她又注重调动团队每个老师的主动性、积极性,她在课余时间利用方便快捷的网络开展课堂教学研讨活动,让所有参与者都能从中受益,令先进的教学理论在讨论中被内化吸收,并在教学实践中得以验证,使得每位成员都成为团队的个体;他们同时又是一个共享式的团队,每一次磨课、每一次研讨都是经验、智慧碰撞的时刻,都能做到资源共享,共同提高,而且这样的交流更多地指向增强课堂教学的有效性,师生都能从中受益。整个团队协调发展,演奏出和谐的、色彩斑斓的交响乐。吉桂凤在尝试了思维导图应用的优势后,就把思维导图应用的经验在全校英语教师中推广,取得群体效益后,又不遗余力地向全区、全市推开。通过学习理念掌握精髓、实验试点初显成效、课例观摩引发思考、研究课例示范引领、专题研究人人参与、在线研讨互动分享、投稿参赛全面提升等系列活动,开展实践探索,收获颇丰。他们先后应用思维导图参加的教学竞赛获省、市、区级奖30多人次,有30多篇文章公开发表或获奖。人大复印资料《小学英语教与学》2013年第11期出现了她们团队中6位成员的名字,其中吉桂凤和顾惠君两人的文章全文转载。3位成员先后获得特级教师后备人才称号,7位被评为市、区学科带头人,该团队成了一支在英语教学中有成就、具特色、能创新的人才队伍及后备梯队。我在与青年名师讨论时,经常提及"相互映照"的意境、境界,吉桂凤和她的团队正走近这样的境界。

吉桂凤已是成就斐然,但以我对她的了解,她没有一点松懈,没有一点张扬。她的淳朴,甚至她的腼腆,依然是性格的底色。《诗经》云,"素以为绚兮",吉桂凤正是在这样的性格底色上"礼后乎",创作人生的图画,让职业生命绽放出绚丽的光彩,而且,她依然"在路上"。作为她曾经的老师,我在为她骄傲的同时,自然也会满怀信心地祝愿她:慢慢走,欣赏啊!

本文系作者为吉桂凤著《思维导图与小学英语教学》(教育科学出版社2015年版)所写的序言。

缘于登山的启示
——浅说"物理真的很美"

新课改伊始,我将教学过程喻为登山,写过《登山的启示》一文,概述了三种登山路径,我认为这三种路径分别代表着三种教育思想、教学方式。一是自由选择路径上山,代表着自主性、个性化的学习方式;二是按"预设"的水泥石板拾级而上,代表着整齐划一、机械训练式的教学方式;三是坐缆车索道直奔山顶,代表着只关注结果,不注重过程体验的教学方式。夏桂钱老师读过这篇短文后,从学生存在个体差异,应该实行因材施教的视角,写了一篇《登山的再启示》。在他看来,身强力壮者坐缆车会闷得慌,体力不支者登石阶会累得慌,勇于探索者统一行动会憋得慌,教学如登山,应该因人而异、因材施教。这篇文章投至《江苏教育研究》,发表于该刊 2007 年第 1 期。这是我与夏桂钱老师的第一次"照面"。

前不久,夏桂钱老师寄来他的书稿《物理真的很美》,嘱我写序。因"登山的启示",我们虽未曾谋面,但已"认识";他是泰州市卓越教师培养对象,我受邀参与了泰州市卓越教师培养工程;近些年我曾在多个场合讲过"以美的规律塑造课堂",夏老师的实践探索契合我的一些想法。这种种"缘"与"由"都让我感到为他的书写序是分内之事。

夏老师的书稿,引我走进了一片崭新的天地,"物理真的很美"!关于物理之美,许多物理学家、教育大家都曾有论说。杨振宁先生在讨论物理之美时,曾提出物理有现象之美、理论描述之美和理论结构之美。关于物理的现象之美,杨振宁先生举到的例子有:童年赞叹彩虹"美极了";人们发现行星的轨道是完美的椭圆时,感到了极大的喜悦;原子的谱线是非常美的,而它们似乎与发光原子所处的外界条件无关;超导现象的发现同样有着让人惊讶的美。关于理论描述之美,杨振宁先生认为关于库仑力的定律就是一个漂亮的描述;热力学的第一、第二定律是对自然界某些基本性质的很美的理论描述。关于理论结构之美,杨振宁先生说的是,一个理论公式化时,特别是在20世纪,它趋向于有一个漂亮的结构,这通常是一件神奇的事。杨先生通过一些精彩的例证说明物理日趋数学化意味着理论结构之美越来越重要。杨先生的这些论述,无不证明着"物理是很美的"这一观点。当然,除了杨振宁先生之外,还有像斯宾塞也曾说过:"科学本身就有诗意。"赫胥黎在讨论科学、艺术与教育的关系时曾说:"某种神奇的符号是美妙的、非常可爱的。"彭加勒认为"有用的组合是最美的组合"。爱因斯坦也坦言:"我相信直觉和灵感。"他有时把音乐和物理学领域的研究相提并论。由此可见,"物理真的很美"是一个有着坚实基础的立论,也是一个长期广受关注的命题。

夏桂钱老师对物理之美的探讨,有循着这些科学大家思想路径前行的痕迹,又有自己的独到发现。第一,他是立足于课程视角审视物理学的。立足于课程视角,他必须考虑教给谁、为什么教、谁来教、教什么、怎样教、教得怎样这六个基本问题。他的基本处理方法是基于具体的教学情境,把谁来教、教给谁、教什么等关键点融为一体,物理知识经过他自身的揣摩、淬炼,少了枯燥、晦涩,多了情趣、人文。他用物理学者的眼光去赏析自然现象,并用散文化的笔调去叙写,使理科知识文学化,更添了一份诗情画意;他从美学角度透析物理实验,有助于学生对自然界的认识更清晰,印象更深刻;他把物理学的精神之美,通过一个个小故事呈现,让我们感悟到科学是美的,创造科学的人则更美;他把与物理知识相关的成语典故、歌词顺口溜、俗语谚语,分别编成相声、竹板词等喜闻乐见的形式,学生可以在情趣盎然的活动中感受物理之美;他把难以理解的物理理论从对称、简单、和谐、统一和奇异这五个美学要素的角度去剖析,深入浅出地打开了物理学深藏的美学奥秘;他从哲学高度梳理物理知识内容,用类比等方法降低思维坡度,用对比等技巧引导学生优化思维方式,用科学推理的方式培育学生的思维能力。从课程角度审察物理学,夏老师已臻出神入化的境界,物理学科在他这里,已经是通体透明、形神兼备。第二,在夏老师的教学中,物理世界是向四面八方打开的。物理学的内在天地是打开的,理论、实验、人,是融为一体的;物理学的生活世界是打开的,他引领我们去观察自然现象,动手完成有趣的小实验,从物理学中的一些规律谈为人处事;物理学科的边界是打开的,他的物理教学"窗含西岭千秋雪",可以瞭望别的学科的大千世界,比如他从数学的点、线、面、旋体入手分析物理时空的转换,他用哲学的方法去透析物理规律中的辩证思想,他把艺术的美与物理的美对比分析,让美根植于我们心灵,诗词、成语、剧本等形式又使他的物理教学添就不少文学元素。钱锺书先生在《窗》一文中说:"窗子打通了大自然和人的隔膜,把风和太阳逗引进来,使屋子里也关着一部分春天,让我们安坐了享受,无需再到外面去找。"是的,窗子打开了,科学与艺术一体了,知识与人融合了,教师与学生对话了,学科与生活相通了,物理与其他学科连接了。夏桂钱老师正是通过物理之美这扇窗展示了这般"美的发现"的绮丽景观。第三,夏老师的物理之美是融真、善、美于一体的。夏老师说,他一直以来把"以美启真,以美储善,以美育美"作为他的教学策略。在翻阅书稿后,我与夏老师有过一次讨论。我介绍了马克思的一个重要观点,强调"美是主体自由的创造"。在我看来,主体自由是美的课堂的第一要素。夏桂钱老师听后大为兴奋,滔滔不绝地说了几个印证这类观点的案例。他说,他一直追求物理教学的三重境界:首先,物理是一门科学,充满着智慧,遵循科学的规律,尊重客观的世界,追求教学的科学境界,提升学科的科学素养,使学生体味"真味";其次,物理是一种文化,从人文视角加以审视,追求教学的人文境界,培养学生的人文素养,使学生涵泳汲取"善"意;最后,物理是一门艺术,物理真的很美,以美的规律塑造物理课堂,追求教学的美学境界,培养学生的审美素养,使学生拥有"发现美的能力"。在这三重境界中,教师和学生都有着主体的自由,此时才能真正如马克思所说"劳动创造美"。诚如他的学生博客留言所说:"与您一起往返课本与人生之间,您给予我们的远比您的教案多,也许是科学的壮观,也许是文学的魅力,也许是哲学的深邃,也许是美学的诱惑。您的娓娓道来常常带给我们震撼,那就是共振吧;激情的课堂,总令我们回味,那就是磁场吧。也许,这磁场会辐射我们整个人生;也许,当我们更为懂事时,又有更强烈的共鸣!"

回到登山的话题,首先要认识到为什么登山?从知识学习的角度看,恰如赫尔巴特所言:"教学的特权就是掠过草地与沼泽,不能总是让人在舒适的山谷中游荡,相反却让人练习登山,并使人在获得广阔视野中得到补偿。"夏桂钱老师本身就是一个登山者,他是中师毕业生,自学了物理,取得物理、中文两个专业的大学学历,现在还在读物理教育硕士,并已成为泰州市名教师。他教学有着很强的登山意识,否则不会看过我那篇短文,就擦出火花。在知识学习的登山过程中,登堂入室者方能领悟奥秘,发现风景。斯宾塞说:"科学本身就有诗意。"同时,他强调,"一个从未作过科学探讨的人对于他四周的诗意大部分是茫茫无知的,科学正是在那些不懂科学的人看来全是茫然的地方去开辟一些富有诗意的领域"。夏桂钱老师的物理世界如此美妙,就在于他的"开辟",在于他的"科学探讨"精神,而且他努力引导学生循着这样的路径前行,去发现、分享科学的诗意。至于具体的学习过程,我和夏老师在"启示"中有过讨论,读完书稿,我觉得夏老师孜孜以求地以美启真,以美储善,以美育美,肯定符合教育科学之真,符合人们心中之善,也肯定体现教学技艺之美。休谟说:"事物的美存在于思考它们的心灵之中。"当我们的情感投射,使教学内容也渗入一种主体的力量,让主体鲜活起来;当我们与学生"灵魂唤醒灵魂",真正形成学习的共同体时,登山的路径选择就能契合我们的心性,我们面对大千世界,就会有一双发现美的眼睛。这大概也是夏桂钱老师给我们的最大"启示"。

本文系作者为夏桂钱著《物理真的很美》(江苏凤凰教育出版社 2015 年版)所写的序言。

与儿童一起探索世界
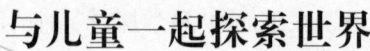
——记单道华老师的科学教学

现代科学技术发展日新月异,成就了人们生活方式的变革。祖先们诸多的憧憬:"呼风唤雨""上天入海""嫦娥奔月""精卫填海""女娲补天"……均已成为现实。国民的科学文化素养和创新能力对国家整体发展的作用越来越突出。

脑科学告诉我们,小学阶段的孩子拥有认识这个世界的巨大潜力,如果这扇门没有在美丽的花园里或星空下敞开过,那它会在童年结束后就关闭。这在多变的信息社会显得弥足珍贵,它孕育着多种创新的可能。多变的信息社会需要更多"爱探索世界,愿亲近科学,能承担责任,会应对挑战"的创新型公民,呵护儿童与生俱来、无比珍贵的好奇心,让他们体验科学魅力,培养科学精神,增进科学能力就显得十分重要……而这些,师范学校里未曾教过,也没有人拥有一本现成的秘籍。

为了当好童年精神的呵护者,为了让学生成长为适应和改造未来的人,主动选择小学科学教学的她,20年来,心无旁骛,行走在小学科学教育的田野,不断寻找着理想的、满意的教学。她反复做着一件小事——将用心搜集的科学种子尽情播撒,悉心养护,与孩子们共享科学的灵动。她就是南京市成贤街小学的单道华老师,南京市科学学科带头人,江苏省青年教师基本功比赛一等奖获得者。她不轻易放弃每一次学习机会,瞄准国际科学教育的前沿成果,不断挑战自己的专业知识和实践能力。每每谈起儿童科学教育、做中学科学教育,她就会主动打破寂静,历数各种教学内容和方法对儿童发展的价值。接下来,就让我们走进她的课堂,感受她的课堂新气质、教学新精神。

一、开放的课堂

开放的课堂是资源更充分的课堂。薄薄的科学教材,无论是一课还是一本,限于篇幅,都无法容纳下孩子心中大大的经验世界、眼中奇妙的现实世界,更无法容纳下宏伟的科学世界。教材不是儿童唯一的学习素材,学生学习科学需要更多样的学习资源,这可能来自他们的亲身经历,可能来自他们的思考理解,可能来自他们观察时的见闻,还可能来自报纸、书、电视、网络等平面媒体。太少和太多,都不利于儿童科学概念、科学能力和科学精神的发展。太少,不能帮助学生意识到科学是事物运动变化规律的反映,会感受不到科学知识的意义;太多,又会扰乱学生的思绪,让学生无从下手。这并不意味着课堂上的资源都应是一致性的,因为一致的或有冲突的信息价值都很大。教师站在学生的立场上,对学习资源的选取和过滤是必不可少的。火山是地质灾难,距离南京的六年级学生生活很远,单老师会精心选取圣海伦火山喷发的连续图片、相关数据,和夏威夷群岛静静流淌的熔岩流,补充学生所缺少的经验,从而产生更多的科学质疑。地球和人体都是一个不能打开的暗箱,如何研究这样的问题确实比较困难,单老师精心为孩子们制作了几个各不相同的暗盒,在不打开盒子的情况下,让他们体会研究方法,通过以小见大式的类比了解到地球的部分研究方法和相关成果。毛细现象常见于纸、毛巾、墙壁等有细小孔隙的物质之中,在生命体中也有这种现象存在吗?单老师会把学生的注意力领向生命体,引向更广阔的世界。

开放的课堂是过程可选择的课堂。选择伴随着责任,儿童一旦拥有选择权,主体精神就会得到一定程度的回归。单道华老师在科学课上大胆创新,她把"过程可选择"变出多种样式,如任务开放、材料开放、方法开放等。磁铁能吸引哪些物质,她不会急于告诉孩子,而会先让他们自己选择一些常见的物品去尝试。哪些因素会影响摆的快慢,她会让学生仔细比较各组自制的快慢不同的摆,通过观察提出新的猜想。白醋遇到小苏打会冒出很多气泡,接下来还想研究什么,怎样研究,不妨让他们自己来提提建议。观察各种生物体组织的标本玻片,不妨将实验室里能找到的品种分到各个小组,给他们人手一台显微镜,让他们自己挑选三种想观察的生物体组织。什么情况下铁会生锈,什么情况下铁不会生锈,学生已有种种猜测,但还不清晰该如何研究,她会带着大家一同去设计实验,而不是将实验步骤一一告诉大家,让学生按图索骥演习一遍。琴纳找出了种牛痘苗预防天花病的方法,孟德尔利用做了8年的豌豆实验发现了遗传定律。她没有一股脑儿把他们的研究过程全部呈现在孩子面前,而是在琴纳与孟德尔研究的每一个拐点停下来,让学生设想接下来他们会怎样做。

单老师惊奇地发现,只要能将任务和困难让学生真正理解,小学生也会产生与专业科学研究者惊人相似的想法,完全超出你的想象。她不断地用她的课堂告诉大家:课堂开放了,经验也会开放;课堂开放了,思考也会开放;课堂开放了,兴趣也会开放。

二、做中学,玩中学

人只有自己才能发展自己。小学生对能亲身参与的游戏、挑战、制作、探究等活动具有天然的好感,教师不必在课堂上变着花样激励学生,就能把他们从被动的接受者转变为主动的实践者。他们可以在课堂上完成一个研究人员最基本的动作:采集、分类、命名、构想和设计实验,观察和解释实验现象,收集和利用资料,把看到的用图表画出来,制造小模型,对结果提出问题以引发新的实验……建立起与物质(真实)世界的关系。真正的学习就此发生了。

做中学:做事情,学实践中的过程技能,悟其中的事物原理。传统教学长期存在"重知识,轻能力;重结果,轻过程;重间接经验传授,轻亲身体验获得"的倾向,培养的学生高分低能,动手操作能力和综合解决问题能力严重不足,创造性人格随年龄增长每况愈下。第八次课改催生了中小学科学教学改革新气象,新旧共存,有勇于实践探究教学的先行者,有善于演示和知识讲解的现实者,更有为题海战术改头换面披上马甲的推广者。作为中法合作做中学科学教育项目的骨干教师,单道华指出做中学做的是事情,是为了让学生有更多机会在做事的过程中主动积累认识事物的直接经验。做事情不同于做题目,学生不会因为事情做得多就会获得超强的考试能力和超高的考试分数,但是,他们不会厌倦学习,他们会获得更多发现问题、作出推测、收集与评估证据、形成解释、得出结论、创新应用等解决复杂问题所需的过程技能,懂得合理运用科学概念,可以提高做事情的水平。教师要善于设计出隐含科学概念的任务(事情),让学生以多种方式去达成它。你能想象出来吗,只给你4根吸管,要你加固一个用回形针把吸管连接起来的小方桌,使它能承受规定质量的重物?这是她在《搭支架》一课中交给学生的任务,学生在对设计方案的验证和改进中,深深懂得了三角形结构的奇特功能——受力较大、不易变形又节省材料。试做酸奶,让学生体会到的不止是乳酸菌的繁殖特点,还能意识到制作材料、环境要素与酸奶口感之间的关系。让学生分头绘制校园一角的地图,他们不仅注意到了图例,而且能根据实际情况运用图例。春季,校园地面上铺上了一层薄薄的白色絮状物,大家都不知道它们是什么,她就让孩子们查找这些不明飞行物的来源,孩子们运用了多种技术,从不同方向都解决了问题。

玩中学:玩游戏,体悟知识,培育质疑与反思精神。好的科学游戏能把儿童卷入更多的探索活动之中,能激发出参与者的观察力、想象力和创造力。不要说儿童,就是成人都很难抵御游戏的诱惑。置身游戏,孩子们会为了输赢与成败执着地质疑和反思,寻找制胜的法宝,提出各种各样的解决方案,对各种方案的结果有所期待。找花生是低年级的科学游戏活动,单道华给一年级的学生每人发一粒品种、大小、外形各不相同的带壳花生,让学生给它画像,然后把带壳花生混合起来,让学生根据图纸寻找属于自己的专属花生。找花生的过程,学生要充分地观察与比较,既获得了观察细节的能力,又能发现更多花生果实的不同之处。她又会启迪学生思考:你能为桌上小瓶子制造出一个指定方向的影子吗?你能让制造出的影子消失吗?条件是不关闭手电筒,也不拿走瓶子。玩过这个游戏,二年级的学生也能发现影子随着光移动,光在物体的一侧,影子会出现在物体相对一侧的地面(或墙面……)。再如,让学生想办法只用一根回形针就让纸鹦鹉站立在手指上;想办法判断三瓶同样多的透明液体哪一瓶是浓盐水;使用自制风向标来测量校园里不同位置的风向……都充满游戏的味道。

单道华相信,为了理解世界,研讨和休息,智力的劳动和玩笑的游戏,都属于科学活动。正如华盛顿博物馆墙上所写:听到的,过眼云烟;看到的,铭记在心;做过的,沦肌浃髓。她主张"把好玩的科学还给儿童",做中学、玩中学,做好事情,玩好游戏,这样就离学到知识、收获能力、提升兴趣不远了。

三、把思考嵌入操作

思维是个体运用智力,以现有知识经验和眼前资讯,从事问题解决或新知探究的过程。个体思维技巧和品质的发展要在做的过程中逐渐累积、优化和重建起来。

要解决遇到的问题,往往会涉及采取哪些行动、如何评估证据可靠性、如何评估证据与预测之间的关联程度,问题的结论是什么,等等。思维是最有用的本领,可随身携带,自由迁移,可解决复杂问题,人的一切有意识的活动都离不开它。不幸的是,学习与生活中,有些人懒得思考、胡乱思考经常导致有理的知识被无理地验证。把思考嵌入操作,是单道华老师培养学生思考智能的秘诀。

把思考嵌入操作,让内隐的思考显性化。从学生说、写、议、做中,她能一眼识别学生"所在位置"和困难所在,单老师知道他们种种有趣的想法,无论对错,都不是随意的,也是建立在证据和经历的基础上,有逻辑并经过推理了的。让学生认识物体在水中的沉浮现象时,教师十分重视让学生评鉴:对比一组物品,评判为什么一沉一浮?同样大小就能一样沉浮吗?一样轻重就能一样沉浮吗?在《能量的转换》一课中,单老师让学生尽情猜测不同形式的能量能否相互转换;在《生态平衡》一课中,单老师让学生猜测生态瓶可能维系的时间,论证里面的生物如何获得生存必需品;让学生整理《谎言终结者登月之谜》的五大流言和求证方法,懂得如何对他人的信息作合理的求证与质疑。单老师还以"最初的电池"为例,让学生逐一分析伽伐尼和伏打两位科学家进行了哪些质疑,发现他们既有对自己的质疑,也有对别人想法的质疑;既有对偶然现象的质疑,也有对流行说法的质疑;既有对证据收集方法的质疑,也有对推理过程的质疑;既有对问题的质疑,也有对改变变量的质疑。

把思考嵌入操作,让思考的过程条理化。人人都能思考,但并非人人都能系统地思考,能有根据地对自己和别人的探究提出疑问。单老师为学生的操作性活动创造必要的思考环境、材料、动机和过程。她以为,思考的过程,是己见和他见、此见和彼见的对话与协商的过程。她通过对话与协商不厌其烦地为学生引领着、示范着思考的过程。思考的过程是这样的:当你要回答一个问题或解决一个难题时,你会联想到许多东西,你会努力回忆那些会对你有所帮助的东西,你会搜寻关于这一问题的新的信息资料。有的时候,你会去猜测别人会怎样回答这个问题,还有的时候,你会根据自己的意愿去挑选一个答案。当然你还要问问自己,你对情况了解多少?你做了哪些假设?各种回答的差异和冲突是什么?你还需要知道些什么?差异能否共存?如果不能共存,如何解决冲突?这些都可能帮助你找到正确答案或不入歧途。为认识校园不明飞行物,单老师带领学生建立两个思考框架,一是需要思考哪些物品会产生白絮,它们是以何种方式传播的,并和校园里的白絮进行传播方式和物质特性的对比;二是要了解解密的思考过程有采访、考察、查阅资料等等。

把思考嵌入操作，从差异中寻找猜想。让学生在评鉴中学会思考，是一种重要的策略。在《大小相同一样沉浮吗》一课中，单道华老师让学生通过比较，发现大小相同的物体在水中沉浮的秘密所在。在比较电磁铁磁力大小与哪些因素有关时，有的学生思维能力比较弱，没有意识到要从不同因素中去寻找差异。通过比较，借助思考策略，他们懂得电磁铁之间存在的不同点中，就隐藏着导致电磁铁磁力不同的因素，如铁钉大小与质地、导线长短、电池节数、导线缠绕疏密、缠绕圈数，提出了相关变量。

在未来世界中，创新将成为年轻人的主要就业方式，因此，思维能力将成为人类最重要的能力，尤其是批判思维、创意思维及解难思维的能力。如果你拥有思维，就可以解决没有经验覆盖的事情。

魏书生说得好："把自己平凡的工作当作宏伟的世界去研究，你就会发现无穷的乐趣。"单道华老师希望每一个儿童都能享受到自由的有梦想的教育，都能成为不断超越和改变自己的人，成为不同于别人的自己。她也会为因陷入题海之中而丧失认识事物兴趣的孩子感到揪心，感到痛惜，跟他们谈什么是真正的优秀，谈未来他们所面临的挑战，努力把他们的心和行为引向主动开放。面对钟爱的教学，她懂得了什么是"心之所至，心之所安"的恬淡，体验了"幸而有你，此生不换"的踏实，更收获了"桃李不言，下自成蹊"的充实……

在儿童科学教育这场没有终点的旅途上，单道华老师将继续在课堂内外放飞童心，在科学世界跋涉、思考，在儿童世界创新、创造，用热情、快乐、智慧和知识，与孩子们一起过有笑有爱的科学生活。

本文系作者为单道华著《探究与实践——科学教育生命之光》（江苏凤凰科学技术出版社2013年版）所写的序。

后 记

去年暑期，拙作《幸福教育的样子》发稿时，编辑建议把500多页分成两本书出。我自己希望能够比较从容些，就从总体平衡考虑，抽出200多页。一年来有意为之，又写成10多篇文章，于是有了这本《花开的声音——〈幸福教育的样子〉续集》。

"因为经常在学校行走，不少学校美妙的风景，不少校长和老师有为的身影，非常契合我心中'幸福教育的样子'，感慨之余记录下来。"在《幸福教育的样子》的后记中，我的说明同样是本书写作的缘由。非常感谢教育一线的同志们，正是他们创造性的劳动，描绘出"幸福教育的样子"。我的写作也是与局长、校长、老师们深度对话的过程。有的校长、老师说："您比我们更懂我们。"如果说，描绘"样子"竟然有新的"发现"，其实这正是对话所致，是共同体的思考生成新见融汇进对话的意义之溪。当然，形成这样的对话对于我还只是"在路上"。好在我的书房里，存有校长、老师们寄来的还未细读的10多包材料，也有校长、老师一再发出热情的邀请，希望我能去看看他们的"样子"；好在行走于学校已是我重要的生存方式，山阴道上美景迭现，今后加倍努力，相信会有更好的收获。

《幸福教育的样子》出版后，几位省里部里的领导来电来信给予勉励，一些市县教育行政部门和学校举办读书报告会，若干赠言在一定范围成为"流行语"，入选"教师最喜爱的100本书"和"苏版年度好书"，其反响远远超出自己的预期。借此机会，向大家致以深深的谢意。

收入本书的篇目如同《幸福教育的样子》,基本都在报刊公开发表过,几篇刚写成的也即将刊出,所以要一如既往地谢谢报刊社、出版社的朋友们,也谢谢李彤教授继续为拙作题写书名。

图书在版编目（CIP）数据

花开的声音：幸福教育的样子·续集 / 杨九俊 著 . — 南京：江苏凤凰教育出版社，2015.7（2022.6重印）

ISBN 978-7-5499-5320-2

Ⅰ.①花… Ⅱ.①杨… Ⅲ.①中小学教育—文集 Ⅳ.①G63-53

中国版本图书馆CIP数据核字(2015)第161950号

书　　名	花开的声音
	——《幸福教育的样子》续集
主　　编	杨九俊
责任编辑	沈静明
编辑统筹	沈静明
装帧设计	刁　荧
苏教网址	http://www.1088.com.cn
印　　刷	南京顺和印刷有限责任公司（电话：025-83682876）
厂　　址	南京市江宁区麒麟街道天和路78号
开　　本	787 毫米 × 1092 毫米　1/16
印　　张	17.75
版　　次	2015 年 7 月第 1 版
印　　次	2022 年 6 月第 6 次印刷
书　　号	ISBN 978-7-5499-5320-2
定　　价	38.00元
网店地址	http://jsfhjycbs.tmall.com
公　众　号	苏教服务（微信号：jsfhjyfw）
邮购电话	025-85406265，025-85400774
盗版举报	025-83658579

苏教版图书若有印装错误可向承印厂调换
提供盗版线索者给予重奖